design scandinave

design scandinave

Charlotte & Peter Fiell

« Simplicité sans pauvreté »

JENS QUISTGAARD

TASCHEN

Hammerfest
Tromsø
ICELAND
Thingvellir
Reykjavík
Kiruna
Rovaniemi
Bodø
Skelleftea
Kuopio
Umeå
FINLAND
Joensuu
Örnsköldsvik
Jyväskylä
Trondheim
Östersund
Ålesund
Sundsvall
Tampere
St Petersbu
Turku
Helsinki
Gävle
NORWAY
Tallinn
Bergen
SWEDEN
Stockholm
Oslo
Karlstad
Örebro
Fredrikstad
Stavanger
Kristiansand
Borås
Riga
Gothenburg
Jönköping
Kalmar
Ålborg
Halmstad
DENMARK
Karlskrona
Århus
Helsingborg
Fredericia
Copenhagen
Malmö
Esberg
Kaliningrad
Gdańsk
Warsaw
Berlin
Amsterdam

sommaire

Finn Juhl, Canapé *Chieftain* pour Niels Vodder, 1949

Ci-contre : Alvar Aalto, Vase *Modèle n° 3031 Savoy* pour Karhula, 1936

le design scandinave

La Scandinavie est un patchwork de nations européennes nordiques qui constituent une entité culturelle et régionale très distincte du reste de l'Europe. Partageant une même histoire économique et culturelle et des racines linguistiques communes (sauf la Finlande), elles conservent chacune un caractère unique qui reflète la diversité de leur géographie et de leur environnement. En Scandinavie plus qu'ailleurs, les designers ont pratiqué une approche démocratique du design, avec pour objectif un idéal social et l'amélioration de la qualité de vie, s'appuyant sur une technologie et des produits appropriés et abordables. Depuis sa naissance autour de 1920, le design scandinave reste porté par une éthique morale humaniste dont les origines remontent au luthéranisme – religion d'État dans les cinq pays – qui insiste sur la vérité et la raison et enseigne que le salut peut s'atteindre par un travail honnête, au bénéfice de son prochain. C'est cette croyance morale en des impératifs sociaux qui a formé le terreau philosophique sur lequel le design scandinave a pu croître et prospérer.

En général, on regroupe dans la Scandinavie le Danemark, la Finlande, l'Islande, la Norvège et la Suède. Mais seules ces deux dernières sont effectivement situées sur la péninsule scandinave. Plus précisément on emploie dans la région le terme de *Norden*, littéralement « Le Nord » pour le tout. Mis à part l'Islande, avant-poste isolé de l'Atlantique Nord, les quatre autres pays forment une entité territoriale qui s'étire sur 1 900 km, de la frontière germano-danoise à l'extrême nord de la Norvège. Leur superficie totale est d'environ 1 165 000 km², plus que la Grande-Bretagne, la France et l'Espagne réunies. Mais si l'on s'en tient à la population et non au territoire, le renversement est brutal. Au nord, de vastes étendues de la Finlande, la Norvège et la Suède sont abandonnées aux montagnes et à la forêt, tandis que la majeure partie de la volcanique Islande est totalement inhabitable. Ceux qui peuvent se qualifier de « Nordiques » atteignent à peine les

Jens Quistgaard, fauteuils de salon *Stokke* (Bâton), en bois de rose, acier et cuir pour Nissen, 1965

27 millions et vivent principalement le long des côtes ou dans les riches zones agricoles du sud où se trouvent la plupart des grandes villes.

Chacun de ces pays s'est depuis longtemps affirmé comme nation, avec une identité forte, riche de souvenirs historiques et de mythes. Si, dans un passé éloigné, de graves conflits les ont opposés, les pays scandinaves entretiennent à présent une paix viable et ininterrompue depuis presque deux siècles. Malgré certaines différences superficielles, ils ont beaucoup en commun. En termes ethniques et religieux, la population des cinq pays offre une remarquable homogénéité. Leurs systèmes juridiques émanent d'origines communes et obéissent à une philosophie mutuelle : nombre de leurs lois sociales sont élaborées en commun. Bien qu'il existe entre elles beaucoup de similitudes et de liens dans leur façon d'aborder le design, chacune des cinq nations présente des particularités stylistiques fortes. Celles-ci s'expliquent non seulement par des conditions industrielles, politiques, économiques et sociales différentes, mais également par le tempérament fondamentalement distinct de chaque population. Comme le remarque Anne Stenros, analyste du design : « Sur le plan émotionnel, les Danois sont un peu plus “méridionaux”, les Finnois un peu plus “orientaux”, les Norvégiens un peu plus “nordiques” et les Suédois s'en tiennent au juste milieu. Quant aux Islandais, ils demeurent profondément ancrés dans leurs spécificités. » Ces différences ont pour conséquence des approches diverses en matière d'arts appliqués et un décalage historique de l'« apogée du design ».

Au cours des cinq siècles écoulés, le caractère unificateur majeur des pays nordiques a sans doute été le rejet de la tyrannie, au profit d'un ordre social où l'expression, les désirs et les efforts de l'individu jouent un rôle de plus en plus significatif et où la permanence d'une nation démocratique prospère et moderne reste cruciale. En effet, même si en pratique l'idéal fondamental commun basé

Søren Sass, service à thé, en argent et teck pour A. Michelsen, 1954–1955

sur l'individualisme se nuance selon le degré de socialisme de chacun des cinq États, les pays nordiques figurent aujourd'hui parmi les plus riches, les plus équitables, les plus humanitaires et les plus démocratiques du monde. Cependant, leur caractéristique essentielle reste la prédominance de l'esprit pratique, et il n'est aucun domaine où ce trait s'exprime davantage que dans le design.

Pendant des siècles, le « foyer familial » a été le centre de l'existence des Scandinaves – à la fois refuge indispensable contre des conditions climatiques hostiles et cadre structurel de la vie de famille. Cette « culture domestique » de lointaine origine a été confortée par le fait que, dans les communautés rurales écartées, l'autosuffisance était bien souvent une nécessité économique. Il n'est donc pas étonnant qu'au cours de la longue histoire des arts appliqués et décoratifs, les créateurs scandinaves aient été amenés à se concentrer sur la production d'articles fonctionnels, mais attractifs. On y retrouve les principes essentialistes qui, au long des siècles, ont inspiré la fabrication des outils, des armes et des accessoires domestiques. Dans les pays scandinaves, il est banal de créer des produits joliment dessinés, car la notion même de « beau design » a imprégné chacune de ces cultures socialement peu différenciées. À l'appel d'Ellen Key, *Skönhet åt alla* (La beauté pour tous !), et de la Svenska Slöjdföreningen (Société suédoise des arts et du design industriel), avec son slogan *Vackrare Vardagsvara !* (De beaux objets pour tous les jours ! – ou, plus exactement, davantage de beauté dans les ustensiles du quotidien), les créateurs scandinaves, dans leur recherche d'objets domestiques à la fois peu coûteux, beaux et pratiques, ont de tout temps adopté une position répondant à une interprétation humaniste des principes formels, techniques et esthétiques propres au modernisme.

Pour la majorité des Scandinaves, le design n'est pas seulement une partie intégrante de la vie quotidienne, mais aussi l'un des facteurs du changement social. Il

Finn Juhl, bols en teck, réalisés dans l'atelier de Kay Bojesen, 1950

existe par ailleurs chez les créateurs une tendance historique à rechercher pour leurs produits un équilibre optimal entre le fabriqué et le naturel. Le climat local (neuf mois d'obscurité et de froid parfois glacial, suivis de trois mois splendides et luxuriants) les a également amenés à puiser leur inspiration autant dans les plaisirs qu'offre la nature que dans l'image d'une maison douillette et gaie. Par tradition, et pour des questions de survie, les Scandinaves ont toujours compté sur leur ingéniosité. Ils ont appris à gérer habilement les ressources matérielles disponibles et à les utiliser avec la plus grande efficacité. Ce besoin d'objets qui puissent concourir à leur survie les a conduits à considérer le design comme un élément important de leur bien-être culturel, économique et social. Bien que la majorité des pays scandinaves jouisse d'une longue histoire d'excellence en matière de design, il faut attendre les années 1950 pour que le concept de « design scandinave » se popularise, grâce à des expositions telles que la première, « Design en Scandinavie », qui fera le tour des États-Unis et du Canada de 1954 à 1957.

La géographie et le climat ont engendré un profond respect pour le confort domestique, sans négliger celui pour le monde naturel. En général, les Scandinaves possèdent une compréhension intime de la nature. Ils sont aptes à apprécier au plus haut point les qualités intrinsèques des matières premières. L'ancienneté et la richesse de l'artisanat et des arts populaires, dans chacun des cinq pays, témoignent non seulement de leur empathie pour les matériaux, mais aussi de leur désir de conférer aux objets du quotidien une beauté naturelle et sans prétention. Par rapport à l'Europe de l'Ouest et aux USA, l'industrialisation est apparue relativement tard en Scandinavie. La tradition artisanale s'y est donc bien mieux préservée. En alliant ce savoir-faire ancestral et la technique moderne, les stylistes scandinaves ont su produire des objets de grande qualité, parfaitement adaptés à la fabrication industrielle. L'approche essentialiste du design – la combinaison

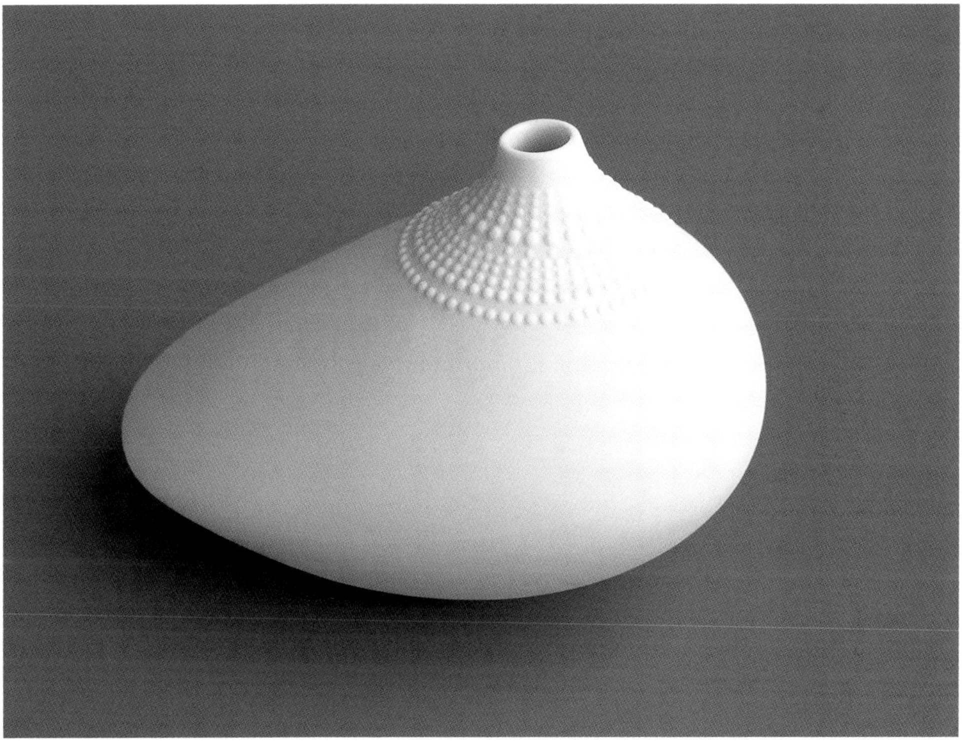

Tapio Wirkkala, vase *Pollo* pour Rosenthal, 1970

des éléments absolument nécessaires à l'accomplissement d'un but particulier –, imposée des siècles durant à ces créateurs par le manque de matériaux, est devenue un principe fondamental de leur art, et s'est trouvée coïncider à l'époque moderne avec l'approche la plus ouverte à la fabrication industrielle. Au XXe siècle, les techniques et les talents ont puissamment influencé le design, au point de représenter la notion même de « bon design ».

L'un des caractères clés de l'art et du design scandinaves demeure la qualité et le rejet de la médiocrité. Il est communément admis que tout produit – chaise, vase, cafetière ou bocal –, qu'il soit fabriqué à la main ou en usine, qu'il soit coûteux ou bon marché, doit procurer une satisfaction émotionnelle. La raison en est que, en Scandinavie, les objets bien conçus et exécutés sont davantage ressentis comme un enrichissement primordial du quotidien que comme des symboles de statut social. Dans leur ensemble, nos créateurs sont conscients qu'en combinant harmonieusement forme artistique et fonction pratique, il devient possible de créer des objets véritablement utiles et adéquats, ce que l'on appelle désormais chez nous le *brukskunst* (art utile). Le design scandinave s'articule autour du principe central du modernisme : trouver l'équilibre optimal entre forme, fonction, couleur, texture, longévité et coût pour des solutions démocratiques. Mais nos créateurs ont également compris depuis longtemps qu'une esthétique délibérément industrielle peut être aliénante. Ils ont donc cherché à développer des produits fondamentalement tournés vers l'homme – qui lui donnent la primauté sur la machine. Bien que la majorité des créateurs scandinaves se soit consacrée à la recherche de solutions de design démocratiques, nombreux sont aussi les exemples d'objets conçus et exécutés comme des célébrations d'art pur et de virtuosité. Qu'il soit usiné en série ou amoureusement travaillé à la main dans un atelier spécialisé, l'objet scandinave exprimera presque toujours le concept local de *hygge,* terme danois qui sous-entend

Kaj Franck, théière *Teema* pour Arabia, 1977–1980

un charme très spécial, un sentiment de tendresse et de confort. Le terme *hygge* s'applique aussi bien aux gens qu'aux choses ou à l'environnement et évoque un sentiment de joie et de bien-être. On pourrait le rendre par « douillet », épicé par « bon vivant ».

Depuis des siècles, il règne entre les cinq pays des relations de bon voisinage, fondées sur la coopération (et parfois la domination). Chacun, toutefois, a sa propre histoire, ses aspirations politiques et ses priorités sociales. Ces différences ont permis à chacun des designs d'afficher son caractère propre. Ainsi, l'influence de la porcelaine orientale, des meubles anglais Regency et des chaises américaines de style Shaker sur le design danois est liée à la longue histoire du Danemark dans le secteur du commerce maritime. De même, la préoccupation du design suédois pour les handicapés témoigne des priorités sociales de la Suède. Enfin l'Islande, qui n'a pas vraiment de matières premières, s'illustre par une véritable tradition de design graphique qui prospère depuis quelques décennies (grâce à l'informatique). Mais en dépit de ces particularismes régionaux, les cinq pays scandinaves gardent une culture esthétique commune, résultat de leur désir partagé de créer une société idéale.

Historiquement, dans ces pays isolés géographiquement, la vie a toujours été une lutte contre le manque de matières premières. Cette situation a engendré une culture qui cherche à réduire tout gaspillage, grâce à un design dicté par le bon sens et l'esprit pratique. En même temps, il s'est transmis, de génération en génération, un art de gérer les ressources, tel le bois venu des forêts de Suède, de Norvège et de Finlande. Selon Eileene Harrison Beer : « Leur environnement spectaculaire leur a inspiré des thèmes et leur a fait comprendre que la nature, dans sa beauté toujours changeante, est aussi la meilleure source, et la plus constante, de formes et de couleurs qui plairont durablement. » Assurément, les motifs inspirés par la flore et la faune locales ont embelli

au fil des siècles les objets quotidiens des Scandinaves. Il n'est donc pas étonnant qu'au XXe siècle la plupart de nos créateurs, d'**Alvar Aalto** et **Arne Jacobsen** à **Jens Quistgaard** et **Tapio Wirkkala**, aient adopté des formes s'inspirant du monde naturel, plutôt que de la machine. Ce faisant, ils ont donné naissance au concept de « modernisme organique ».

Dans les pays scandinaves, l'acquisition d'objets relève davantage du plaisir que du souci d'afficher son statut social. C'est pourquoi les intérieurs y sont d'un éclectisme sans façon où se conjuguent l'ancien et le moderne. On note surtout un refus de la mise en scène « grand style » et une préférence pour les décors subtils, sobres, empreints de *hygge*. Un choix illustré aussi bien par la maison de Carl et Karin Larsson à Sundborn que par les pièces sans apparat, claires et aérées, des catalogues IKEA. En règle générale, l'intérieur scandinave se caractérise par une simplicité dépouillée qui crée une impression de luminosité – une considération importante pour quiconque doit traverser les longs hivers nordiques. Le design scandinave est également sous-tendu par l'idée de partage non-discriminatoire ; loin de s'adresser à quelques privilégiés, il veut créer des objets à la fois pratiques et beaux, mais surtout accessibles à tous. Cela ne signifie pas que l'individualité et la créativité ont été sacrifiées sur l'autel des solutions démocratiques mais que, le plus souvent, le styliste propose une réponse personnelle à un problème particulier.

Bien qu'en Scandinavie le concept de *brukskunst* reste prédominant, il existe aussi beaucoup d'exemples « d'art pour l'art », des objets n'ayant d'autre objectif que leur beauté intrinsèque. Souvent, les designers qui œuvrent dans le secteur industriel créent aussi des objets d'art design, fabriqués avec des méthodes artisanales. Les racines du design scandinave restent vivaces grâce à une tradition de « mécénat artistique » entretenue par les industriels. Nombre d'usines de verrerie et de céramique, comme Arabia et Iittala, continuent

Hermann Bongard, vaisselle *À la Carte* pour Figgjo Fajanse AS, vers 1960

Hans Wegner, chaise *Cow Horn* (En corne de vache) pour Johannes Hansen, 1952

Ci-contre : Poul Henningsen, lampe *Artichoke* (Artichaut) pour Louis Poulsen, 1957

de faire fonctionner des ateliers de production expérimentale et produisent des pièces uniques ou à tirage limité. De fait, c'est souvent dans ces ateliers que les produits industriels sont conçus selon un processus artisanal. Cette tradition d'ateliers a favorisé le développement du concept de « respect des matériaux » et d'un savoir-faire qui mette en valeur les propriétés spécifiques du bois, du verre ou de la céramique, l'ornementation se limitant à souligner les qualités intrinsèques de ces matières. Cette recherche de la forme fondamentale et dépouillée a trouvé sa pleine expression dans le design industriel scandinave – des automobiles Volvo aux tronçonneuses Husqvarna – synonymes dans le monde entier d'intégrité fonctionnelle, de sobriété, de longévité et de qualité.

Tout au long de leur histoire mouvementée, les nations lointaines et faiblement peuplées qui constituent la Scandinavie ont su absorber les diverses influences culturelles étrangères et les réinterpréter sur un mode typique. Ainsi, les savoir-faire et les talents scandinaves sont aujourd'hui très présents à l'international et représentent une force déterminante dans l'évolution du design moderne. Le présent ouvrage rassemble les créateurs, les groupes d'artistes et les entreprises qui ont exercé un rôle instrumental sur la naissance et l'évolution du design, dans des secteurs d'activité aussi variés que le mobilier, le verre, la céramique, la bijouterie, le textile, l'éclairage ou les produits industriels. Pour chaque pays, les textes de présentation sont suivis de notices par ordre alphabétique, avec des renvois en gras mettant en évidence les nombreuses corrélations entre les créateurs et les entreprises. Le tableau chronologique, ensuite, montre l'évolution du design dans les cinq pays parallèlement aux événements socio-politiques. Tout en mettant en évidence les similitudes et les distinctions caractéristiques de chaque pays, l'ouvrage s'efforce également de donner une vue d'ensemble du sujet et de saluer ainsi la coopération internationale, l'élan idéaliste, la conscience sociale,

Piet Hein et Bruno Mathsson, table *Superellipse*, Fritz Hansen, 1964 / Arne Jacobsen, chaises *Série 7, modèle n° 3107,* Fritz Hansen, 1955

Ci-contre : Tapio Wirkkala, pendentif et collier *Pirun pää* (Tête de diable) en or exécutés par Nils Westerback, 1966

l'esprit pratique, la virtuosité technique et le sens artistique inné qui sont devenus les signes distinctifs du design scandinave.

Au cours des cinquante dernières années, c'est par l'épanouissement du design organique que nos créateurs ont le plus formidablement marqué l'évolution du modernisme. Essentiellement tourné vers l'esthétique industrielle, le mouvement moderne ne s'est jamais véritablement implanté en Scandinavie, même si ses tenants partageaient nombre de nos buts fondamentaux, dont celui de créer pour l'usage quotidien des objets démocratiques et bien conçus. Au fonctionnalisme épuré du Bauhaus, il manquait cet humanisme qui était (et demeure) une caractéristique essentielle du design scandinave. On comprendra donc pourquoi ce sont les créateurs scandinaves qui, pour la première fois, ont offert au monde une version du modernisme plus accessible et moins doctrinaire, avec des formes plus douces et des matières naturelles. En contrebalançant les exigences de la machine par les besoins humains, les créateurs scandinaves n'ont pas rejeté le passé, mais s'en sont enrichis et, dans leur quête de formes belles, simples et pratiques, ils ont su instiller dans le design moderne ce qu'on ne saurait définir que comme « une âme ».

L'humanisme et l'essentialisme qui définissent le design scandinave continuent d'incarner la croyance nordique fondamentale en un libéralisme démocratique et social. Ils reposent sur le principe essentiel que le bon design est un droit naturel pour chacun, quels que soient sa richesse, son sexe, son âge ou ses capacités physiques. Avant toute autre chose, c'est l'idée que de « beaux objets pour tous les jours » peuvent magnifier la vie qui assure la pérennité de ce phénomène international qu'est le design scandinave. Face à la complexité et à l'accélération de la vie moderne, celui-ci continue d'être un havre de simplicité intemporelle, d'offrir confort physique et sérénité intérieure, tout en se réclamant d'une approche morale plus pertinente que jamais face aux défis croissants auxquels nous devons faire face pour l'environnement et la société de demain. Inspirés par leur idéal social, les créateurs scandinaves ont toujours su trouver des solutions satisfaisantes en réponse à des exigences aussi bien pratiques qu'esthétiques : elles sont le résultat tangible du rêve utopique que partagent les cinq nations.

Kay Fisker,
poêle en fonte pour Støbejern, vers 1920

Ci-contre:
Jørgen Høvelskov, siège *Harp* pour Christensen & Larsen, 1968

le design danois

Bien que limité en territoire et en population, le Danemark a exercé à deux reprises un rayonnement culturel majeur sur le reste du monde. Il y a 1 000 ans, les Danois, avec d'autres Scandinaves, ont dominé une vaste partie de l'Europe, à l'époque où les Vikings se lançaient dans des expéditions pour piller, faire du commerce et fonder des colonies. Au milieu du XXe siècle, le Danemark est devenu une référence esthétique incontournable pour une grande partie de l'Occident lorsque son design moderne s'est imposé avec force sur la scène internationale. Mais si, en tant que nation maritime entretenant des relations commerciales séculaires avec l'Europe du Nord et de l'Ouest, les États-Unis et l'Extrême-Orient, le pays a toujours su exporter des éléments de sa culture, il s'est tout aussi constamment montré réceptif aux idées nouvelles et aux impulsions venues de l'étranger. De l'ère des Vikings à aujourd'hui, l'évolution des arts appliqués et décoratifs au Danemark doit beaucoup aux talents spécifiques des créateurs danois, qui ont su emprunter à des sources étrangères des modèles fonctionnels et esthétiques, puis les repenser avec un grand savoir-faire en les adaptant aux conditions «nordiques».

La tradition artistique qui fait la renommée du Danemark est née des contraintes de la pauvreté et du manque de matières premières mais aussi d'un sens aigu de la nature. Par nécessité, les Danois ont développé une connaissance intime des ressources naturelles dont ils disposaient – la pierre, l'argile, le cuir ou le bois – et ont appris à en maîtriser l'utilisation. Dans le bâtiment et l'artisanat, les restrictions économiques les ont contraints à privilégier l'utilitaire et le durable par rapport au décoratif, d'où la simplicité, l'honnêteté et le respect de la fonction qui constituent les traits distinctifs du design danois.

Jusqu'aux années 1950, le Danemark est un pays peu industrialisé dont l'économie repose essentiellement sur l'agriculture et l'artisanat. La production artisanale s'y est maintenue bien plus longtemps

Kay Fisker, pichet à vin en argent, pour A. Michelsen, vers 1952

qu'ailleurs en Europe, mais après la Seconde Guerre mondiale, quand le pays engage la modernisation de ses industries, le talent artisanal ancestral et l'exigence de qualité sont transposés dans le design et la production industrielle.

Cette tradition artisanale danoise, très axée sur la fabrication d'outils, se caractérise par sa prédilection pour les formes organiques et son goût pour les qualités fonctionnelles et esthétiques des objets. Il n'est donc pas surprenant que les objets d'art japonais et les meubles des Shakers américains, avec leurs qualités essentielles, presque spirituelles, aient été une grande source d'inspiration pour nombre de stylistes danois du XXe siècle. Des expériences d'**Axel Salto** sur la forme et l'émaillage de céramiques de style oriental aux meubles extraordinairement raffinés de **Hans Wegner** et **Børge Mogensen**, la quête de l'essentiel ou de « la forme idéale » marque profondément le design danois.

Celui-ci commence à se développer à la fin du XVIIIe siècle quand, suite à l'industrialisation (limitée) du pays, le processus de fabrication passe d'une opération menée du début à la fin par un seul individu à une série de tâches compartimentées, exécutées par plusieurs personnes. Cette division du travail entraîne l'émergence d'une nouvelle profession, le design. Avec la création de **Royal Copenhagen**, la Manufacture royale de porcelaine de Copenhague, en 1775, les premiers stylistes danois font leur entrée dans l'industrie. Se consacrant aux produits domestiques raffinés, ces « artistes » industriels favorisent d'abord le rococo, alors à la mode, supplanté au début du XIXe siècle par le néo-classicisme. Bien que fortement influencés par ce qui se fait en France et en Allemagne, les objets néo-classiques danois se distinguent par leur simplicité formelle et un utilitarisme presque bourgeois. Comme l'a noté Gustav Friedrich Hetsch (1788–1864), l'architecte-styliste responsable de l'introduction du style Empire à la Royal Copenhagen vers 1820, « l'objectif de tout ce qui participe à la conception intérieure et l'architecture, petit ou grand, doit être de répondre à sa destination, avec deux conditions principales : un usage facile et une parfaite adaptabilité… La beauté doit toujours dépendre de l'utilité car sinon nulle satisfaction ne saurait en dériver, ni pour l'œil ni pour l'esprit ». Ce souci de l'objet fonctionnel et adapté, néanmoins attrayant, qui fait passer l'utilisateur avant tout, s'est imposé comme la marque essentielle du design danois.

Arne Jacobsen, horloge *City Hall* pour Louis Poulsen, 1955, dessinée à l'origine pour l'hôtel de ville de Rødovre (rééditée plus tard par Georg Christensen pour Mawa Design)

Vers 1860, le néo-classicisme est supplanté par le style romantique, dont l'inspiration puise à des sources éclectiques. **Arnold Krog** représente tout à fait ce changement de cap, lorsqu'il adopte des motifs japonais pour la décoration de ses céramiques, de même que **Georg Jensen**, qui crée des bijoux et de l'orfèvrerie en argent s'inspirant de l'esthétique Arts & Crafts née en Angleterre. Dans tous ces objets se retrouvent un rejet du classicisme historiciste et une attention particulière aux détails les plus raffinés, lesquels tirent parti, avec jubilation, des propriétés intrinsèques des matériaux. La science des matériaux, si typique du design danois, est le fruit d'une riche tradition artisanale, souvent transmise de génération en génération par des ateliers familiaux spécialisés ou par les corporations. À partir du XIXe siècle, la qualité des produits danois, en particulier quant au traitement des matériaux, doit aussi beaucoup à l'œuvre d'un certain nombre de stylistes-artistes inspirés qui surent sceller avec pertinence l'entente entre créateurs et fabricants. Ce sont surtout ces pionniers qui parviennent à établir les standards moraux et qualitatifs sur lesquels est encore fondé aujourd'hui le succès du design danois.

L'originale recherche anthropométrique (relevé et comparaison systématiques des mesures du corps humain) entreprise pendant les années 1920 et 1930 par **Kaare Klint** a également eu un immense impact sur l'évolution du design. Par ses études détaillées des proportions anatomiques, Klint fait non seulement renaître les idéaux pratiques du néo-classicisme, mais il détermine aussi une approche centrée sur l'homme qui constitue le socle sur lequel va se développer le modernisme danois. En concevant un système de mesures à partir de proportions humaines vérifiées, puis en appliquant ces données à la conception de meubles, Klint cherche à trouver des solutions idéales et intemporelles. Dans leur poursuite de l'essentiel, Klint et ses élèves étudient également les dimensions de divers types de meubles particulièrement prisés. Les informations qui en résultent, combinées avec ses données anthropométriques, l'amènent à une série d'interprétations de nombreux précédents historiques, tels ses sièges *Safari* et *Deck* (1933). À l'exception d'un siège conçu pour l'église du Grundtvig Memorial à Copenhague, les meubles de Klint ne sont jamais fabriqués industriellement, mais au contraire selon des techniques éprouvées de longue date.

Mogens Lassen (attrib.), fauteuil en chêne et peau de mouton, vers 1935 – très semblable à un autre fauteuil créé par le frère de Lassen, Flemming, et connu sous le nom de *L'Homme fatigué*

Plus que dans aucun autre pays scandinave, la longue et vaillante tradition danoise d'ébénisterie est largement mise à contribution dans l'entre-deux-guerres, avec la fabrication de meubles simplifiés, mais élégants, en bois massif. À la fin des années 1920 et au cours des années 1930 cependant, l'approche de Klint, plus orientée sur le savoir-faire des ateliers spécialisés que sur le machinisme industriel, méconnaît de plus en plus le besoin très réel d'un mobilier « grand public », moderne et peu coûteux.

L'entre-deux-guerres voit d'autres créateurs, comme **Poul Henningsen**, favoriser une approche plus industrielle du design, plus apte à répondre aux besoins sociaux de l'époque. Dans la célèbre *Kritisk Revy* (*Revue critique*) qu'il dirige, Henningsen trace les grandes lignes d'une nouvelle objectivité du design. Il veut « promouvoir l'architecture (et le design) dans le sillage des plus brillantes avancées sociales, économiques et technologiques de la culture moderne ». La revue fustige l'esthétique dépassée du modèle néo-classique, toujours en faveur chez nombre de fabricants, mais aussi le Bauhaus et son approche moderniste qui tourne radicalement le dos au passé pour aller chercher son inspiration dans des avant-gardes artistiques (de De Stijl au constructivisme russe) peu en phase avec la vie ordinaire. Henningsen et des stylistes comme **Kay Bojesen** insistent au contraire sur la nécessité de concevoir des objets quotidiens à la fois rigoureux et conviviaux, par exemple les sobres couverts *Bestik* créés par Bojesen pour Raadvad (1938). Cette recherche d'ustensiles domestiques peu coûteux et pourtant pratiques s'illustre également dans l'exposition marquante de la Guilde des ébénistes de Copenhague en 1930. On y voit un appartement modèle de deux pièces entièrement aménagé dans le souci manifeste de répondre aux besoins du plus grand nombre. Cet audacieux pas en avant, inspiré par des architectes et des ébénistes liés à la guilde, s'explique sans nul doute par le fait que fabriquer des meubles peu coûteux et de bonne qualité pour les masses n'intéresse guère les industriels.

Grete Jalk, *Chauffeuses* en contreplaqué de teck pour P. Jeppesen, 1963 (produites plus tard par Lange Production)

On trouve cependant quelques exceptions, notamment la société **Fritz Hansen** qui, dans les années 1930, produit en grande série des meubles remarquables par leur esthétique et leur simplicité innovante.

Outre l'exposition annuelle de la Guilde des ébénistes, les créateurs de meubles disposent également pour montrer leur travail de la coopérative (« Den Permanente ») créée par Kay Bojesen en 1931. Si cette « exposition permanente » ne permet pas de vendre directement au public, elle offre néanmoins une vitrine au nouveau design. À la différence de leurs voisins suédois qui, pendant les années 1930, succombent brièvement aux charmes du fonctionnalisme moderne, les créateurs danois restent quasi insensibles à l'influence du Bauhaus. Leur travail reflète d'ailleurs le consensus général selon lequel le fonctionnalisme a toujours été présent au Danemark dans les arts appliqués, et qu'il induit donc dans le design des évolutions plus que des révolutions.

La génération suivante, et notamment les deux figures marquantes que sont Børge Mogensen et Hans Wegner, reprend le principe des formes idéales défini par Kaare Klint et revisite dans cet esprit divers types de meubles d'inspiration locale. Le siège *Shaker* de Mogensen (1944) et les sièges *Le Paon* et *La Chinoise* de Wegner (1947 et 1943) sont représentatifs de cette approche originale. En étudiant l'essence même des meilleures réalisations passées et en les actualisant par un langage moderne, le design danois a su proposer une forme moins doctrinale et plus accessible du modernisme. Ses lignes douces évoquent une aimable aisance et une domesticité douillette. Dans les années 1950 et 1960, elles auront les faveurs aussi bien des arbitres du bon goût que des ménagères, en Europe comme aux États-Unis.

Après la guerre, les Danois se lancent dans la fabrication en série de meubles et autres objets domestiques, en tenant compte de deux paramètres essentiels : la diminution de la taille des appartements et le coût, qui doit être à la portée des classes moyennes. Avec ses produits de

Nanna Ditzel, bureau pour Søren Willadsen Møbelfabrik, 1955

qualité fabriqués en usine, le modernisme danois est le porte-drapeau d'un « bon design » qui va devenir synonyme de « bon goût ». Cette spécificité est confirmée par plusieurs expositions décisives en Amérique et en Grande-Bretagne. Ainsi, à partir des années 1950, le « made in Danemark » est l'objet d'un véritable engouement dans le monde entier.

Mais les créateurs n'auraient pu répondre à la demande s'ils n'avaient disposé de stocks de teck importés des Philippines au début des années 1950 – massivement abattu pendant la Seconde Guerre mondiale lors d'opérations militaires de percement de routes. En conséquence, il était disponible en quantité et à des prix abordables. Ce bois dur, de qualité supérieure et très apprécié, est si largement mis à contribution par des créateurs de meubles comme **Finn Juhl**, **Hans Wegner** ou **Peter Hvidt**, qu'il fera naître l'expression « style teck ». La mode teck déborde aussi sur toutes sortes d'articles pour la maison, notamment les seaux à glace de **Jen Quistgaard** et le saladier avec couverts assortis de **Kay Bojesen**.

D'autres créateurs de meubles qui veulent prendre pied sur le marché grand public explorent le potentiel du contreplaqué moulé. On signalera surtout **Arne Jacobsen**, dont le célèbre *Modèle n° 3107* de sa *Série 7* (1955) va devenir non seulement l'un des sièges les plus vendus au monde, mais aussi l'icône emblématique du design danois. Cette *Série 7* et le siège *Myren* (Fourmi) qui l'a précédée sont en rupture complète avec l'approche évolutionniste du design. Ce sont les premiers exemples de meubles véritablement modernistes produits au Danemark. Par la suite (1967), Jacobsen dessine pour la maison **Stelton** *Cylinda Line*, une collection d'objets pour la table en inox, également moderniste et parfaitement inscrite dans la célèbre tradition danoise de fabrication d'objets usuels à la fois intemporels, élégants et fonctionnels.

Il faut attendre la fin des années 1950 pour que ces créateurs commencent à

incorporer à leurs meubles les matériaux synthétiques récemment mis au point, comme la fibre de verre ou la mousse de latex. Les sièges révolutionnaires *Cygne* et *Œuf* d'Arne Jacobsen (1957), conçus pour l'Hôtel Royal SAS à Copenhague, marquent un renouvellement de la confiance danoise dans le domaine sculptural, qui évoluera spectaculairement dans les années 1960 avec **Verner Panton** et ses fantasmes psychédeliques paysagers aux formes audacieuses, aux couleurs vives et saturées. Bien que le travail de Panton reflète une approche typiquement scandinave du design pop par son refus du concept du « vite employé, vite jeté », il vise, d'une façon très peu danoise, à la vulgarisation de formes révolutionnaires qui constituent un départ totalement nouveau.

La récession mondiale du début des années 1970 coïncide avec une baisse d'intérêt pour le design « made in Denmark ». En réaction, et dans un contexte économique difficile, des sociétés de pointe comme Bang & Olufsen, **Georg Jensen** ou encore Stelton réaffirment leur attachement à leurs critères d'excellence en matière de design et de fabrication, et donc à la production d'objets à la fois beaux et fonctionnels. Et c'est précisément cette qualité irréprochable qui va leur permettre de renforcer leur image de marque sur un marché de plus en plus concurrentiel. En 1977 est fondé le Centre du design, dont la vocation est de favoriser la diffusion de la production danoise. La même année, Niels Jørgen Haugesen (1936–2013) conçoit son siège *Ligne-X*, qui dénote l'influence croissante du style high-tech en Scandinavie. La décennie suivante voit le retour d'une prospérité relative. De nombreux créateurs danois choisissent alors de se tourner vers le style post-moderne et d'en explorer l'immense liberté d'expression. C'est l'époque d'un certain nombre d'expérimentations extraordinaires, par exemple le *Banc pour deux*, en forme de papillon et d'inspiration japonaise, conçu par **Nanna Ditzel** (1989). Il n'en demeure pas moins que le post-modernisme ne s'est jamais réellement implanté au

Poul Kjærholm, fauteuils *PK-11* pour E. Kold Christensen, 1957

Verner Panton, lustre *Kugel-Lampen TYP F* (Lampe à boules) pour J. Lüber, 1969

Ci-contre : Verner Panton, textile *Kurve* de la collection *Décor (I)* pour Mira-X, 1969

Danemark, à telle enseigne que dans les années 1990, des créateurs comme Niels Gammelgaard et **Alfred Homann** dessinent des meubles, des éclairages et autres produits qui retrouvent le charme, l'esthétique, et le caractère fonctionnel du design essentialiste. Au début des années 2000, on assiste, au moment même de la publication de notre première édition, à un regain d'intérêt pour le design danois de l'après-guerre qui débouchera sur une véritable renaissance créative, tandis que les industriels peuvent désormais, grâce à la hausse des recettes générées par la production d'objets cultes de leurs anciens catalogues, sponsoriser la recherche et le développement d'un design plus innovant.

Le Danemark reste fidèle à cette longue tradition du « bon design » qui est l'un de ses plus grands atouts. Aucun autre pays (sauf peut-être l'Italie) n'a produit une telle quantité d'« icônes du design », de l'omniprésente *Myren* (Fourmi) d'Arne Jacobsen à la suspension *Caravaggio* (2005) de Cecilie Manz (née en 1972). La clarté formelle et fonctionnelle, l'intégrité manufacturière, qui différencient tant ces produits des autres, ont pour origine non seulement une coopération réussie entre les créateurs et l'industrie, mais aussi les idéaux intemporels du design danois : une simplification qui n'entame pas l'équilibre entre forme et fonction ; une déférence à l'égard des matériaux ; un profond respect pour la tâche à accomplir ; la conscience aiguë des rapports fondamentaux entre utilisateur, objets du quotidien et environnement. Dans un XXIe siècle confronté à la diminution des ressources naturelles, au changement climatique, à la destruction de l'environnement, aux bouleversements sociaux accrus par le développement du numérique et la mondialisation et à la demande croissante qui en résulte de produits plus éthiques et durables, le credo humaniste du design danois demeure plus essentiel que jamais.

Tapio Wirkkala, plateau de table (bois stratifié de padouk, érable, noisetier, teck et bouleau) *Modèle n° 9015* pour Asko, vers 1958

Ci-contre : Alvar Aalto, siège *Modèle n° 60* pour Artek, 1932–1933

le design finlandais

Encadrée par la Norvège, la Suède et la Russie, la Finlande est l'un des pays du monde les plus septentrionaux et les plus isolés géographiquement (un tiers se trouve dans le cercle arctique). Une grande partie du pays est recouverte de forêts de pins et de sapins, tandis que dans le sud, les arbres à feuilles caduques prédominent, essentiellement le bouleau, le tremble, l'érable, l'orme et l'aulne. Le pays compte environ 55 000 lacs, de vastes marais et de nombreux cours d'eau. Et s'il est surtout plat, sauf dans le nord-ouest, le paysage est toujours d'une beauté saisissante, mais parfois austère. Dans les régions les plus au nord, où les saisons alternent brutalement un hiver prolongé, extrêmement rude, et un été chaud mais bref. Les Sami (Lapons), peuple nomade, continuent à mener leurs troupeaux de rennes comme ils l'ont fait des siècles durant. Le « Nord » revêt un attrait particulier pour les Finlandais, qui portent une véritable vénération à cette beauté impressionnante et superbement vierge. La nature, où il est difficile de survivre, les a toujours contraints à une approche innovante, forcés qu'ils étaient de résoudre tous les problèmes. Par ailleurs, une longue histoire de souffrance économique et le manque de moyens financiers pour les matériaux nécessaires à la construction des maisons et à la fabrication des outils ont engendré un sens inné de l'efficacité, tant formelle et fonctionnelle que matérielle. À force de vivre si près de la terre, les Finlandais ont développé un rapport étroit avec la nature. Dans le design, ce lien se manifeste par un respect intrinsèque pour les matériaux et un goût marqué pour les formes naturelles. En raison de l'affinité presque mystique de ce peuple avec la nature, le design finlandais a souvent été perçu comme l'expression la plus parfaite de « l'âme du Nord ».

Les Finlandais appartiennent à la fois aux peuples baltes et aux peuples scandinaves. Ils sont renommés pour leur stoïcisme modeste, leur solidité, leur ténacité, leur calme et leur force de caractère. Ces traits se reflètent dans le concept du *Sisu*, philosophie

Eliel Saarinen, vue intérieure de l'appartement d'un directeur de banque dans l'immeuble du siège de J. O. Leander, années 1900

Ci-contre : Valle Rosenberg, confiturier en argent pour A. Alm, 1911

de ce qui doit être fait et qui sera fait, quoi qu'il en coûte. C'est une aptitude presque magique qui rassemble vigueur, endurance, courage et volonté de vaincre l'adversité. En d'autres termes, le *Sisu* évoque ce que nous appellerions « avoir de l'étoffe », mais il s'agit d'un caractère propre à l'ensemble des Finlandais, et pas seulement à une petite élite hautement qualifiée. Des siècles durant, ce petit peuple a dû lutter contre un environnement particulièrement hostile et l'envahisseur étranger, d'où une détermination inébranlable à vaincre des obstacles apparemment insurmontables. Pour les architectes et les designers finlandais, le *Sisu* a été une source première d'inspiration. Les édifices et les objets qu'ils ont dessinés témoignent de leur persévérance extrême à rechercher le meilleur équilibre possible entre forme, fonction et matière. Curieusement, le côté taciturne et réservé du Finlandais trouve sa compensation dans la création par le design.

Cette expressivité artistique finnoise, parfois critiquée pour son élitisme non scandinave, vient surtout d'une longue tradition de fabrication en atelier d'exquises pièces uniques, à côté de produits courants et plus démocratiques. Très souvent cependant, ces objets expérimentaux ou édités à quelques exemplaires ont ouvert la voie à la fabrication en série. Aujourd'hui encore, la tradition de l'« objet d'art » luxueux et des éditions limitées est perpétuée par des entreprises comme **Arabia** et **Iittala**, qui peuvent ainsi préserver et cultiver les vieilles techniques artisanales tout en offrant aux designers la possibilité d'exploiter leurs élans créateurs à partir de formes et de techniques nouvelles.

Soumis des siècles durant à la domination successive de la Suède et de la Russie, les Finlandais n'ont connu qu'une période d'autonomie politique relativement courte depuis la déclaration d'indépendance en 1917. Ils sont doublement indépendants depuis la fin des années 1980, date à laquelle l'effondrement de l'Union soviétique a mis fin à la *Finlandisierung*. Cette longue lutte pour devenir une nation à part entière

Alvar Aalto, fauteuil en porte-à-faux *Modèle n° 31* pour Huonekalu-ja Rakennstyötendas (futur Artek), 1931–1932

a nourri chez les Finlandais un fort désir d'affirmer leur autonomie culturelle, politique et économique. L'un des grands tournants de leur histoire a eu lieu en 1835 avec la publication par Elias Lönnrot (1802–1884) du poème épique connu sous le nom de *Kalevala*. Basé sur une tradition orale de poésie, de ballades et de chansons, le *Kalevala* (Patrie des héros) démontre que la langue finnoise peut servir à des compositions lyriques dignes des plus grandes épopées classiques. Pendant la seconde moitié du XIXe siècle, ce poème mythologique devient un symbole de conscience nationale et de patriotisme, mais aussi la source culturelle unique et fondamentale de l'art et du design. Sa publication confirme également le finnois, langue finno-ougrienne du groupe ouralien, comme langue nationale officielle. S'inspirant du *Kalevala* et du désir d'affirmer une identité culturelle autonome, le romantisme national intervient dans les domaines de l'art, de l'architecture et du design à la fin du XIXe siècle. Représenté, entre autres, par **Eliel Saarinen**, ce style apparaît comme une expression puissante du nationalisme finlandais, particulièrement dans ses allusions mythiques à la culture carélienne. Pourtant, le romantisme national trouve aussi sa place dans le vaste mouvement « Art nouveau » qui fleurit dans l'architecture et le design de toute l'Europe et de l'Amérique, à la fin du XIXe et au début du XXe siècle. Cette synthèse du national et de l'international deviendra l'un des traits distinctifs du design finlandais.

Au début des années 1900, le gouvernement et les organismes liés au monde de l'artisanat contribuent fortement à l'essor du design en encourageant les jeunes artistes à collaborer avec les industriels. Le but consiste à élever le niveau des objets du quotidien. À partir de 1905, des chefs d'entreprise éclairés financent des concours de stylisme afin d'attirer de jeunes créateurs susceptibles de produire des objets dignes de figurer en bonne place sur la scène internationale. Avant la Première Guerre mondiale, le

Tapio Wirkkala, vase *Modèle n° 3523* pour Iittala, sorti en 1951

design finlandais continue d'être influencé par l'Art nouveau. Dans l'entre-deux-guerres en revanche, on voit émerger dans les arts appliqués une nouvelle objectivité. **Aino Aalto** et **Alvar Aalto** créent de la verrerie et du mobilier peu coûteux, destinés au marché intérieur, que l'on peut considérer comme une réponse directe à l'austérité de l'époque. Au même moment, la manufacture de céramique Arabia commence à fabriquer des objets domestiques standardisés à des prix abordables comme le *Sinivalko* (Blanc-Bleu) (1936–1940), service de table de Kurt Ekholm basé sur l'idée que même les ustensiles quotidiens doivent rehausser la qualité de la vie par leur beauté, leur simplicité et leur fonctionnalité.

Dans les années 1930, Alvar Aalto procède à une ré-interprétation nécessaire du fonctionnalisme moderne par une approche du design intégrée et centrée sur l'humain, qui rejette la froide esthétique de la machine chère au Bauhaus. En privilégiant les formes organiques et les matières naturelles dans sa ligne de mobilier à la fois pratique et révolutionnaire, Aalto espère établir de meilleures relations physiques et psychologiques entre les objets et leurs utilisateurs. Révélatrices de cette affinité presque spirituelle que les designers finlandais entretiennent avec le monde naturel, ses créations adoptent souvent des formes qui font écho aux paysages finlandais. Ainsi, les contours sinueux des lacs finlandais lui inspirent son célèbre vase *Savoy* (1936). En exprimant l'essence abstraite de la nature à travers un design humaniste et essentialiste, Aalto établit l'une des bases philosophiques sur lesquelles le design scandinave va croître et s'épanouir.

Une autre personnalité aura une influence décisive sur le développement du design finlandais d'après-guerre : Arttu Brummer (1891–1951). Rédacteur en chef du célèbre magazine italien *Domus* dans les années 1930, il parvient à tisser des liens étroits entre les designers des deux pays. En 1931, sur fond de dépression économique, il écrit : « À notre époque, et compte tenu des circonstances dans lesquelles

Yrjö Kukkapuro, chaise *Modèle n° 414* pour Haimi Oy, 1965

nous vivons aujourd'hui, l'artiste est devenu un individu qui, d'une certaine façon, existe en dehors de la société. Personne n'a vraiment besoin de lui et c'est en vain qu'il élève la voix pour réclamer soutien et protection de l'État. » Journaliste, Brummer est également un professeur très écouté et finira par occuper le poste de directeur artistique de la Taideteollinen Korkeakoulu (Université d'art et de design), de 1944 à 1951. À ce poste, il incite ses étudiants à trouver des solutions stylistiques répondant à leurs sens et à leur sensibilité, tout en explorant le riche vocabulaire des formes trouvées dans la nature. En appelant à davantage d'expression créative individuelle et en soulignant l'importance d'un « art vivant vital », Brummer exerce un formidable impact sur le travail de la génération suivante, notamment sur **Tapio Wirkkala** et **Timo Sarpaneva**.

Après la Seconde Guerre mondiale et le terrible fardeau des réparations de guerre à payer à la Russie, le pays ressent un énorme besoin de retrouver sa confiance nationale. Ce qui devient possible presque immédiatement grâce à l'affirmation d'une identité finnoise dans les arts appliqués. Pendant ces années d'optimisme et de renouvellement, des créateurs tels que Tapio Wirkkala, Timo Sarpaneva, **Antti Nurmesniemi**, **Ilmari Tapiovaara** ou **Maija Isola** parviennent à forger un langage du design distinct et sensuel qui porte leur travail à un niveau esthétique totalement inédit. En 1951 survient ce qu'on a appelé « le miracle de Milan » : des designers finlandais, notamment Wirkkala, sont récompensés à plusieurs reprises dans diverses catégories de la IXe Triennale. Pour la Xe Triennale de 1954, la section finlandaise est aménagée par Wirkkala et présente des objets très variés, dont de la verrerie qui remporte un prix et manifeste avec emphase l'assurance retrouvée du design finlandais. Ce dernier, selon un commentateur, révèle « un mélange d'audace primitive et d'incroyable élégance ». Ces expositions assurent aux créateurs finlandais une reconnaissance

Maija Isola, tissu *Unikko* (Coquelicot) pour Marimekko, 1965

internationale pour leur individualisme, capable de mettre en valeur les propriétés expressives des matériaux au moyen de belles formes naturelles. Très éloignés de l'esthétique fade du fonctionnalisme, les meubles, les textiles, la céramique et le verre finlandais portent la marque d'une vitalité séductrice, impatiente, qui traduit parfaitement l'esprit de l'époque.

La sensibilité envers les matériaux et l'emploi déterminé de formes naturelles évocatrices demeurent un trait distinctif du design finlandais tout au long des années 1960 et au début des années 1970 – période souvent considérée comme un véritable âge d'or. Comme le note **Nanny Still McKinney** à propos de cette glorieuse époque, « toutes les créations venaient du cœur, parce qu'il n'y avait aucune influence extérieure. À ce moment-là, peu de pays étaient aussi intéressants que la Finlande ». Les stylistes expérimentent de nouvelles techniques de fabrication et explorent avec jubilation des couleurs audacieuses et des formes iconoclastes. De la verrerie d'Oiva Toikka aux textiles de Vuokko Eskolin-Nurmesniemi ou aux meubles d'**Eero Aarnio**, le design finlandais reflète une simplicité jeune et directe, en même temps qu'un degré élevé de sophistication. Lumineux, avec des textures expérimentales, ces produits sont très favorablement accueillis par la critique, tant pour leur inventivité technique que pour leur sens artistique inné.

Le choc pétrolier, au début des années 1970, frappe durement l'industrie du verre, très gourmande en énergie. D'autres domaines du design sont également affectés par la crise économique. C'est ainsi que va émerger un design plus rationnel et plus ouvert à la technologie. L'ergonomie, la sécurité sur le lieu de travail, la cohésion sociale deviennent des thèmes importants pour les designers. Par exemple, la *Fysio* (1978) dessinée par **Yrjö Kukkapuro** pour Avarte est l'une des premières chaises de bureau dont la forme est presque entièrement dictée par des données anthropométriques. La décennie suivante voit le retour de la prospérité, mais aussi

Kaj Franck, plaque de verre pour Nuutajärvi-Notsjö, vers 1965

Ci-contre : Harri Koskinen, bougeoir *Lantern*, 1999

l'émergence d'un plus grand internationalisme. L'esthétique post-moderniste inspire un certain nombre de créations marquantes, notamment la lampe *Scaragoo* (1987) aux allures d'insecte dessinée par Stefan Lindfors pour Ingo Maurer. Vers la fin des années 1980 et au début des années 1990, les fabricants finlandais décident de rééditer certains classiques de leur glorieux passé et de les commercialiser à côté des nouvelles créations.

Reconnue de longue date sur la scène internationale pour son goût de l'innovation et ses excellentes capacités de production, la Finlande connaît depuis trente ans un boom économique – en partie grâce à son design – qui fait l'envie de ses voisins scandinaves. Aujourd'hui, des industriels finlandais comme **Arabia** et **Iittala** peuvent s'enorgueillir des collaborations prestigieuses dont elles ont bénéficié dans le passé, mais aussi de leurs liens privilégiés avec les plus grands noms du design contemporain, en Finlande comme à l'étranger. Dans des maisons comme **Artek** ou Fiskars, on est profondément convaincu que le design est un impératif moral et que fabriquer des objets bien conçus, durables et écologiques relève d'un devoir. Grâce à leur grande connaissance des savoir-faire ancestraux doublée d'une empathie avec les matériaux et d'un souci aigu de la fonctionnalité, les designers finlandais ont créé et continuent de créer des objets d'une parfaite intégrité. Au-delà de ce respect constant du geste de l'artisan et de cet amour de l'expérimentation, les Finlandais ont préservé leur vision romantique des origines et leur intimité avec la nature. Par conséquent, leurs créations transcendent magnifiquement leur vocation strictement fonctionnelle. Elles enchantent véritablement la main et le regard. Honnêteté fonctionnelle, naturalisme allant à l'essentiel, pureté sensuelle, authenticité stylistique, souci constant de l'homme et de la nature : autant de qualités du design finlandais qui semblent parfaitement représentatives des valeurs fondatrices du design scandinave.

Valdis Harrysdóttir, pot en vessie de porc, avec couvercle et os bréchet en végétal, 1996 – basé sur un vieux passe-temps islandais pour prédire l'avenir, selon la façon dont l'os tombe

Ci-contre : Gunnar Magnússon, chaises et tables *Apollo* pour Kristján Siggeirsson, 1967

le design islandais

Situé dans l'Atlantique nord, entre la Norvège et le Groenland, l'Islande est un pays de contrastes. D'immenses glaciers s'étendent à perte de vue sur des pics montagneux, tandis qu'une intense activité géothermique, partout présente, en fait l'une des régions du monde les plus volcaniques (l'île se trouve sur la chaîne sous-marine connue sous le nom de dorsale de l'Atlantique nord). Bien qu'au nord ses extrémités touchent presque le cercle arctique, l'Islande jouit d'un climat beaucoup plus clément qu'on ne pourrait le croire, mais notoirement instable et parfois même violent. Depuis l'occupation, au IXe siècle, par les peuples nordiques vikings et celtes, cet environnement exceptionnel et les difficultés qui en résultent pour la survie des habitants ont joué un rôle essentiel dans le caractère et le mode de vie du peuple islandais.

Renommés pour leur ténacité, leur esprit d'entreprise et le respect dont ils ont toujours fait preuve pour la pureté de leur langue – tronc linguistique à partir duquel se sont développées les autres langues scandinaves – les Islandais constituent une population remarquablement homogène. Parmi les premiers colons arrivés sur l'île, il y a 1 100 ans, la majorité venait de Norvège et le reste des autres pays scandinaves, d'Irlande et d'Écosse. Après leur fusion, il y a plusieurs siècles, l'immigration devient pratiquement nulle. Ce mélange ancien de peuples nordiques et celtes peut, en partie, expliquer la production (unique en Scandinavie) d'une importante littérature médiévale. Les sagas islandaises, relatant les épisodes héroïques qui se sont déroulés à l'époque du peuplement de l'île, figurent au rang des chefs-d'œuvre littéraires du Moyen Âge.

L'Islande peut également se targuer de posséder le plus ancien parlement démocratique au monde, l'Althing, instauré vers 930 sous la forme d'une réunion annuelle à Thingvellir, au milieu de l'été, par les chefs de clan de l'île, désireux de résoudre pacifiquement leurs différends. La culture islandaise s'est longtemps caractérisée par un

Helgi Hallgrímsson, chaise à bascule pour FHI, 1968

esprit de coopération pour faire face aux épreuves tant naturelles que coloniales : dès le XIIIe siècle, le pays est soumis à la domination étrangère, d'abord norvégienne, puis danoise, jusqu'à l'indépendance de 1944. Mis à part une brève période dans les années 1920–1930, l'Islande a rarement connu la discorde sociale, et le consensus politique national s'appuie principalement sur des idées de démocratie conservatrice et d'intégration sociale. En conséquence, les créateurs islandais n'ont jamais été réellement tentés par le « grand style » destiné à une élite, lui préférant plutôt les objets éminemment fonctionnels. Les chandails islandais eux-mêmes, aujourd'hui si célèbres, étaient à l'origine tout simples et sans fioritures. Ils ne s'ornent de motifs compliqués que depuis 1953, et pour le marché d'exportation. Si la pêche a toujours été la principale richesse économique de l'Islande pendant toute son histoire, elle ne représente plus aujourd'hui que 35 % de ses exportations. Avec peu de ressources naturelles (la lave, le bois de flottage et la laine étant les seules matières non importées), l'Islande a toujours dû compter sur les matériaux et marchandises venus de l'étranger, ce qui a fortement marqué l'évolution du design local.

À cause de sa géographie, l'Islande est longtemps restée un pays décentralsé, sans concentration urbaine importante. Cependant, vers la fin du XIXe siècle, elle commence à se transformer, et la nation de fermiers autosuffisants se fait citadine. À la même époque, les sentiments nationalistes commencent à galvaniser les Islandais et l'idée d'affirmer l'identité culturelle, par l'architecture et les arts appliqués, séduit les imaginations. En 1883, par exemple, un certain nombre d'artisans participent à une exposition dont le but est d'encourager « le goût, la beauté et la fonctionnalité dans les arts industriels de la nation ». Comme alors chez leurs voisins scandinaves, le romantisme national inspire les architectes et les créateurs, quoique avec un moindre degré de nostalgie, dans la mesure où ils commencent à peine à émerger de leur propre

Einar Þorsteinn Ásgeirsson, siège *Bucky* (production individuelle), 1980

Moyen Âge. Beaucoup se montrent réceptifs aux progrès industriels, mais en raison des mutations sociales et économiques, les influences qui régissent l'architecture et le design dans tout le reste de la Scandinavie n'auront de prise en Islande que bien plus tard.

Entre 1900 et 1930 environ, les créateurs islandais, comme **Gudjón Samúelsson**, recourent aux techniques traditionnelles pour fabriquer des meubles en bois d'importation. Sur le plan stylistique, leur travail se présente soit comme une quasi-relecture des modèles vikings dans l'esprit Arts & Crafts, soit comme une interprétation du classicisme islandais, qui est simple et austère. Dans les années 1930, l'Islande continue de pâtir de l'image stéréotypée dont elle est affublée à l'étranger, particulièrement en Allemagne et en Autriche. Dans ces pays, on assiste à un « fétichisme » du « Nord » qui enracine l'idée qu'en Islande la culture est restée primitive et intacte. C'est cependant dans l'entre-deux-guerres qu'une véritable identité islandaise commence à apparaître dans les domaines de l'architecture et du design, quand une première génération d'architectes et de créateurs, tel Jónas Sólmundsson (1905–1983), rapporte de ses études à l'étranger les idées du mouvement moderne. Fait important, le modernisme, dont l'influence croissante coïncide avec la lutte de l'Islande pour l'indépendance, est accueilli non comme une rébellion intellectuelle mais comme un puissant porte-drapeau de la nation.

Étant donné l'absence presque totale de matériau de construction sur le territoire, le ciment est adopté dès les années 1900. Il est facile à transporter et permet de limiter les importations de brique, de bois ou de tôle ondulée. Vers 1920–1930 apparaît le béton, utilisé d'une manière « proto-brutaliste » expressive, sans peinture, sous forme d'éléments cubiques, comme on peut le voir au musée Einar Jónsson (1916–1923), conçu par le sculpteur Einar Jónsson (1874–1954), en collaboration avec l'architecte Einar Erlendsson (1883–1968). Dans

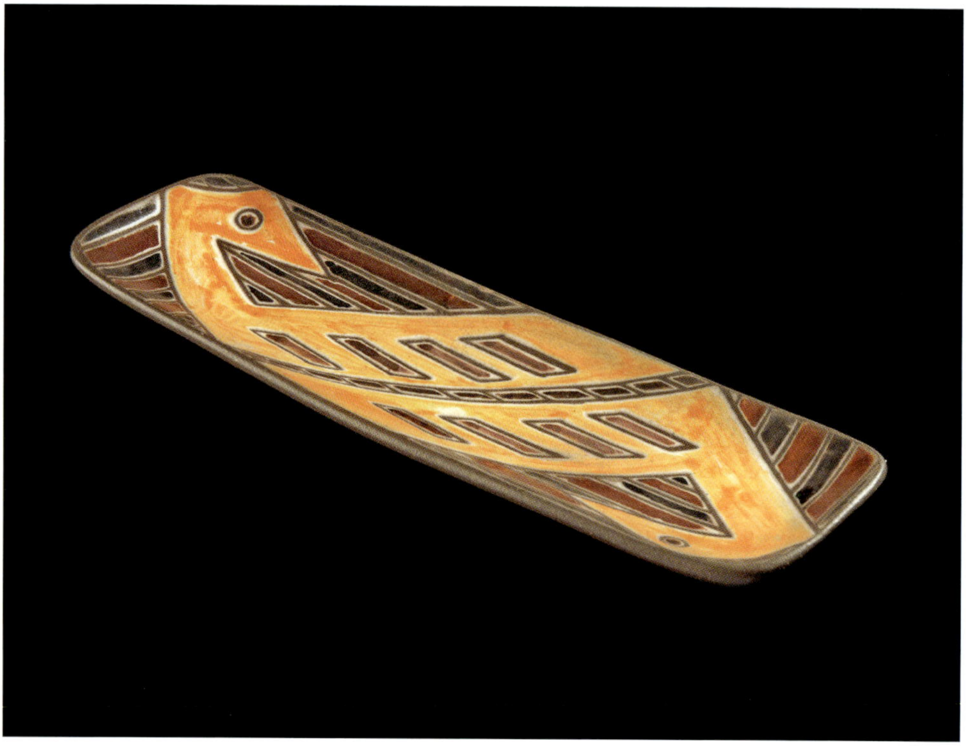

Designer inconnu, plat ceramicå vernissé et peint de l'oiseau motif pour Glit Pottery, fin des années 1950

la décennie 1930–1940, l'Islande subit de plein fouet la dépression économique, ce qui signifie peu d'argent à dépenser pour l'importation de produits finis. Pour compenser, de petites usines se créent pour fabriquer des produits très divers, mais nécessitant toujours l'importation de matériaux coûteux comme le sapin, le contreplaqué ou le métal tubulaire. Les objets se caractérisent généralement par leur robustesse et leur simplicité, mais ne sont trop souvent qu'une version mièvre du design danois.

La situation internationale s'aggravant et les Islandais ayant de plus en plus de difficultés à aller étudier à l'étranger, l'École islandaise des arts appliqués est fondée en 1939 à Reykjavik. Cette institution, davantage tournée vers l'enseignement des beaux-arts et des métiers d'art que vers le design industriel, marque un tournant dans l'histoire du design islandais. Sous la direction visionnaire de Ludvig Gudmundsson (1897–1966), l'école va s'appliquer à définir une approche intégrée de la théorie et de la pratique du design. En 1944, une fois l'indépendance enfin arrachée au Danemark, on assiste progressivement à l'émergence d'une identité islandaise dans les arts appliqués, et en particulier dans le domaine du graphisme. Si, pendant des siècles, et depuis les célèbres Sagas, l'Islande a été connue pour sa production littéraire, elle le devait traditionnellement davantage à la qualité des mots qu'à celle de la typographie, qui se distinguait surtout par sa rusticité primitive. Au XXe siècle, les concepteurs islandais vont perpétuer cette approche basique en se servant de formes simples et de couleurs vives. Dans leur préférence pour des solutions rudimentaires, venues « du fond du cœur », et à cause du manque de matériaux, les designers islandais ont alors tendance à renoncer à l'élégance et au raffinement qui apparaissent dans les autres pays scandinaves.

Dans les années 1950 et 1960, l'importation de mobilier est interdite. Aussi se crée-t-il de nombreuses petites manufactures de meubles destinés au marché

Katrín Ólína Pétursdóttir et Michael Young, portemanteaux *Arbre* pour Swedese, 2003

intérieur. Il en naîtra maintes créations remarquables, telles la chaise à bascule en tapisserie de Helgi Hallgrímsson (1968), ou la chaise *Apollo* (1967) de **Gunnar Magnússon**, dont la forme s'inspire du profilage de la fusée lunaire Saturne V, fabriquée par la NASA. Il faudra attendre 1980 pour que Einar Porsteinn Ásgeirsson (1942–2015) conçoive sa *Bucky,* chaise qui, comme son nom l'indique, rend hommage aux dômes géodésiques de Richard Buckminster Fuller. À l'instar des premiers modèles de Magnússon, cette chaise souligne la tendance islandaise à emprunter des formes existantes et à les adapter en quelque chose de neuf, voire d'étonnant. Cet aspect du design islandais se retrouve dans la façon dont les produits importés sont ensuite personnalisés en fonction des besoins du pays, comme ces extraordinaires tracteurs et 4x4, capables d'affronter le hors-piste et les terrains glacés, dans les conditions les plus extrêmes. Dans les années 1990, la communauté artistique, et notamment les designers, commence à exploiter le potentiel d'une informatique toujours plus puissante, et on voit s'imposer sur le marché le design graphique, la musique, les films et les jeux électroniques d'origine islandaise.

Aujourd'hui, les créateurs perpétuent une tradition individualiste qui démarque leur travail de celui de leurs confrères d'autres pays scandinaves. De plus en plus, ils rencontrent des constructeurs étrangers prêts à accueillir favorablement leurs idiosyncrasies, où perce souvent une grande originalité dans le traitement de la forme, de la fonction ou des matériaux. Du mobilier et des luminaires d'art design aux céramiques innovantes qui surprennent par leur poésie, le design islandais contemporain met en lumière une contradiction interne entre d'un côté la foi dans le progrès technologique moderne, et de l'autre une relation presque primitive à la nature. Cette tension féconde fait bel et bien écho aux saisissants contrastes géographiques de ce petit pays porté par l'énergie conjuguée de la glace et du feu.

Frida Hansen, design pour la portière en tapisserie *Røde Roser* (Roses rouges), 1899

Ci-contre : Torolf Prytz, saladier en émail *Snowdrop* (Perce-neige) repoussé pour Jacob Tostrup, vers 1900

le design norvégien

Située à l'extrémité septentrionale de l'Europe, la Norvège est une terre peu peuplée, faite de montagnes majestueuses, de forêts denses et de fjords prodigieux. Jusqu'au XXe siècle, une grande partie de la population de l'intérieur vivait presque totalement isolée, dans des fermes dispersées le long des fjords et au creux des vallées. Souvent séparés par d'imposantes barrières naturelles, les groupes familiaux étaient forcés de vivre dans la solitude et en autarcie, sans beaucoup de contacts avec le monde extérieur. L'agriculture leur fournissait le strict nécessaire, mais il s'agissait d'une activité saisonnière, compte tenu des conditions climatiques. Pendant les longs mois d'hiver, ils disposaient de beaucoup de temps pour d'autres travaux. De là est venue l'émergence de petites industries familiales, consacrées surtout à l'embellissement de l'environnement domestique, à la fabrication d'armes, d'outils et d'instruments agricoles, au tissage et à la broderie des textiles et du costume national. Inspirés non seulement des arts vikings et de ceux du peuple nordique sami, mais aussi de la riche palette des couleurs et des formes naturelles, les motifs et les dessins se sont transmis de génération en génération. Ainsi, à travers les âges, s'est poursuivie en Norvège une culture folklorique très originale et incroyablement riche, où se perpétue le respect du geste artisanal et des matériaux. C'est par-dessus tout cette tradition « vivante » qui va exercer son influence sur le développement du design.

Les Norvégiens sont un peuple fier dont le caractère a été forgé autant par l'héritage viking et des siècles d'aventure maritime que par une histoire faite de misère matérielle et d'oppression étrangère. Bien que ses habitants aient toujours considéré leur patrie comme l'*Annerledeslandet* (le pays différent), la Norvège a été dominée tout au long de son histoire par ses voisins plus riches et plus puissants – son union de 434 ans avec le Danemark, surnommée par les Norvégiens « la nuit des 434 années », n'a été dissoute en

Thor Bjørklund, trancheuse de fromage pour Thor Bjørklund & Sønner A/S – initialement conçue en 1925

1814 que pour être aussitôt suivie par presque un siècle de domination suédoise. Il faudra atteindre 1905 pour que la Norvège finisse par obtenir son indépendance. Pendant cette longue période de férule étrangère, ce furent surtout les communautés rurales qui surent préserver l'identité de la nation, tant dans les arts que dans l'artisanat. En effet, le désir d'autonomie culturelle, attisé par la menace persistante d'une « danification » totale, a aidé à renforcer les traditions populaires, de la peinture florale au tissage à la main de motifs compliqués.

Inévitablement, au tournant du XIXe siècle, au moment où la longue lutte pour l'indépendance va aboutir, on assiste à l'épanouissement d'un romantisme national dans les domaines de l'architecture et des arts appliqués. Le « style dragon » néo-viking reflète alors une aspiration profondément patriotique à retrouver les racines enfouies de l'identité norvégienne. Ainsi, les meubles de **Gerhard Munthe** destinés à la Salle des Contes de fées de l'hôtel Holmenkollen, l'argenterie de Frederik Holm créée pour David-Andersen et les céramiques de Henrik Bull (1864–1953) pour **Porsgrund** n'apparaissent pas seulement comme des exercices décoratifs historicistes, mais comme des prises de positions politiques en faveur de la cause indépendantiste. Si certains de ces objets peuvent également être vus comme l'expression de la renaissance décorative panscandinave *fin de siècle*, ils ont en fait contribué à établir les bases d'une identité nationale norvégienne dans le domaine des arts appliqués.

Vers l'époque de l'indépendance s'opère dans le design un recul marqué du romantisme national au profit d'un plus grand internationalisme, qui se manifeste dans l'acceptation inconditionnelle de l'Art nouveau. Par son inspiration puisée dans la nature plutôt que dans les modèles historiques, l'Art nouveau peut être considéré comme le premier mouvement international véritablement moderne, et aucun autre pays scandinave ne l'a adopté avec autant

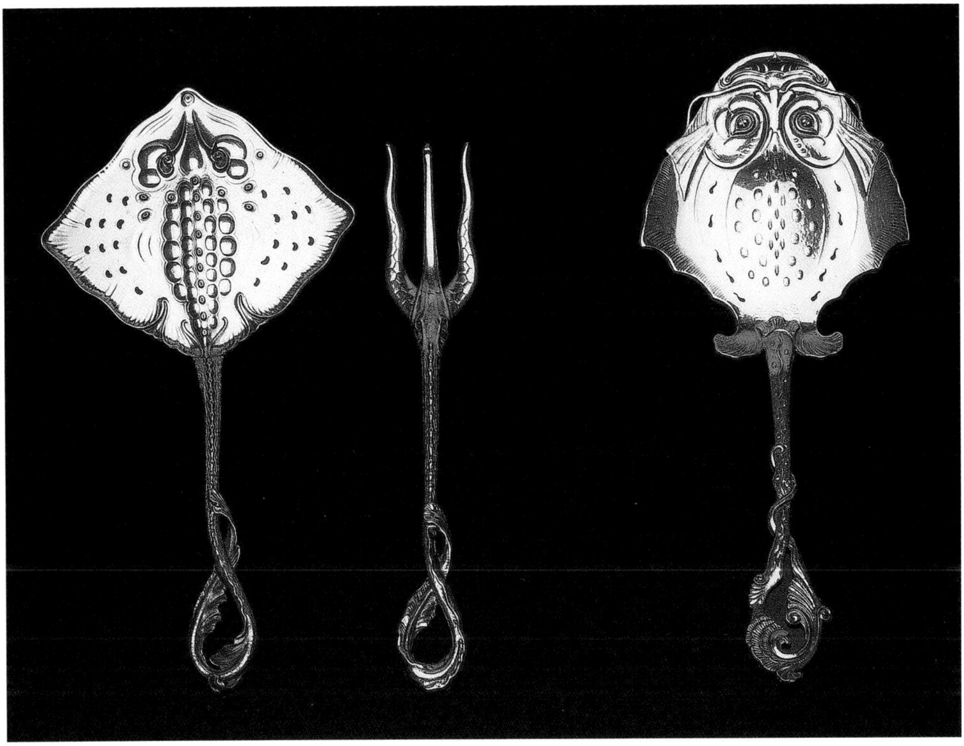

d'enthousiasme que la Norvège. **Gustav Gaudernack** et Thorolf Holmboe (1866–1935) sont sans doute les meilleurs représentants de l'Art nouveau norvégien, avec leurs délicats « émaux de plique à jour » dessinés pour **David-Andersen**, qui sont essentiellement des représentations stylisées, mais pleines de sensibilité, de la flore et de la faune locales. Ces œuvres d'une extrême finesse témoignent de la virtuosité des orfèvres norvégiens, dont le travail d'émaillerie demeure jusqu'à nos jours sans rival, même en Scandinavie. Si de nombreux stylistes norvégiens du début du siècle puisent leur inspiration dans le magnifique environnement naturel de leur pays, d'autres sont plus directement influencés par les tissages traditionnels, particulièrement **Frida Hansen**, dont les panneaux stylisés à motifs floraux sont norvégiens par quintessence tout en s'inscrivant complètement dans le style Art nouveau.

Après les bouleversements de la Première Guerre mondiale, se constitue officiellement en Norvège la Foreningen Brukskunst, importante organisation des arts et traditions populaires, qui deviendra plus tard la Landsforbundet Norsk Brukskunst (LNB : Société norvégienne des arts et traditions populaires, et du design industriel). Cette institution va jouer un rôle essentiel dans la formation d'une identité nationale en favorisant une meilleure coopération entre artisans et créateurs et une fertilisation réciproque entre les disciplines artistiques. Ainsi, il n'est pas rare que des membres du LNB travaillent indépendamment à la création en atelier de pièces uniques, tout en dessinant des objets pour l'industrie – les rôles d'artisan créateur et de créateur industriel étant considérés comme deux facettes du même processus de design. Travaillant ensemble sous la houlette des stylistes d'intérieur de la LNB, les artisans et les créateurs industriels s'efforcent de produire des articles courants mieux conçus et d'améliorer la qualité de la vie, tout en diffusant auprès du grand public

Theodor Engebøe, service à poisson, en argent, pour Theodor Olsen et pour Kristian Hestens, vers 1920–1924

Hermann Bongard, chandeliers en argent sterling pour David-Andersen, vers 1963

le concept de *brukskunst*. Sans équivalent dans d'autres langues, le *brukskunst* est défini par Ferdinand Aars, ancien directeur de la LNB, comme « l'ensemble des arts et les métiers, des arts appliqués et du design industriel. Il désigne à la fois le processus de réflexion sociale, l'analyse des besoins du consommateur, le design et une production technique et artistique de première classe. Surtout, il implique la création, à des fins utilitaires, d'objets techniquement appropriés, mais bien sûr dotés d'une qualité esthétique qui les rend faciles et agréables à vivre. » Par ses nombreuses expositions (jusqu'au début des années 1970), d'articles manufacturés aux côtés de pièces uniques fabriquées en atelier, la LNB parvient à ancrer chez les Norvégiens la compréhension et le respect de la qualité, tant dans la conception que dans la production.

Dans l'entre-deux-guerres, beaucoup de créateurs sont influencés par le mouvement Art déco, d'où l'apparition d'objets qui se distinguent par la simplification de la forme et de la décoration. Ainsi, Nora Gulbrandsen (1866–1935) dessine pour Porsgrund des céramiques aux lignes géométriques fortes, tandis que Thorbjørn Lie-Jørgensen crée pour David-Andersen une cruche en métal argenté (1934) à la forme volumétrique typiquement moderne. Les années 1930 sont également témoin d'un flirt avec le fonctionnalisme, comme le montre la fabrication de quelques meubles en acier tubulaire, notamment la *Folkestolen* (Chaise du peuple) (1928–1929), conçue par Herman Munthe-Kaas (1890–1977), et la *Stålrørstolen* (Chaise en acier tubulaire, 1932), dessinée par Bernt Heiberg pour l'université d'Oslo.

Au début des années 1940, comme dans les autres pays scandinaves, la Norvège se laisse gagner par un certain modernisme tempéré. Le siège en bois et rotin d'Alf Sture (né en 1915), fabriqué par Hiorth & Østlyngen en 1943, témoigne de cette approche plus humaniste du design mais annonce aussi, avec son dossier moulé de manière anatomique, les sièges

ergonomiques et raffinés des stylistes qui vont suivre. Après l'occupation allemande de la Seconde Guerre mondiale, la Norvège marquera un temps d'arrêt, avant de reprendre de l'assurance et d'entamer une réorganisation sociale, politique et économique. Conscient de la nécessité de rétablir la confiance nationale, le périodique *Bonytt* (*Nouvelles Intérieures*) publie en 1945 un article de Håkon Stenstadvold intitulé « Notre caractère national » où l'on peut lire que, si les créateurs norvégiens doivent certes se montrer ouverts aux nouvelles tendances internationales, leur but essentiel doit être de rechercher et exprimer dans leurs œuvres ce qui fait leur spécificité culturelle. Largement appliqué, ce souci d'affirmer l'identité nationale dans les arts appliqués entraîne de fait les stylistes norvégiens sur une voie introspective. Population peu nombreuse, capacité industrielle limitée, coûts de production comparativement élevés : on comprend pourquoi le design n'a pas connu en Norvège les mêmes succès qu'au Danemark, en Suède ou en Finlande dans les années d'après-guerre.

Toutefois, les créateurs norvégiens des années 1950 ont accédé à une notoriété jusqu'alors inégalée. C'est notamment le cas de Grete Prytz, Tias Eckhoff (1926–2016), Hermann Bongard (1921–1998) et Arne Jon Jutrem (1929–2005), lauréats du prix Lunning, et de Willy Johansson, médaille d'or et d'argent aux Triennales de Milan pour ses verreries dessinées pour **Hadeland**. Mais malgré ces succès individuels, le design norvégien ne possède pas, de manière générale, ce brio qui caractérise la production au Danemark, en Finlande et en Suède. Des années 1950 au début des années 1970, dans ce qu'on a appelé « l'âge d'or du design scandinave », chacun des trois pays voisins réussit à s'imposer grâce à un certain particularisme de sa production, tandis qu'en Norvège les créateurs se débattent encore dans leur quête d'identité nationale. Privé de débouchés tels que l'industrie du meuble (qui fait la fortune du

Tias Eckhoff, couverts *Una* pour Norsk Stålpress, 1973

Willy Johansson, vase en verre pour Hadeland, 1958

design danois), l'industrie du verre (voir la Finlande) ou l'industrie des biens de consommation où s'illustrent si bien les designers suédois, le design norvégien continue de chercher sa force directionnelle et connaît par conséquent certaines difficultés à soutenir ses produits sur un marché de plus en plus concurrentiel. Vers 1970, le *brukskunst* est pratiquement abandonné par les stylistes et la séparation qui s'ensuit entre arts et industrie va voir l'enseignement du design se scinder en spécialisations autonomes. L'absence de synergies interdisciplinaires entre l'enseignement des techniques artistiques et le design industriel conduit à un manque d'expérimentation qui à son tour entraîne une carence généralisée d'innovations. Il en résulte une perte de créativité au moment même où s'affirme, au début des années 1970, l'essor de l'industrie pétrochimique. Avec l'exploitation de ses phénoménales réserves de pétrole et de gaz, la Norvège n'a tout bonnement plus besoin du design et de l'industrie des produits de consommation pour faire tourner son économie.

Au cours des années 1980, le pays connaît une prospérité croissante grâce aux revenus substantiels tirés de la mer du Nord ; en quelques décennies, l'un des pays les plus pauvres d'Europe devient l'un des plus riches (il est aujourd'hui le huitième exportateur mondial de pétrole). Sauf dans la construction navale, l'idée de donner au design un rôle de pointe dans une stratégie de fabrication orientée sur l'export a été complètement négligée. Il reste cependant quelques exceptions notables, notamment les sièges ergonomiques de **Peter Opsvik** pour Stokke, comme sa chaise évolutive *Tripp Trapp* (1972), qui remporte un énorme succès, et son « Assis-à-genoux », le *Balans Variable* (1979) qui marque un tournant. Se signalant par l'utilisation des formes très novatrices mais fonctionnelles, les meubles d'Opsvik reflètent la tendance générale du design scandinave de l'époque, qui consiste à chercher des

Norway Says, table d'appoint *Twin* pour L.K. Hjelle, 2005

solutions à des besoins concrets, et cela dans une optique sociale.

Avec sa longue tradition d'idéalisme social et de sensibilité artistique, le design norvégien se caractérise depuis toujours par son intégrité, sa fonctionnalité, sa simplicité et son traitement judicieux des matériaux. Malgré ses qualités, et pour les raisons exposées plus haut, il n'est jamais vraiment parvenu à se dégager de l'ombre de ses voisins plus performants. Depuis le milieu des années 2000 cependant, les Norvégiens réalisent de plus en plus que leurs réserves de pétrole vont sérieusement baisser dans quelques années et que le pays devra développer d'autres industries pour conserver sa vitalité économique. Face à ces préoccupations, le Norsk Designråd (Conseil norvégien du design) coordonne depuis vingt ans les efforts pour promouvoir le design norvégien à l'étranger, avec l'appui financier du ministère norvégien du Commerce et de l'Industrie. Cette concertation a permis d'obtenir un succès raisonnable avec l'aide, par exemple, de Norway Says qui contribue à développer une nouvelle confiance envers le design norvégien contemporain basée sur l'expérience. Mais, les créateurs norvégiens donnent l'impression de moins chercher à exprimer une identité nationale que de revenir au concept de *brukskunst*, à savoir des produits unissant la prouesse technique au désir de simplification, une adéquation fonctionnelle et esthétique qui soit intemporelle. Sur fond de prise de conscience croissante des problèmes liés à l'environnement, les designers norvégiens savent parfaitement que c'est en réconciliant l'art avec la technologie et en concentrant leurs efforts sur les solutions durables qu'ils pourront créer des produits adaptés et novateurs capables de rivaliser avec les meilleures réalisations internationales.

Vicke Lindstrand, vase *Cirkus* pour Orrefors, 1930

Ci-contre : Edvin Öhrström, vase *Coquillages* utilisant la technique Ariel pour Orrefors, 1937

le design suédois

Occupant la majeure partie de la péninsule, la Suède s'étire au cœur de la Scandinavie. C'est le plus grand des cinq pays et une terre de contrastes, avec ses montagnes et lacs, forêts et cascades, ses plaines agricoles fertiles et ses milliers d'îles s'étirant le long d'un littoral magnifique et escarpé. Si l'étendue de son territoire a souvent varié jusqu'en 1809, la Suède peut s'enorgueillir de 1 000 ans d'histoire en tant qu'État souverain. Nation pacifique, elle a depuis longtemps répudié l'ardeur martiale qui l'a jadis jetée dans les guerres européennes. En matière de conflits idéologiques et politiques, elle a décidé de jouer les arbitres – d'où le nombre proportionnellement élevé de ses hommes d'État occupant des postes importants à l'ONU. Depuis la Seconde Guerre mondiale, la Suède est restée fidèle à sa doctrine de « non-alignement dans la paix visant à la neutralité dans la guerre ». Elle est dorénavant considérée comme l'un des pays phares de la démocratie libérale. Historiquement, et comme ses voisins scandinaves, elle a su sortir de son économie essentiellement rurale caractérisée par une grande pauvreté pour devenir une nation industrialisée très développée au système de protection sociale avancé.

Ses habitants sont en général peu bavards, fiers, portés sur la tolérance, l'honnêteté et l'esprit communautaire. Ils manifestent au quotidien un grand libéralisme doublé d'un sens aigu du devoir civique. Cet équilibre entre liberté individuelle et responsabilité collective a permis le développement d'une société à la fois stable et consensuelle. Aujourd'hui encore, malgré l'immigration croissante, la Suède est un pays d'une remarquable homogénéité religieuse. Le luthéranisme, religion d'État, qui insiste sur la morale personnelle et la « foi vivante », joue un rôle évident dans la pureté, la fonctionnalité et l'aspect social du design. En fait, l'humanisme du protestantisme libéral semble avoir imprégné la vie suédoise dans tous les domaines, de la reconnaissance précoce des droits de la femme à la promotion du design comme besoin de base. De la recherche de pointe en matière

Louise Adelborg, assiette *Swedish Grace pour* Rörstrand, 1930

de sécurité automobile chez Volvo à la production de mobilier démocratique à bas prix chez **IKEA**, le design suédois est étayé par la croyance en un devoir moral de produire des solutions pour répondre à des besoins sociaux réels.

L'originalité suédoise en matière de design apparaît dès le XVIIIe siècle, quand le roi Gustav III (1771–1792) lance un style de décoration inspiré du néo-classicisme qui se répand partout ailleurs en Europe, notamment en France. Recherchant la légèreté, le confort, la simplicité et la sensation d'espace, les intérieurs «gustaviens» se distinguent par des tons pastel, des meubles en pin aux couleurs pâles et des planchers de bois nus, sorte de transposition adoucie et plus agréable du néo-classicisme européen. Dans les années 1830 et 1840, les créateurs suédois sont influencés par le style allemand Biedermeier et produisent des meubles peu ornés, souvent d'essences claires, en particulier le bouleau et l'érable. Leur sobriété, foncièrement néoclassique, reflète non seulement le manque de moyens financiers pour importer des matériaux raffinés, mais aussi la foi suédoise en la suprématie morale garantie par la modestie et la simplicité.

Au milieu du XIXe siècle, ce néo-classicisme est supplanté par le mouvement dit «du renouveau» qui se caractérise par une lourde ornementation et un mélange d'influences historiques du gothique au baroque, et même au rococo. C'est en réponse à cet éclectisme que se constitue en 1845 la Svenska Slöjdföreningen (Société suédoise des arts et du design industriel), qui devient la première association de designers du monde. Elle se propose d'«apporter des améliorations aux produits de l'industrie et de l'artisanat grâce à la coopération des forces artistiques, de faire progresser la culture domestique et d'élever le niveau général du goût». Ses premiers efforts sont guidés par la conviction que le design peut et doit être utilisé comme catalyseur du changement social.

À la fin du XIXe siècle, les arts appliqués subissent l'influence du mouvement anglais

Josef Frank, tissu *Celotocaulis* pour Svenskt Tenn, vers 1930

réformateur Arts & Crafts qui, par son approche du design, va permettre de forger des particularismes nationaux. C'est ainsi que **Carl et Karin Larsson** meublent et décorent leur petite maison de Sundborn dans un style simple, sans prétention, inspiré à la fois par la culture paysanne et par la vision idyllique de la maison de campagne classique. Cette idéalisation de la vie rurale, que Carl Larsson va abondamment illustrer dans des aquarelles largement diffusées, peut être vue comme une réaction à l'inévitable industrialisation et un désir de préserver la tradition artisanale. La maison Larsson, située en Dalécarlie – cœur mystique de la Suède –, non contente de célébrer le « fait suédois », est aussi l'affirmation réitérée, pour le pays comme pour l'étranger, d'une identité nationale. De même, l'Art nouveau suédois répond à un désir d'asseoir une esthétique à la fois nationale et spécifique. Les créateurs de ce style *fin de siècle*, tels **Gunnar Wennerberg**, incorporent dans leurs œuvres des représentations naturalistes de la flore et de la faune locales, que l'on sent déjà à cette époque menacées par la vie urbaine.

Au tournant du siècle, l'écrivaine féministe Ellen Key (1849–1926) soutient la doctrine libérale de l'éthique par l'esthétique qu'elle développe dans son pamphlet : *Skönhet åt alla* (La Beauté pour tous, 1899). S'inspirant des images de Carl Larsson qui mettent en scène la vie simple et belle de Sundborn, Key suggère qu'en raffinant le goût des gens et en développant leur perception esthétique, on peut perfectionner le design jusqu'à en faire surgir une profonde transformation sociale. Selon elle, « un bel environnement domestique ne peut que contribuer à rendre les gens plus heureux ». Key joue un rôle si déterminant pendant les premières années du XXe siècle qu'en 1914, à l'Exposition baltique de Malmö, les objets Art nouveau suédois sont vilipendés pour leur turpitude morale et leur absence d'objectif social. L'année suivante, la Svenska Slöjdföreningen crée une agence visant à favoriser les contacts entre artistes et constructeurs afin de faire progresser la qualité

Erik Gunnar Asplund, restaurant *Paradiset* à l'Exposition universelle de Stockholm en 1930 – cet événement capital est parfois appelé l'« expo funki », car il a marqué l'apogée du fonctionnalisme au sein du design suédois

des produits industriels. Les résultats de cette collaboration sont présentés en 1917 à l'« Exposition de la maison » de la galerie Liljevalchs, à Stockholm. L'idée prônée par Key de s'attaquer aux problèmes sociaux par la conception et la réalisation de beaux objets domestiques trouve son illustration dans bon nombre des ustensiles de série bon marché exposés dans des intérieurs gais et lumineux. L'*Arbetarservisen* (Service de table de l'ouvrier, 1917) de **Wilhelm Kåge**, conçu pour la société **Gustavsberg**, apparaît pour la première fois. Il est emblématique du nouveau credo du design suédois : l'éthique par l'esthétique. Le *Liljeblå* (Lys bleu) gravé sur ce service en flint-glass rappelle l'artisanat traditionnel, tandis que la forme des diverses pièces s'inspire des doux contours rococo du milieu du XVIIIe siècle. Malgré ces références locales et historiques, ce *Service de l'ouvrier*, produit industriellement à petit prix, demeure essentiellement moderne. Il apparaît comme la réalisation en trois dimensions de l'idée développée par la Svenska Slöjdföreningen selon laquelle « ce qui est utile est beau ». Sur le moment, cependant, le succès commercial est plutôt faible. La plupart de ces produits, issus de la promotion de l'art industriel, ne sont pas spécialement bien reçus, en particulier par les travailleurs auxquels ils sont destinés. Souvent, ces objets sont encore trop chers pour les bourses modestes. Mais même s'ils en avaient les moyens, les destinataires ne les auraient sans doute pas achetés du fait de la connotation de classe inférieure encore très attachée à ces objets dits « simples ». L'« Exposition de la maison » n'en demeure pas moins un événement crucial qui a suscité un vif débat sur les épouvantables conditions de logement qui prévalent alors dans le pays, en forte expansion urbaine, et attiré l'attention sur la nécessité pressante d'équipements ménagers peu coûteux et bien pensés.

Après la Première Guerre mondiale, l'idée de la simplicité comme principe de beauté commence à gagner du terrain. Le nouvel ordre international entraîne l'émergence d'idées nouvelles pour une société de progrès, que l'on pourrait atteindre grâce aux avancées technologiques. En 1919, Gregor Paulsson (1889–1977), directeur de la Société suédoise d'art industriel, publie le pamphlet *Vackrare Vardagsvara* (De bons objets pour tous les jours), adressé davantage aux constructeurs qu'aux consommateurs. Dans cet écrit fondateur, il décrit un nouveau groupe de consommateurs qui

Axel Einar Hjørth, table en pin *Sandhamm* pour Nordiska Kompaniet, 1932

reste ignoré de l'ensemble des concepteurs : celui des petits salariés. Il explique que ce segment de la population a besoin de biens manufacturés à la fois peu onéreux, utiles et jolis. Il conclut que les constructeurs pourraient en tirer un bénéfice économique, à condition d'utiliser le design comme facteur de vente. Mais son message reste lettre morte. La plupart des fabricants continuent à faire porter ses efforts sur des produits de luxe afin de se préserver les faveurs de sa petite clientèle de nantis. Pendant les années 1920, nombre de créateurs suédois partent étudier à Paris ou Berlin et y subissent l'influence des courants d'avant garde. Ceux qui restent en Suède se font attentifs à l'industrialisation rapide de ce qui avait été jusque-là une société principalement rurale. À l'« Exposition internationale des arts décoratifs et industriels modernes » de Paris en 1925, les objets présentés au pavillon suédois témoignent de tendances contradictoires : primitives et modernes, urbaines et rurales, nationales et internationales. Tous ont cependant en commun la simplicité et l'élégance. Le critique britannique Morton Shand parle de « grâce suédoise » pour décrire ces lignes essentiellement Art déco qui mêlent des formes néo-classiques simplifiées à une décoration à la fois hardie et abstraite. On pourrait dire que ces produits de l'exposition de 1925 sont « modernistes » plus que modernes. Cependant, dans les cinq années suivantes, le design suédois va subir une mutation totale, au moment où la sensibilité artistique est emportée par l'esthétique industrielle du « Fonctionnalisme suédois » : le luxe est supplanté par l'utilitaire, l'historicisme cède la place au Modernisme.

En 1920, les sociaux-démocrates forment un gouvernement de minorité et une réinterprétation radicale du socialisme apparaît. Il ne s'agit plus de trouver le moyen d'en finir avec l'exploitation, mais d'atteindre une prospérité plus grande et mieux partagée. Les sociaux-démocrates considèrent le design moderne comme un outil de changement social plus que comme un exercice en esthétique d'avant-garde. Pendant les années 1920, des parois préfabriquées pour maisons normalisées sont débitées à la chaîne et livrées directement des usines aux sites d'assemblage. Les industriels comme les ouvriers – les détenteurs du pouvoir et ceux qui en sont exclus – se saisissent de la modernité et du progrès technologique afin de créer une plus grande égalité des chances et d'accroître la prospérité

Estrid Ericson, tissu *Elefanter* pour Svenskt Tenn, années 1930 – ce motif inspiré d'un textile africain, est présenté par le fondateur de la Svenskt Tenn

nationale. Les sociaux-démocrates considèrent l'industrialisme comme le moyen de jeter un pont idéologique entre capitalisme et collectivisme et de faire advenir leur vision de la *Folkhemmet* (la maison de Monsieur Tout-le-Monde). La doctrine officielle a pour but l'égalité sociale. Il en découle pour le fonctionnalisme suédois (*Funkis*) une esthétique institutionnelle plutôt stérile qui privilégie l'hygiène au confort.

Cette préoccupation peut s'expliquer par les épidémies de choléra qui ont sévi à la fin du XIXe siècle dans de nombreuses villes suédoises, peu salubres et surpeuplées. Pour ne rien arranger, la Première Guerre mondiale met fin à l'industrie du bâtiment, ce qui aggrave encore la pénurie de logements et la surpopulation. Pendant les années 1920 et 1930, où la tuberculose fait rage, le logement social de bonne qualité s'impose comme priorité absolue. L'hygiène est reconnue comme la clé de la bonne santé et une population saine comme la base de toute nation forte. Si l'esthétique à tendance sanitaire du fonctionnalisme offre la promesse d'une amélioration nationale (particulièrement en matière de santé), la centralisation de l'État suédois facilite la mise en œuvre du modernisme dans le logement social.

Vers 1930, la « Stockholmsutställningen » (Exposition de Stockholm) organisée par la Svenska Slöjdföreningen, alors dirigée par le grand réformateur Gregor Paulsson, marque un tournant décisif dans le design. Codirecteur de cette manifestation, **Erik Gunnar Asplund** lui confère une forme moderne qui concrétise le credo des fonctionnalistes selon lequel « le design pensé est beau ». La « Stockholmsutställningen » reste avant tout une célébration du progrès urbain face au traditionalisme et projette une vision d'utopie sociale, des appartements modèles pour familles à faible revenu aux décors intérieurs modernes et lumineux des édifices publics, écoles, hôpitaux ou hôtels de tourisme. L'architecture et le design y sont l'expression politique de la nouvelle sociale-démocratie suédoise. Ils reflètent la foi inconditionnelle des fonctionnalistes dans les technologies de pointe. Pour les stylistes du mouvement *Funkis,* l'industrialisation constitue un idéal tant social qu'esthétique. À leurs yeux, tous les bâtiments (même les habitations) doivent être standardisés comme des machines et les meubles fonctionner comme des « équipements de vie ». Glorifiant les produits industriels, des avions aux machines à coudre, comme signes exaltants des

possibilités à venir, les fonctionnalistes soulignent aussi que cette nouvelle ère exige une architecture novatrice.

Toutefois, tous les architectes et stylistes suédois ne se laissent pas captiver par les promesses utopiques du fonctionnalisme. **Josef Frank** fait remarquer que « la maison ne doit pas être uniquement une machine efficace. Elle doit aussi offrir confort, repos et bien-être (apaisante pour l'œil, stimulante pour l'âme). Il n'existe pas de principe puritain en matière de bonne décoration intérieure. » À coup sûr, la promotion par les fonctionnalistes d'une esthétique de machine rencontre de nombreux détracteurs de tous horizons politiques. Ces derniers critiquent son absence de « caractère suédois ». Le camp des fonctionnalistes se défend et rétorque que la simplicité est justement un attribut typiquement suédois. Mais les critiques expriment aussi leur souci à propos du vide humaniste et environnemental d'un système industriel sans frein, produisant à l'infini une masse de nouveautés superflues. Les adversaires du mouvement *Funkis* reconnaissent néanmoins que les besoins sociaux pourraient être comblés par la mise en œuvre du design moderne. Ils recherchent un compromis entre l'organique (les matières naturelles) et le rationnel (la production industrielle). Cette « troisième voie » est représentée par le siège *Eva* (1934) de **Bruno Mathsson,** modèle élégant et essentialiste en bois stratifié avec sangles de chanvre tissées, qui épouse les contours du corps humain pour plus de confort, sans tissu d'ameublement.

Après la Seconde Guerre mondiale, l'idée de « maison de Monsieur Tout-le-Monde » est reprise par un État providence menant une politique du logement contrôlée qui aura une immense influence sur la structure de la société suédoise. Le modernisme devient le symbole par excellence du foyer idéal d'après-guerre, tandis que l'idée du « design comme style de vie » se renforce. On croit alors fermement que la vie quotidienne peut s'améliorer par la généralisation du design. C'est ce que cherche à démontrer l'exposition « La création suédoise d'aujourd'hui » à Zurich en 1949. En même temps, les créateurs suédois entament une évolution vers une forme moins austère du modernisme qui se reflète dans la simplicité et l'absence de formalisme des aménagements intérieurs – meubles clairs, rideaux à motifs et tapis tissés. La croissance économique est aussi pour beaucoup dans le déclin du fonctionnalisme et même Gregor Paulsson,

Bruno Mathsson, première chaise-longue en bois de hêtre cintré et tissage de papier pour la société Karl Mathsson, 1942

Gunnar Nylund, récipients pour réfrigérateur *Frigi* pour Rörstrand, 1941

grand prophète de la standardisation, doit admettre que « le choix des objets est un choix de style de vie ». En 1955, l'exposition « H55 » de Helsingborg fait date : elle révèle un rejet total du fonctionnalisme dogmatique, mais elle annonce aussi une évolution du modernisme, qui se caractérise désormais par des formes expressives sensuelles, des couleurs terre et l'utilisation de matières naturelles. Même si ces objets à base artisanale peuvent être vus comme un retour au traditionalisme, le modernisme suédois d'après-guerre s'appuie sur un certain rationalisme fondamental. Par ailleurs, l'adoption de matières naturelles s'explique autant par la disponibilité garantie de matériaux non importés que par des raisons idéologiques.

Dans les années 1940 et 1950, une génération pionnière d'ingénieurs-designers met au point une gamme de produits qui atteignent enfin le but de la Svenska Slöjdföreningen : produire des expressions visibles de l'âge de la machine par le recours délibéré au design industriel. Travaillant avec des matériaux et des procédés de pointe, ces nouveaux consultants en design industriel comprennent Sixten Sason (1912–1967), Sigurd Persson (1914–2003), Alvar Lenning (1897–1980), Ralph Lysell (1907–1987), Carl-Arne Breger (1932–2009) et Sigvard Bernadotte (1907–2002). Ils conçoivent des véhicules, des outils, du matériel de bureau et des appareils électroménagers pour des compagnies suédoises comme Ericsson, Electrolux, Gustavsberg, Hasselblad, Husqvarna, Saab ou Volvo. Bien que fortement influencés par les lignes aérodynamiques américaines, les créateurs industriels suédois emploient souvent ces formes, non à des fins stylistiques, mais pour obtenir des produits plus performants, notamment la *Saab 92* (1942) de Sixten Sason et sa carrosserie monocoque résistante au frottement qui impose de nouvelles normes à l'automobile. De même, le téléphone *Ericofon* (1956) de Hugo Blomberg et Ralph Lysell, pour Ericsson, innove en intégrant l'écouteur, le micro et le clavier dans un élément unique, ergonomique et raffiné. 1957 voit la fondation de la Société des créateurs industriels suédois (SID), dont les membres vont s'appliquer à relever l'image du design industriel dans le pays comme à l'étranger. Tout en mettant l'accent sur l'esthétique et le statut social des produits manufacturés industriellement, ces stylistes parviennent aussi à créer un certain nombre d'ustensiles quotidiens

Carl Malmsten, chaises en pin pour Karl Andersson & Söner, années 1940/50

inhabituels mais attrayants, et font usage des matières plastiques nouvellement découvertes, en particulier Carl-Arne Breger avec sa ligne d'objets ménagers de série créée pour Gustavsberg. C'est pendant cette période que les créateurs industriels réussissent à forger une identité nationale distincte et imposent sur la scène internationale la réputation de qualité qui restera attachée à l'industrie suédoise.

Avec le *baby-boom*, la fin des années 1950 voit croître l'intérêt du design pour l'enfant, tandis que les années 1960 et 1970 se concentrent sur l'ergonomie et la sécurité des produits. En 1970, Victor Papanek (1923–1998) signe un livre retentissant, *Design for a Real World* publié en suédois, traduit en anglais l'année suivante, et qui devient rapidement la bible de la profession. Faisant appel à la responsabilité morale et sociale, Papanek dénonce de nombreux problèmes « réels » non consuméristes, de la sécurité automobile et la pollution environnementale à l'adaptation du design aux handicapés et au tiers-monde. Sans doute inspirés par les propos de Papanek en faveur d'un design à orientation sociale, deux groupes de stylistes basés à Stockholm, le A&E Design (fondé en 1968) et le Ergonomi Design Gruppen (fondé en 1979), se spécialisent dans l'étude de produits à vivre innovants destinés aux handicapés qui seront couronnés par de nombreuses récompenses et largement applaudis pour leur design réel, en réponse à des besoins réels.

Le travail de **Johan Huldt** et **Jan Dranger** reflète également la tendance générale vers une approche moins consumériste. Après avoir fondé en 1969 leur société, la Innovator Design, Huldt et Dranger distribuent leurs meubles de façon anonyme, afin de contrecarrer le culte du « produit signé ». Avec du métal tubulaire, des plaques de métal perforé et de la toile, ils créent une gamme de mobilier coloré et peu coûteux, mais très pratique, emblématique des racines démocratiques du design suédois, mais aussi annonciatrice d'un nouvel internationalisme au sein du stylisme scandinave. Les produits Innovator connaissent un énorme succès tout au long des années 1970 et au début des années 1980 et sont même distribués par **IKEA**. Si l'on peut considérer que les meubles de Huldt et Dranger s'inscrivent dans la lignée de l'approche industrielle des années 1930 et du fonctionnalisme suédois, ils n'en représentent pas moins la quintessence du style high-tech international.

Peter Brandt, tabouret *Bimbo* pour Blå Station, 1993

Ci-contre : Sven Markelius, textile *Pythagoras* produit par Ljungbergs Textiltryck pour Nordiska Kompaniet, 1958

Au début des années 1980, le design suédois tombe sous le charme du post-modernisme avec le siège *Concrete* (1981) de Jonas Bohlin, l'une des premières manifestations de ce nouveau style international. Le constructeur Källemo produit ensuite un certain nombre d'autres meubles post-modernes, comme la bibliothèque *National Geographic Magazine* (1990) de Mats Theselius qui attire l'attention internationale. Mais c'est IKEA, avec son mobilier moderne, bon marché et préemballé, qui jouera le premier rôle dans l'exportation du design suédois contemporain et la promotion du concept de « design comme style de vie ». Des jouets colorés de Björn Dahlström pour Playsam aux magnifiques verres d'**Ingegerd Råman** pour **Orrefors**, les Suédois perpétuent depuis trente ans des vertus de longévité, d'économie, d'honnêteté, d'accessibilité et de clarté fonctionnelle, par le biais de solutions démocratiques et socialement responsables. Guidé par la conviction que des objets bien conçus peuvent améliorer la qualité de vie par leur beauté pratique, le credo historique des designers suédois, *Vackrare Vardagsvara* ne pourra, dans l'avenir, que se renforcer par l'exigence toujours croissante de solutions appropriées. Dans une publication célébrant le cinquantième anniversaire d'IKEA en 1993, Victor Papanek, consultant de haut niveau chez Volvo et expert en design, note avec prévoyance que « la vie sur cette planète peut être favorisée ou mise en danger par le design que nous donnons à nos objets et la manière dont nous les utilisons. Le design éthique se doit d'être respectueux de l'environnement. Il doit être à échelle humaine. Il doit être humain. Il doit enfin rester fidèle à sa responsabilité sociale ».

125 designers d'aino aalto à tapio wirkkala

Page précédente : Chez Verner et Marianne Panton à Bâle-Binningen, 1973 – éclairage *Ring Lights* créé pour Louis Poulsen en 1969

Avant-projet pour la gamme *Bölgeblick* en verre moulé, vers 1932

aino aalto

1894, Helsinki – 1949, Helsinki, Finlande

Aino Aalto (née Marsio) étudie l'architecture à l'Institut de technologie d'Helsinki, dont elle sort diplômée en 1920. En 1924, elle est engagée par son condisciple, l'architecte **Alvar Aalto**, qu'elle épouse la même année. Elle va travailler avec lui sur de nombreux projets, en particulier la mise au point de techniques de pliage du bois. Ces recherches permettront par la suite au couple Aalto de proposer de nombreux meubles qui feront date par leur utilisation du contreplaqué. En 1932, Aino Aalto participe à un concours lancé par les verreries Karhula-**Iittala**, qui prévoyaient une nette augmentation des achats de verres du fait de l'abolition des lois de prohibition en vigueur depuis 1919. Son projet de service, baptisé *Bölgeblick* (Vision de vagues), comprend pichet, verres à eau, bols, plats, pots à sucre et à crème. À la fois sobre et élégant, il remporte le deuxième prix. Il traduit assez bien les priorités concrètes et le souci de standardisation d'Aino Aalto. La juxtaposition compacte des nervures dissimule les imperfections inhérentes au verre moulé et donne aux pièces du service un côté robuste mais soigné – une nouveauté en matière de verre utilitaire. Karhula lance la production du service *Bölgeblick* en 1934 (moyennant quelques modifications mineures). D'autres pièces – assiettes, vases, chopes, verres à schnaps et carafe – viendront ensuite enrichir la série. Les premiers services ne sont proposés que dans les tons bleu ciel, brun, vert et gris fumé. Le *Bölgeblick* sera par la suite rebaptisé *Aalto* et sera produit par Iittala à partir de 1988. Au même concours, Aino soumet dans la catégorie « verrerie d'art » sa série *ABCD,* qui comprend un vase pourvu d'un fond bosselé pour accueillir des tiges de fleurs de différentes longueurs. Le projet ne remporte pas de prix. Mais sa forme insolite annonce avec quatre ans d'avance le célèbre vase *Savoy* d'Alvar Aalto. À partir de 1932, Aino travaille en indépendante pour Karhula-Iittala, et l'année suivante, crée la fabrique de meubles **Artek** avec Alvar Aalto, Nils-Gustav Hahl et Maire Gullichsen. En 1933, le couple Aalto

Série en verre moulé pressé *Bölgeblick* pour Karhula (futur Iittala), 1932

Ci-dessous : Pichet *Bölgeblick* pour Karhula (futur Iittala), 1932

(inscrit sous le nom du seul Alvar Aalto) présente au concours du fabricant de verre **Riihimäki** la série *244* de verres empilables et de vases. Lauréate du deuxième prix, cette collection en verre soufflé et moulé deviendra célèbre sous le nom de *Riihimäki Flower Series* à cause des étranges formes florales créées par l'empilement des vases. Simple et pratique, elle traduit le fonctionnalisme croissant du design scandinave. Mais le public n'est pas encore tout à fait habitué à ces formes épurées et sans fioritures. Selon un commentateur de l'époque, la *Riihimäki Flower Series* est « un ensemble d'objets usuels pratiques et modernes qui rappelle le matériel de laboratoire ». Aino Aalto reçoit la médaille d'or à la VIe Biennale de Milan en 1936. Jusqu'à sa mort en 1949, elle continuera à travailler en étroite collaboration avec son mari.

alvar aalto

1898, Kuortane – 1976, Helsinki, Finlande

Bibiliothèque municipale de Viipuri (Vyborg), Russie, salle de conférences et de débats, 1927–1935

Ci-contre : Vase *Savoy* et moule original en bois dans lequel il a été soufflé, 1936

Hugo Alvar Henrik Aalto, le plus célèbre architecte et designer finlandais, est aussi l'un des plus importants pionniers du design organique. Dès son plus jeune âge, ce fils de géomètre arpenteur manifeste de l'intérêt et des dispositions pour les arts. De 1916 à 1921, il fait ses études d'architecture à l'Institut de technologie d'Helsinki, puis entre dans la vie active. Il s'occupe d'abord de la conception d'expositions et fait de nombreux voyages en Europe centrale, en Italie et en Scandinavie. En 1923, il ouvre son cabinet d'architecte à Jyväskylä. Il s'installera par la suite à Turku (1927–1933), puis à Helsinki (1933–1976). L'année suivante, il épouse sa consœur Aino Marsio (1894–1949), qui deviendra sa plus proche collaboratrice. Entre 1924 et 1929, le couple Aalto explore les possibilités offertes par le cintrage du bois – un matériau naturellement abondant en Finlande. Ces recherches décisives permettront à Aalto de mettre au point dans les années 1930 plusieurs modèles de sièges emblématiques du nouveau design scandinave. Néanmoins, c'est d'abord en qualité d'architecte qu'Aalto va s'imposer sur la scène internationale. En 1927, il dessine l'immeuble du journal *Turun Sanomat* à Turku (son premier bâtiment fonctionnaliste), et deux ans plus tard, il participe à la conception de l'exposition du 700e anniversaire de Turku – ce sera son premier projet complet de style moderne présenté au public scandinave. Ces débuts, déjà remarqués, seront suivis par de nombreuses réalisations architecturales largement saluées – la bibliothèque Viipuri (1927–1935), le sanatorium de Paimio (1929–1933) et le pavillon de la Finlande pour l'Exposition de New York en 1939. À l'inverse de ses contemporains modernistes d'Allemagne et d'Italie, qui prônent l'utilisation de matériaux industriels comme l'acier et le verre, Aalto va faire du contreplaqué son matériau de prédilection. À partir de 1929, il se met à étudier les techniques de placage et explore les limites du contreplaqué moulé avec Otto Korhonen, directeur technique

Fauteuil *Modèle n° 41 Paimio* pour Artek, 1931–1932

d'une fabrique de meubles de la région de Turku. Ces expériences vont conduire à ses sièges les plus innovants sur le plan technique, le fauteuil *N° 41* (1931–1932) et le *N° 31*, en porte-à-faux (1931–1932), l'un contemporain, l'autre faisant partie de son projet de *Gesamtkunstwerk* (œuvre d'art totale) pour le sanatorium de Paimio (qui est resté un hôpital spécialisé dans les maladies pulmonaires jusqu'au milieu des années 2010). Ce design à la fois séduisant et fonctionnel va immédiatement signaler à l'avant-garde internationale la nouvelle voie ouverte par l'usage du contreplaqué ainsi que l'émergence d'un vocabulaire de formes plus douces et chaleureuses. En 1935, le couple Aalto fonde la société **Artek**. Aalto estimait que son apport majeur en matière de création de mobilier avait été de résoudre le sempiternel problème de la jonction entre éléments verticaux et horizontaux. Sa solution par le cintrage du bois, mise au point en collaboration avec Korhonen, et qu'il surnommait « la petite sœur de la colonne architectonique », va permettre pour la première fois d'ancrer les pieds directement sous l'assise sans faire appel à un quelconque châssis ou à une structure supplémentaire. Cette technique originale va donner naissance aux séries de sièges à piétements en L (L-leg, 1932–1933), en Y (Y-leg, 1946–1947) et en éventail (fan-leg, 1954). Non content de dessiner des meubles et des bâtiments qui feront date, Aalto collabore aussi en indépendant avec les verreries **Riihimäki** (1933) et **Iittala** (1936). Tout comme son mobilier et son architecture, ses créations en verre se caractérisent par leurs formes organiques. Le vase *Savoy* de 1936 est devenu un classique. Baptisé à l'origine « Eskimoerindens skinnbuxa » (la culotte de cuir de la femme esquimau), il lui aurait été inspiré par le rivage des lacs de sa Finlande natale. Sa forme sinueuse pourrait aussi être une allusion à son nom, qui signifie « vague » en finlandais. Quoi qu'il en soit, les lignes rythmiques et asymétriques du *Savoy* expriment la quintessence de la nature et annoncent les

Ci-dessus : Sanatorium de Paimio, Finlande ; vue arrière du bâtiment et centrale électrique, 1928–1933

Salle baignée de lumière au sanatorium de Paimio, en Finlande. Aalto a créé tout le mobilier de cet ancien sanatorium, ainsi que des maquettes pour des salles

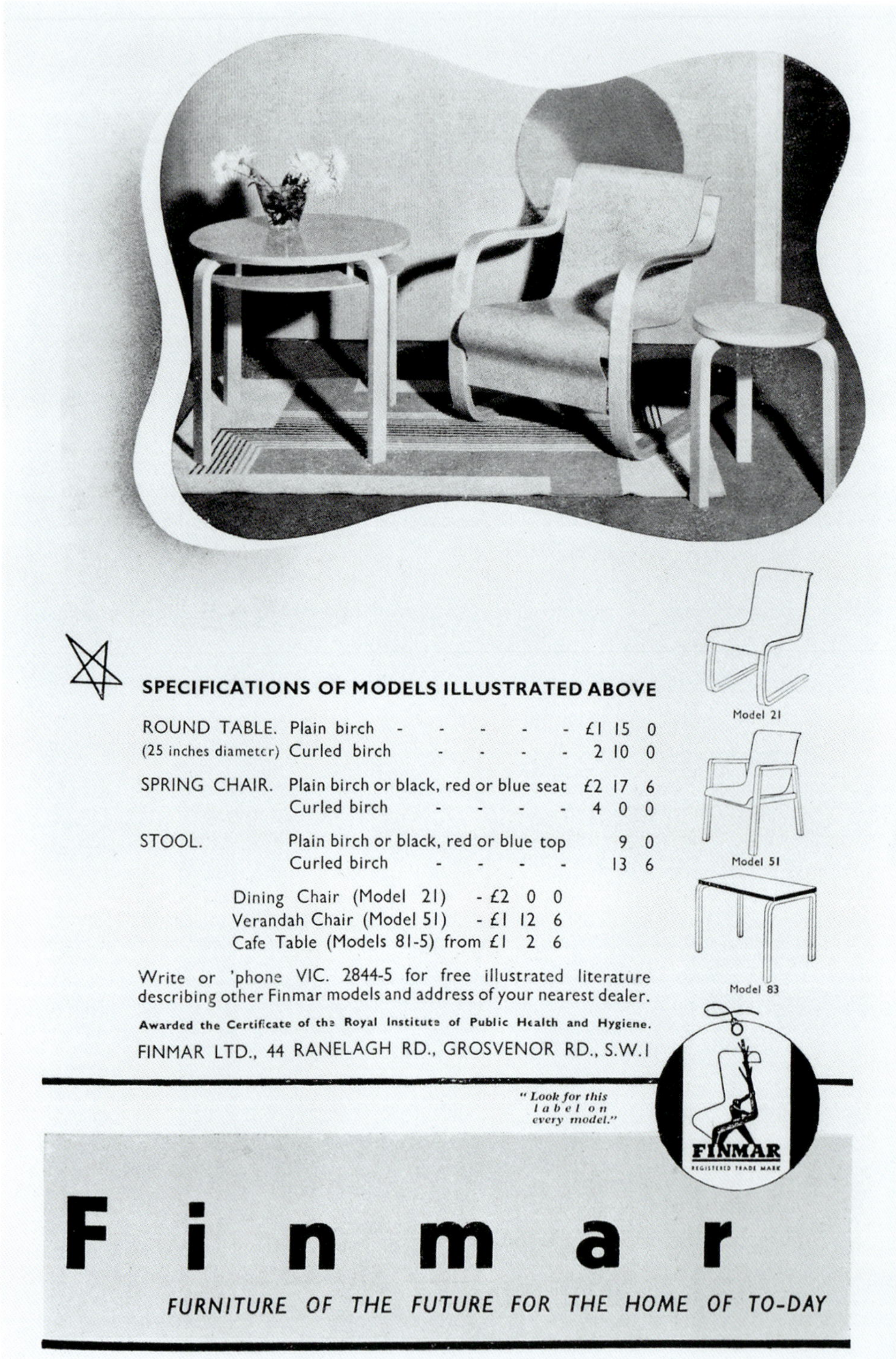
SPECIFICATIONS OF MODELS ILLUSTRATED ABOVE
ROUND TABLE. Plain birch - - - - - - £1 15 0
(25 inches diameter) Curled birch - - - - - 2 10 0
SPRING CHAIR. Plain birch or black, red or blue seat £2 17 6
Curled birch - - - - 4 0 0
STOOL. Plain birch or black, red or blue top 9 0
Curled birch - - - - 13 6
Dining Chair (Model 21) - £2 0 0
Verandah Chair (Model 51) - £1 12 6
Cafe Table (Models 81-5) from £1 2 6
Write or 'phone VIC. 2844-5 for free illustrated literature describing other Finmar models and address of your nearest dealer.
Awarded the Certificate of the Royal Institute of Public Health and Hygiene.
FINMAR LTD., 44 RANELAGH RD., GROSVENOR RD., S.W.1
Model 21
Model 51
Model 83
"Look for this label on every model."
FINMAR
REGISTERED TRADE MARK
Finmar
FURNITURE OF THE FUTURE FOR THE HOME OF TO-DAY

Ci-contre: Publicité de Finmar pour les meubles d'Aalto, vers 1935 – Finmar était la filiale anglaise d'Artek

Ci-dessus à gauche: Fauteuil *Modèle n° 31* pour Huonekaluja Rakennustyötehdas, 1931–1932

Ci-dessus à droite: Salle à manger exposée au Bowman Bros. Londres, meubles pour Artek, vers 1938

Ci-dessous: Table roulante *Modèle n° 98* pour Artek, 1935–1936

formes fluides qui seront la marque du design scandinave d'après-guerre. Adepte convaincu de la vocation humanisante du design, Aalto refusait non seulement les formes géométriques rigides, mais aussi les tubes métalliques et autres matériaux artificiels, qu'il jugeait trop éloignés de la nature. Son travail fut particulièrement bien accueilli en Grande-Bretagne et aux États-Unis dès les années 1930 et 1940. Ses idées de « père fondateur du design organique » ont beaucoup influencé des designers d'après-guerre comme Charles et Ray Eames. Très critique dès le début de l'adhésion du mouvement moderne à une esthétique mécaniste aliénante et étroitement rationaliste, Aalto déclarait : « Le meilleur comité de standardisation du monde, c'est la nature elle-même. Mais dans la nature, la standardisation ne se produit essentiellement qu'au niveau des plus petites unités possibles : les cellules. Il en résulte des millions de combinaisons flexibles qui ne créent jamais de stéréotypes. » Pour lui, le design ne doit pas seulement répondre à des exigences fonctionnelles, mais doit aussi satisfaire les besoins psychologiques de l'utilisateur, d'où la nécessité d'employer des matériaux naturels, en particulier le bois, « un matériau profondément humain, inspirateur de formes » (Göran Schildt, *Alvar Aalto Sketches*, Cambridge, Mass. 1987, p. 77). Pionnières en matière de design organique, ses créations n'ont pas seulement proposé un nouveau lexique de formes : elles ont aussi offert au grand public une version séduisante du modernisme. En 1952, Aalto épouse l'architecte Elissa Mäkiniemi, avec qui il collabore jusqu'à sa mort. Le musée d'Art moderne de New York lui a consacré trois grandes expositions (en 1938, 1984 et 1997). Inspirée par la relation entre l'homme et la nature, la démarche globaliste et centrée sur l'humain d'Aalto est le terreau philosophique sur lequel le design scandinave s'est développé et épanoui.

Villa Mairea, Noormarkku, Finlande ; salon de musique et piano à queue conçu et construit spécialement pour la villa

Ci-contre : Villa Mairea, Noormarkku, Finlande ; poignée de porte, 1938–1939

Usine de cellulose et quartier résidentiel de Sunila, Kotka, Finlande ; hall d'entrée de l'immeuble de bureaux, 1936–1954

Ci-contre à droite : Fauteuil pour Huonekaluja Rakennustyötehdas, Turku, vers 1931–1932

Ci-contre à droite : Fauteuil hybride en contreplaqué et tubes de métal pour Huonekaluja Rakennustyötehdas, 1931–1932

Intérieur du pavillon de la Finlande à l'Exposition universelle de New York en 1939

Pages suivantes : Studio d'Aalto à Helsinki – le bâtiment a été confié à la Fondation Alvar Aalto en 1984 et accueille aujourd'hui la Fondation Alvar Aalto, l'Académie Alvar Aalto et le musée du Patrimoine architectural d'Alvar Aalto

Fauteuil *Pastille*
pour Asko, 1967

eero aarnio *né en 1932 à Helsinki, Finlande*

Eero Aarnio, l'une des grandes figures du design finlandais dès les années 1960, fait ses études à l'École d'art et de design d'Helsinki (1954–1957). Il ouvre son agence de design en 1962, et se consacre depuis lors essentiellement à l'aménagement intérieur et au design industriel. Perpétuant la tradition initialement établie par les designers finlandais de la première moitié du XXe siècle, Aarnio a d'abord créé des meubles en matériaux naturels réalisés artisanalement, notamment le tabouret en osier *Jattujakkare* (vers 1958). Mais, convaincu que « le design signifie constant renouvellement, réévaluation et croissance », il s'intéresse dans les années 1960 à la fibre de verre, dont il pressent rapidement tout le potentiel. Ses meubles les plus célèbres de cette époque sont notamment le fauteuil Ballon (1963) et le siège à bascule *Pastille* (1967) qui lui vaut un prix de l'AID (American Industrial Design) en 1968, et le fauteuil suspendu en plexiglas *Bulle* (1968). Ces créations iconoclastes, sortes d'objets d'un âge spatial fantasmé, captent bien l'esprit des années 1960. Pourtant, Aarnio n'adopte pas les principes de l'éphémère et du jetable chers à la culture pop. En 1973, il propose un siège ludique aux allures de jouet (quoique aux dimensions d'un adulte), le *Pony*, vendu aux États-Unis par Stendig sous le nom de *Mustang*. L'objet, un peu étrange à vrai dire, est en mousse de polyuréthane recouvert de tissu. Mais, comme dit Aarnio, « une chaise est une chaise, est une chaise, est une chaise… mais un siège ne doit pas nécessairement être une chaise. Cela peut être n'importe quoi du moment que c'est ergonomiquement correct. » Le *Pony* peut aussi bien être disposé en biais que « chevauché » vers des contrées imaginaires au gré de la fantaisie de chacun. Dans les années 1980, Aarnio va mettre au point un prototype de chaise en contreplaqué et dans les années 1990, il dessine deux tables en fibre de verre – la *Copacabana* (1991) et la *Screw* (1992) – pour Adelta, ainsi que de sculpturales ferrures de porte en métal (1996) pour Valli

& Valli. Malgré son âge avancé, il continue d'attendre avec optimisme le moment où, comme il l'a dit lui-même, « la démarche personnelle et la fabrication automatisée marcheront main dans la main… (de telle sorte que)… l'on parviendra à maîtriser complètement la production industrielle au point de pouvoir l'oublier ». Surtout connu pour ses meubles et ses aménagements intérieurs, Aarnio est également graphiste et photographe.

Fauteuil *Ballon* pour Asko, 1962

Ci-dessous : Photographie publicitaire originale du fauteuil *Bulle*, fin des années 1960

Siège *Pony* pour Asko, vers 1970

Ci-contre : Fauteuil pour Asko, vers 1967

En bas à gauche : Showroom de Stendig à New York, avec siège *Pony*, vers 1970

En bas à droite : Affiche publicitaire pour le siège *Pony*, vers 1970

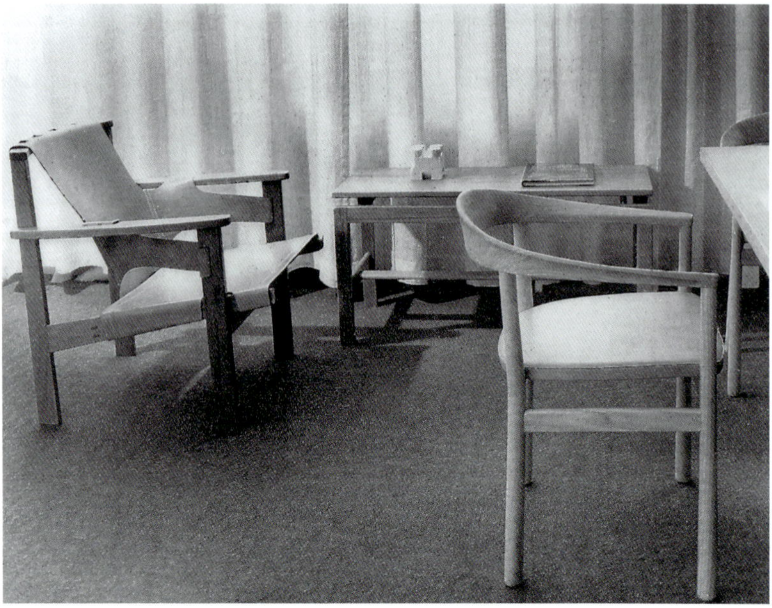

Intérieur avec le fauteuil *Trienna*, vers 1957

carl-axel acking

1910 Helsingborg – 2001 Lund, Suède

L'architecte et designer suédois Carl-Axel Acking étudie de 1930 à 1934 à l'École des beaux-arts, des métiers d'art et du design de Stockholm, puis de 1934 à 1939 à l'Institut royal de technologie de la même ville. Au début des années 1930, il travaille aussi pour le grand architecte fonctionnaliste Erik Gunnar Asplund, dans le cadre de la construction du Palais de justice de Göteborg. En 1937, Acking participe à Paris à l'Exposition internationale des arts et des techniques et deux ans plus tard, en 1939, il expose son travail à l'exposition de New York. La même année, il ouvre son agence à Stockholm. Contrairement à la plupart des architectes suédois, Acking ne dessine pas seulement des bâtiments, mais aussi des aménagements intérieurs, des meubles et des éclairages. En 1944, il présente une chaise en bois courbé dont le siège en contreplaqué moulé et les éléments de dossier simples à assembler conviennent particulièrement à la production en série. Parallèlement à ses meubles fabriqués en usine par Nordiska Kompaniet et Svenska Möbelfabrikerna à Bodafors, Acking dessine des pièces plus luxueuses, qui sont réalisées par des artisans de Stockholm et vendues par Hantverket (le réseau de vente du groupement des métiers d'art de Stockholm). Ses nombreuses réalisations architecturales comprennent l'hôtel Hässelby de Stockholm (1954–1956). Il est chargé de l'aménagement intérieur des paquebots de la North Star Line, de l'ambassade de Suède à Tokyo et de l'hôtel Malmen de Stockholm (1949). Ce dernier projet lui donne l'occasion de concevoir des fauteuils novateurs pourvus de sièges rembourrés qu'on peut retirer de leur châssis en berceau pour le nettoyage ou la réparation. Il dessine aussi pour le Malmen une chaise de salle à manger faite de cinq éléments faciles à assembler. C'est lui qui sera chargé de construire un pavillon pour la mémorable exposition « H55 » d'Helsingborg en 1955. Tout au long de sa carrière, Acking va concevoir des papiers peints, des textiles et des luminaires. Il dessine une cabine téléphonique (1944) et

Ci-dessus à gauche : Fauteuil *Trienna* pour Nordiska Kompaniet, 1957

Ci-dessus à droite : Fauteuil en bois cintré pour Svenska Möbelfabrikerna, Bodafors, 1944

Ci-dessous : Cabines téléphoniques pour la Compagnie Royale Telegraph & Telereklam, 1944

un distributeur de timbres-poste. De 1943 à 1964, il enseigne le design à l'École des beaux-arts, des métiers d'art et du design de Stockholm et de 1965 à 1976, il est professeur d'esthétique théorique et appliquée à l'université de Lund. Acking a été le premier lauréat suédois du prestigieux prix Lunning (en 1952). Ses meubles n'ont certes pas toujours l'élégance qui caractérise habituellement le design scandinave, mais leur simplicité d'assemblage et leur robustesse sont particulièrement adaptées à l'équipement des bureaux et à la fabrication industrielle.

Textile d'ameublement tissé, 1958

Ci-contre : *Pinjekogler*, panneau de tapisserie « rya », 1947

lis ahlmann

1894, Århus – 1979, Copenhague, Danemark

Lis (Elisabeth) Ahlmann étudie la peinture avec Harald Giersing. De 1917 à 1921, elle est peintre sur céramique dans l'atelier de Herman Kahler à Næstved, puis apprentie tisserande auprès de Gerda Henning (1891–1951) à Copenhague de 1922 à 1929. Mais c'est en designer indépendante qu'elle va produire des textiles pour les meubles de **Kaare Klint**, **Børge Mogensen** et **Mogens Koch**. Au milieu des années 1930, elle ouvre son atelier à Copenhague, et en 1948 sa production est présentée à Londres dans le cadre de l'exposition « Les trésors de l'art danois au cours des âges ». Dès 1957, elle participe régulièrement à la Triennale de Milan et à l'exposition itinérante « Design in Scandinavia » (1954–1957) aux États-Unis. Dans les années 1950, Lis Ahlmann délaisse le tissage à la main et fait fabriquer ses tissus en usine. Elle affectionne les motifs simples, carreaux ou rayures, et les tons sourds d'automne. Comme de nombreux designers scandinaves, elle s'aide du procédé artisanal traditionnel du tissage à la main pour la conception et la mise au point de modèles qui seront fabriqués industriellement. À partir de 1953, elle travaille avec Børge Mogensen comme consultante pour C. Olesen, un fabricant de tissus de Copenhague, et dessine également avec lui des textiles pour la société Cotil. Mogensen la persuade de faire preuve de plus d'audace dans son utilisation des couleurs et de concevoir des étoffes qui pourront être tissées sur des métiers mécaniques plus perfectionnés. Son œuvre lui vaudra le prestigieux prix Eckersberg en 1964 et la médaille C.F. Hansen en 1978. Pionnière du passage de la production artisanale à la fabrication industrielle, Ahlmann compte parmi les éminents designers modernes qui ont eu un rôle clé dans le renouvellement du design textile scandinave d'après-guerre. Ses créations symbolisent ce style nordique à la fois sobre et chaleureux qui connut une grande vogue aux États-Unis et en Grande-Bretagne à la fin des années 1940 et durant les années 1950.

Kati Tuominen-Niitylä, verseuses *Storybirds*, 1993

Ci-dessous : Vue extérieure de l'usine d'Arabia à Helsinki

Ci-contre : Vaisselle *Sinivalko* (Blanc-Bleu), 1936

arabia

création : 1873, Helsinki, Finlande

Arabia, la plus grande et la plus ancienne fabrique de céramique de Finlande, a été fondée en 1873 dans le quartier d'Arabia à Helsinki, en tant que filiale de la société suédoise **Rörstrand**. À l'origine, elle avait pour vocation de produire des articles pour le marché russe et jusqu'en 1900, elle allait surtout fabriquer les modèles de Rörstrand : vaisselle en faïence et porcelaine, équipements sanitaires, poêles carrelages. Dans les années 1890, le directeur d'alors, Gustav Herlitz, recrute l'architecte Jacob Ahrenberg (1847–1914) comme conseiller artistique. En 1896, Arabia engage aussi son premier designer maison, Thure Öberg, qui dessine et décore de nombreux vases remarquables. Quatre ans plus tard, en 1900, la fabrique expose à l'Exposition universelle de Paris, où elle reçoit une médaille d'or. À partir de 1900, Arabia produira des articles conçus sur place, comme le service de vaisselle *Capella* en faïence émaillée ornée de motifs entrelacés, et la gamme *Fennia* (1912) spécialement conçue pour le marché américain. Le motif décoratif de cette dernière série a été dessiné par le Finlandais Eric Ehrström, plus connu alors pour ses ferronneries de style Arts and Crafts destinées aux immeubles des architectes Gesellius, Lindgren ou **Saarinen**. En 1916, Carl Gustav Herlitz succède à son père à la direction de l'usine et la même année, Arabia se sépare de sa maison mère Rörstrand et entame un nouveau chapitre de son histoire. Entre 1916 et 1929, la société entreprend un vaste programme de modernisation qui comprend l'installation en 1929 du plus long four à céramique du monde (112 mètres). C'est l'époque où Arabia commence à produire d'extraordinaires créations, dont les vases de Thure Öberg, décorés de nus féminins dans le style d'Aubrey Beardsley. Au début des années 1930, Greta-Lisa Jäderholm-Snellman (1894–1973) dessine plusieurs pièces pour la fabrique, dont un élégant pot en porcelaine noire (1930) aux formes rondes et douces, néanmoins classique, ainsi que le service de table *Koti* en grès émaillé. Ce dernier,

Kaj Franck, vaisselle *Kilta*, 1948–1952

Ci-contre à droite : Toini Muona, vases, vers 1945

Ci-contre à gauche : Pekka Paikkari, salière et poivrière *Toi*, 1997

simplement décoré de motifs de fleurs ou de paysages peints à la main, trahit l'influence du style Art déco. Poursuivant son travail d'épure, Jäderholm-Snellman expérimente au milieu des années 1930 diverses techniques, notamment les vernis craquelés, à l'instar d'un autre designer de la maison, Kurt Ekholm, qui crée le légendaire département artistique d'Arabia et le dirige de 1932 à 1948. Durant cette période, Ekholm conçoit son service *Modèle AH* (1935) et sa célèbre vaisselle « pour tous les jours » *Sinivalko* (1936), qui témoignent de l'expansion internationale du fonctionnalisme. Sous son impulsion, Arabia va faire appel à des designers comme Toini Muona, Aune Siimes (1909–1964), Michael Schilkin, **Birger Kaipiainen** et Rut Bryk (1916–1999). Les expositions lui valent une notoriété internationale, ainsi que quatre prix à l'Exposition des maîtres de l'art indépendants de 1937 à Paris. Deux ans plus tard, Arabia a plus d'un millier d'employés et devient le numéro Un de la céramique en Europe. En 1940, la société est intégrée au groupe Wärtsilä Oy AB, et elle poursuivra son expansion pendant toute la Seconde Guerre mondiale. Soucieux de témoigner de l'importance croissante d'Arabia, Ekholm fait aménager un musée (toujours ouvert à ce jour) en 1948. L'immédiat après-guerre voit l'arrivée d'une autre personnalité de premier plan, **Kaj Franck**, qui crée l'atelier d'étude et de design en 1945 et en prend la direction. La révolutionnaire gamme *Kilta* (1948) en céramique thermo-résistante est l'œuvre de son équipe. Déclinée en plusieurs couleurs de base – blanc, noir, vert, bleu foncé et jaune – cette collection coordonnée et combinable d'articles d'usage courant permettait de s'offrir pour un prix modique le service à vaisselle de son choix au lieu de le compléter à la manière d'un set classique. Multifonctions, les éléments de *Kilta* ont leur place dans la cuisine (ils vont au feu) mais ne déparent pas une table de salle à manger. Ils sont aussi interchangeables. Par exemple, un petit plat peut faire office de saucier. Avec ses formes élémentaires et sans ornement, le *Kilta* est pratique, fonctionnel, et très facile à fabriquer en série. En 1957, **Ulla Procopé** dessinera pour la table et le service une collection similaire, thermo-résistante et multifonctions, baptisée *Liekki* (Flamme). Procopé crée aussi la vaisselle *Ruska* (1960), qui aura une grande influence, ainsi qu'un très populaire service de table en bleu et blanc *Valencia* (vers 1960), dont la production n'a jamais cessé depuis son lancement. Vers 1960, **Birger Kaipiainen** fait date avec le service *Paratiisi* (Paradis) où pensées, cassis, prunes, raisin et pommes font exploser leurs couleurs. Produit à l'origine en faïence, le *Paratiisi* sera réédité en grès réfractaire en 1987. Outre sa production de masse, Arabia a toujours produit de la « céramique d'art », dont les oiseaux en perles de Kaipiainen dans les années 1960 et les collections *Pro Arte* lancées en 1987. En 1990, le groupe **Hackman** acquiert Arabia (ainsi que **Iittala** et Rörstrand), et l'année suivante, la fabrication de porcelaine fine est transférée de **Gustavsberg** à Arabia. Au début des années 2000, Arabia a produit des céramiques inédites, à la fois utilitaires et esthétiques, signées entre autres par Stefan Lindfors, James Irvine (1958–2013) ou Harri Koskinen (né en 1970). Arabia fait aujourd'hui partie du groupe Fiskars, mais reste la plus importante fabrique de céramique de Finlande, ainsi que la plus créative et tournée vers le design, et la plus innovante sur le plan technique.

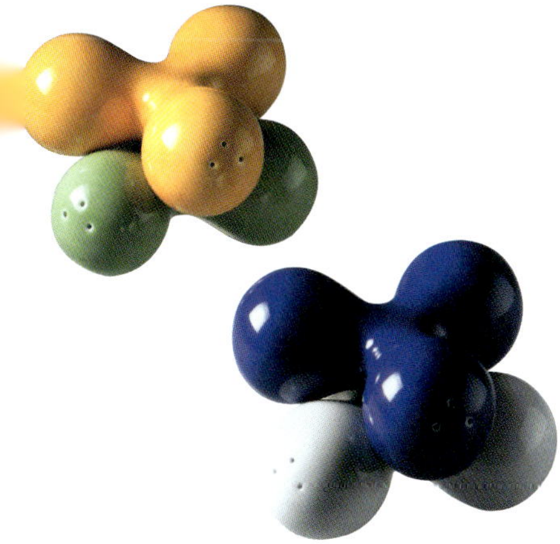

Couverts *Focus de Luxe* pour Gense, 1955–1956

Ci-contre : Shaker pour Guldsmeds-aktiebolaget (GAB), 1935

folke arström

1907, Bromma – 1997, Lidingö, Suède

Né à Bromma, Folke Emanuel Arström étudie les métiers d'art à l'école de Linköping puis les Beaux-Arts à l'Institut royal de technologie de Stockholm de 1927 à 1929 ainsi qu'à l'École royale des beaux-arts de cette même ville de 1929 à 1936. Pendant ses études, il travaille aussi comme peintre et graphiste, en particulier pour l'exposition de Stockholm de 1930. En 1931, il reçoit plusieurs commandes de peintures ornementales à Linköping, dont un projet pour le cinéma Röda Kvarn. Trois ans plus tard, il ouvre son atelier. Ses premiers travaux sont des affiches, des plans d'aménagement du Statens Historiska Museum (Musée national d'histoire), des projets de décoration pour quelques autres musées. Entre 1935 et 1940, il dessine des objets en argent et en étain pour la Guldsmedsaktiebolaget (GAB), dont son célèbre shaker de 1935, objet très aérodynamique (qu'on peut voir comme une célébration de la modernité) et parfaitement fonctionnel avec ses renflements et ses concavités qui permettent de le secouer en le tenant bien en main. Arström devient designer en chef chez Gense en 1936, puis directeur artistique en 1940, un poste qu'il occupera jusqu'en 1960. Il dessine pour Gense des couverts en inox simplissimes, notamment le service *Thebe* (1944) et le célèbre modèle *Focus* (1955–1956), exemple parfait de l'élégance discrète du design scandinave d'après-guerre. Le *Focus* remporte un vif succès aux États-Unis, où il contribue à promouvoir le couvert en inox de qualité en remplacement de l'argenterie classique. Au cours de sa carrière, Arström dessine aussi pour Bahco, Skånska Ättiksfabriken, Primusfabrikerna et Annebergfabrikerna, et reçoit plusieurs prix, dont une médaille d'or à la IXe Triennale de Milan en 1951 et le trophée Gregor Paulsson en 1961 pour son design d'articles en inox et en plastique.

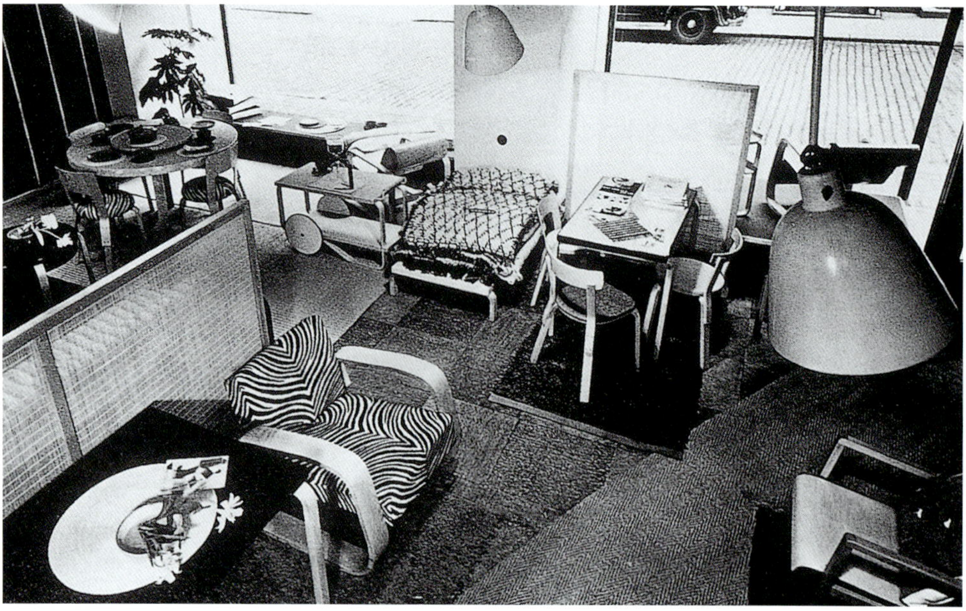

artek

création : 1935, Helsinki, Finlande

Vue du showroom d'Artek, Helsinki, années 1930

Ci-contre : Alvar Aalto, fauteuil Tank, *Modèle n° 400*, à l'élasticité naturelle, 1936

Dans les années 1920, le mouvement moderne commence à populariser l'idée que l'ameublement puisse être produit industriellement, et les consommateurs s'habituent peu à peu aux formes aérodynamiques. C'est dans ce contexte de transformation de l'environnement domestique qu'**Alvar Aalto** et son épouse **Aino Aalto** commencent à dessiner des meubles modernes très innovants faisant appel à des méthodes de pointe. Le résultat – des modèles en bois courbé et laminé – est à la fois élégant, chaleureux, et empreint d'humanisme, à mille lieues de l'aliénante esthétique mécaniste de verre et d'acier associée au Bauhaus. Ce « modernisme alternatif » est particulièrement apprécié en Grande-Bretagne, où le mobilier d'Aalto est présenté en 1933 par le grand magasin londonien Fortnum & Mason dans le cadre d'une exposition de design finlandais parrainée par le magazine *Architectural Review*. Encouragés par les commandes enregistrées à la suite de cette exposition et par le vif intérêt qu'ils ont suscité à la Ve Triennale de Milan en 1933, Alvar et Aino Aalto s'associent avec Nils-Gustav Hahl et le couple de mécènes et collectionneurs Harry et Maire Gullichsen pour créer en octobre 1935 une société de vente et de diffusion de meubles du nom de Artek Oy AB, à la fois vitrine de meubles et objets domestiques modernes et tribune pour promouvoir les expositions de design et la cause moderniste en général. En 1939, Alvar et Aino Aalto ont dessiné la majorité des modèles de l'épais catalogue d'Artek : des chaises empilables à pieds droits et à assemblage classique, mais aussi des sièges en bois cintré et laminé dont le *N° 41* (1931–1932), qui aura une longue postérité, et le *N° 31* (1931–1932), en porte-à-faux. Alvar Aalto dessine aussi l'incontournable tabouret empilable L-leg (1932–1933) dont le piètement révolutionnaire aura les applications pratiques les plus diverses. Dans les années 1940, la série Y-leg entre dans la collection d'Artek, puis dans les années 1950 la série X-leg avec ses formes en éventail. Avec Artek, Aalto entendait proposer un vaste choix

de meubles à partir d'un tout petit nombre d'éléments simples. Il pensait en effet qu'en matière de design, l'âme d'un objet émane de son principal composant et que, comme il le disait volontiers, « pour créer des meubles, on a besoin d'une unité de base, d'un élément de construction standard, qui, à quelques modifications près, va figurer dans chaque création. Condition *sine qua non* : au-delà de ses caractéristiques structurales, ce composant de base doit posséder une forme pertinente créant du style. » Artek diffuse toujours les textiles, lampes et meubles d'Aalto, et produit aussi des designs plus récents signés notamment de Cecilie Manz (née en 1972) et Daniel Rybakken (né en 1984). Qu'ils soient l'œuvre de designers d'origine scandinave ou d'origine étrangère, le mobilier d'Artek continue d'incarner plus que tout autre l'intérieur scandinave moderne, reconnaissable à ses lignes organiques simples et ses matériaux naturels chaleureux qui lui donnent un côté pratique et sans prétention.

Ci-contre en haut : Alvar Aalto, fauteuil *Modèle n° 41 Paimio*, 1931–1932

Ci-contre en bas : Alvar Aalto, tabouret *Modèle n° Y61*, 1946–1947

Ci-dessus : Jardin d'hiver et mobilier par Aino et Alvar Aalto à l'Exposition universelle de Paris, 1937

Ci-dessous à gauche : Aino Aalto, chaise *Modèle n° 615*, 1935–1937

Ci-dessous à droite : Ben af Schultén, chaise *Espa*, 1999

Fauteuil *Modèle n° GA-2* pour Nordiska Kompaniet (futur Källemo), vers 1931

Ci-contre : Chaise *Karmstol* pour Nordiska Kompaniet, 1931

erik gunnar asplund

1885, Stockholm – 1940, Stockholm, Suède

Erik Gunnar Asplund, l'un des plus éminents représentants du mouvement fonctionnaliste en Scandinavie, est généralement considéré comme la principale figure de l'architecture suédoise. Il a laissé une œuvre architecturale où transparaît son bon sens, son intuition et sa quête permanente d'équilibre, d'unité et de clarté formelle. Après ses études à l'École royale des beaux-arts de Stockholm, il commence une carrière de peintre en 1905. En 1909, pourtant, il décide de se consacrer à l'architecture et, peu après, ouvre son cabinet à Stockholm. En 1917, il devient rédacteur en chef de la revue *Teknisk Tidskrift Arkitektur*, et la même année, ses décors intérieurs exposés à la galerie Liljevalchs de Stockholm reçoivent un accueil flatteur. Entre 1911 et 1930, il dessine de nombreux bâtiments d'inspiration néo-classique, dont le cinéma Scandia de Stockholm (1923), et surtout, la remarquable Bibliothèque municipale de la même ville (1928). À la même époque, il dessine des meubles d'inspiration tout aussi classique, par exemple sa chaise *Senna* de 1925. En 1930, Asplund est nommé architecte en chef de l'exposition organisée par l'Association suédoise des métiers d'art et du design à Stockholm, et dès lors son style va évoluer sensiblement. L'exposition a un grand retentissement international. Elle lui donne l'occasion de présenter pour la première fois le style international en Suède, avec son pavillon moderne en verre et acier. Associant la rigueur du fonctionnalisme et la grâce du néo-classicisme scandinave, Asplund développe un style moins austère que celui des architectes modernistes allemands de la même époque. Parmi ses nombreuses autres réalisations figurent le crématorium de Skogskykogården, près de Stockholm, et l'annexe de l'hôtel de ville de Göteborg. De 1931 à 1940, il est aussi professeur d'architecture à l'École royale des beaux-arts de Stockholm.

Verres *Primula* pour Holmegaard, 1930

Ci-contre : Verre à vin *Hogla* pour Holmegaard, 1928

jacob bang

1890, Frederiksberg – 1965, Lyngby, Danemark

Jacob E. Bang commence par étudier la sculpture puis reçoit une formation d'architecte à l'Académie royale danoise des beaux-arts de 1916 à 1921. En 1924, il est engagé comme designer industriel par les verreries **Holmegaard**. Quatre ans plus tard, il est nommé directeur artistique de l'entreprise. En 1942, Bang quitte Holmegaard pour travailler en free-lance. Entre 1942 et 1957, il dessine des céramiques pour la fabrique de faïence Nymølle et des ustensiles en métal pour Pan Aluminium et pour l'orfèvre F. Hingelberg. En 1957, il est nommé directeur artistique des verreries Kastrup, qui fusionneront avec Holmegaard en 1965. Pour Kastrup, Bang dessine des articles en verre sans artifice car, pour lui, les objets de la vie quotidienne doivent avant tout être pratiques, simples et agréables à utiliser. En digne représentant du fonctionnalisme à la danoise, il signera des créations remarquables par leur simplicité et leur rationalité formelles, comme le célèbre verre à bière *Hogla* et l'importante série *Primula*. Bien qu'influencé par le mouvement moderne, Bang se défi e du fonctionnalisme dogmatique venu d'Allemagne, et lui préférera une approche plus chaleureuse et plus humaine. Ce créateur exigeant, qui soignait le moindre détail dans un souci constant de perfection fonctionnelle et esthétique, a créé des objets en verre d'une beauté intemporelle, véritables chefs-d'œuvre du design du XXe siècle.

Gobelet en argent pour A. Michelsen, 1899

Ci-contre : Chaise fabriquée par J.P. Mørck pour l'Exposition universelle et internationale de Paris, 1900

Pages 104–105 : Assiettes en faïence fabriquées dans l'atelier de G. Eifrig, vers 1900 – avec motifs de nuages caractéristiques de l'Art nouveau

thorvald bindesbøll

1846, Copenhague – 1908, Copenhague, Danemark

Fils de l'architecte danois M.G. Bindesbøll, Thorvald Bindesbøll fait ses études d'architecture à l'École d'art et de design de Copenhague, dont il sort diplômé en 1861. En 1872 et dans les années qui suivent, il exécute des commandes très diverses – meubles, dessins de broderies, illustrations de livres. En 1882, il expose son travail au Danemark et à l'étranger, et l'année suivante commence à dessiner pour J. Walmann Pottery des céramiques inspirées par l'art japonais et les formes de la nature. Fervent admirateur de William Morris (1834–1896), le chef de file du mouvement Arts & Crafts britannique, il évolue vers un style expressionniste très personnel et d'une grande audace formelle, où dominent d'étranges motifs de nuages, de vagues et d'algues stylisés. Dans les années 1890, Bindesbøll devient le plus remarquable designer danois de sa génération ; son style décoratif Art nouveau aura du reste beaucoup d'infl uence sur ses cadets – F. Hegel, Molger Kyster et même **Georg Jensen**. Il travaille alors pour les fabricants de céramique København Lervarefabrik et surtout Kaehler Keramik, maison célèbre pour ses plats en faïence gravés de motifs de nuages. En 1899, il présente ses premières pièces d'argenterie, dont les délicats motifs cachemire évoquant les étoffes indiennes témoignent d'une grande finesse et d'une incontestable inventivité technique. Il signe aussi pour A. Michelsen des pièces en argent qui seront montrées à l'Exposition universelle de 1900 à Paris. Bindesbøll a toujours su plier avec bonheur son style singulier à toutes les disciplines – métallerie, maroquinerie, joaillerie, ébénisterie, textiles, verrerie, graphisme et vitrail. Ses créations, emblématiques de l'Art nouveau en Scandinavie, sont aux antipodes des produits industriels de son époque. Pourtant, ses motifs abstraits et ses formes simples annoncent déjà le design scandinave moderne.

Pietro Krohn, service *Héron* pour Bing & Grøndahl, 1886–1887

Ci-contre : Effie Hegermann-Lindencrone, coupe en porcelaine ajourée pour Bing & Grøndahl, 1917

bing & grøndahl

création : 1853, Copenhague, Danemark

En 1833, Frederik Vilhelm Grøndahl entre en apprentissage dans les ateliers de la **Royal Copenhagen**. Six ans plus tard, il est promu dessinateur-sculpteur. En 1852, il est contacté par les frères Jacob Herman Bing et Meyer Herman Bing, deux prospères marchands d'art et de papeterie de Copenhague qui veulent créer une fabrique de porcelaine privée, la première du pays. La Bing & Grøndahl Porcelænsfabrik ouvre ses portes l'année suivante. Au début, elle produit surtout des statuettes et des reliefs en biscuit néo-classiques, d'après les sculptures de l'artiste danois Bertel Thorvaldsen (1770–1844), qui sont vendus dans les diverses galeries de M.H. Bing. Vers 1880, les fils de J.H. Bing, Ludvig et Harald, prennent les rênes de l'usine, en qualité respectivement de directeur général et de directeur de la fabrication. En 1885, Harald Bing engage le peintre et illustrateur Pietro Krohn (1840–1905) comme directeur artistique et met ainsi Bing & Grøndahl sur les rails de la modernité. Trois ans plus tard, Krohn dessine le service *Héron*, dont le style sobre et les motifs asymétriques marquent une véritable rupture qui traduit l'influence croissante du japonisme et de l'orientalisme en général, et annonce l'Art nouveau. En fait, le gros de la produc tion de Bing & Grøndahl (par exemple les services dessinés par F.A. Hallin) relève du style beaux-arts ou imite les modèles de la Royal Copenhagen – certains artistes travaillent d'ailleurs indifféremment pour l'une ou l'autre entreprise. En 1895, Jens F. Willumsen (1863–1958) succède à Krohn et, comme lui, supervise à la fois les créations d'art et la production courante. Dans les années 1920 et 1930, Bing et Grøndahl va poursuivre sa production d'art : figurines en grès de Mogens Bøggild, statues animalières de Knud Kyhn (1880–1969), services de table classiques et raffinés signés **Kay Bojesen**, Ebbe Sadolin (1900–1982) et Hans Tegner, pièces décoratives d'**Axel Salto**, Kai Nielsen et Jean-René Gauguin (1881–1961), le fils du peintre Paul Gauguin.

Thorvald Bindesbøll, assiette décorée du motif au papillon pour Bing & Grøndahl, vers 1885

Ci-contre : Axel Salto, vases pour Bing & Grøndahl, 1923–1925 et 1925

Gunnar Nylund sera brièvement directeur artistique (1937–1938) avant de retourner chez **Rörstrand**. Après la Seconde Guerre mondiale, la direction décide de construire à Valby une usine de fabrication de la vaisselle courante, et de réserver la vieille fabrique de la Vestergade à la production d'art. En 1947, Bing & Grøndahl confie à **Finn Juhl** l'aménagement de son show-room de Copenhague (Juhl recevra le prix Eckersberg pour cette réalisation), et témoigne ainsi de son attachement au design de qualité. Dans les années d'après-guerre, l'entreprise mène de front la réédition de ses pièces anciennes (comme les célèbres figurines en porcelaine bleu et blanch) et la production plus contemporaine, qu'il s'agisse des pièces en grès de style oriental de Gertrud Vasegaard ou de sa vaisselle et service à thé en porcelaine d'inspiration chinoise. En 1961, elle fait appel à **Henning Koppel** qui, très inspiré par la matière première dont il dispose, exploite à fond les propriétés intrinsèques de la porcelaine (pureté, finesse, solidité). D'autres créations de Koppel, comme le service *Form 24*, sont des transpositions de ses pièces d'argenterie pour **Georg Jensen**. À cette époque, Bing & Grøndahl est connu aussi bien pour sa vaisselle que pour ses figurines. Son vénérable atelier de création accueille des artistes invités, dont **Carl-Henry Stålhane**. À la fin des années 1960, **Erik Magnussen** signe quelques objets remarqués, dont une théière en grès (1963), le service *Form 25 Termo* (1965), et une théière en porcelaine très originale (1969), à double paroi découpée pour former une poignée intégrée. Bing & Grøndahl édite aussi les sculptures humoristiques en grès de Sten Lykke Madsen – qui sont évidemment à mille lieues de la retenue de Magnussen. En 1987, la société est reprise par la Royal Copenhagen, ce qui entraîne la fermeture de la vieille fabrique de la Vestergade, mais le prestigieux atelier de création sera maintenu en activité. Historiquement, Bing & Grøndahl n'a été surpassé en termes d'envergure que par la Royal Copenhagen et c'est en grande partie grâce à son dynamisme que les grès et porcelaines danois ont acquis leur réputation méritée de modernité et de qualité esthétique.

Soldat de bois, vers 1954

Ci-contre : Photographie publicitaire originale des jouets *Ours* et *Éléphant*, années 1950

kay bojesen

1886, Copenhague – 1958, Gentofte, Danemark

L'un des pionniers du design danois, Kay Bojesen, a appris l'orfèvrerie dans l'atelier de **Georg Jensen** de 1907 à 1910. Il poursuit ses études à la Fachschule für das Edelmetallgewerbe (École technique des métaux précieux) à Schwäbisch Gmünd, puis travaille brièvement à Paris comme artisan. De retour à Copenhague, il ouvre un atelier en 1913. Ses premiers travaux reflètent la riche influence décorative de l'atelier de Georg Jensen, mais en 1931 il s'oriente vers un style moderne : des formes simples et des surfaces sans ornementation qui se prêtent à la production mécanisée. Il devient dès lors l'une des principales figures du modernisme scandinave. En 1930 et 1931, il dessine des céramiques pour **Bing & Grøndahl**. En 1931 est créé à son initiative Den Permanente de Copenhague, l'un des premiers centres de design d'Europe, à la fois vitrine permanente et lieu de vente des meilleures réalisations du design danois. Dans les années 1930, Bojesen signera de nombreux services de table en argenterie, notamment le très réussi *Grand Prix* (1938), dont les lignes fluides et l'élégante économie formelle sont fort remarquées. Un certain nombre de ses services en argent ont été réédités par la suite en inox par Motala Verkstad à Motala et Universal Steel Company à Copenhague. Bojesen est aussi l'un des premiers designers modernes à explorer le potentiel esthétique de la fourchette à trois dents. L'atelier de Bojesen réalise dans son atelier ses propres créations en métal, mais aussi celles d'autres designers tels que **Finn Juhl**, **Ole Wanscher** et **Magnus Stephensen**. En 1938, le musée des Arts décoratifs de Copenhague présente une rétrospective de l'œuvre de Bojesen, lequel expose ensuite à la VIIe Triennale de Milan en 1940. Dans les années 1940 et 1950, Bojesen continue à produire des objets en métal qui lui valent une grande notoriété. En 1951, il reçoit le grand prix à la IXe Triennale de Milan, et l'année suivante il est nommé orfèvre attitré du roi de Danemark. À la même époque, ses objets en bois connaissent un

Couverts en argent, acier inoxydable et ivoire, 1938 (fabriqués à partir de 1951 en acier inoxydable sous le nom de *Grand Prix*)

Ci-contre : Jouet *Puffin*, 1954

Ci-dessous : Saladiers doubles en teck et service à salade, 194

En bas : Plats de service en argent avec poignées en ivoire, 1951

vif succès international, qu'il s'agisse des jouets (singe, lapin, éléphant, ours, macareux) qu'il fabrique depuis 1935, ou de ses saladiers en teck à la fois fonctionnels et sculpturaux, dont le modèle sphérique à deux bols qui lui vaudra une médaille d'or à la Xe Triennale de Milan en 1954. Aujourd'hui, la société Kay Bojesen, fondée par sa petite-fille Susanne en 2011, produit encore certains de ses modèles en métal les plus connus, unanimement considérés comme l'exemple même du style à la fois sensuel et pratique associé au design danois.

ewald dahlskog

1894, Stockholm – 1950, Gävle, Suède

Ewald Dahlskog fait ses études à Stockholm : à la Centraltryckeriet (Imprimerie centrale) (1905–1908), à l'Institut royal de technologie (1908–1912), et enfin à l'École royale des beaux-arts (1913–1917). Vers 1920, il fait plusieurs voyages d'études à l'étranger, et visite entre autres la France, l'Italie et la Tunisie. De 1924 à 1926, il vit à Paris et travaille comme peintre, illustrateur et journaliste. À son retour en Suède en 1926, il commence à dessiner pour les verreries **Kosta**, notamment une coupe à pied en verre taillé avec des motifs très stylisés de Minotaures et de palmiers qui trahissent l'influence du style Art déco. L'année suivante, il dessine une série de verres à vin à coupe conique et à pied taillé en facettes, d'une esthétique plus moderne, ainsi que plusieurs vases en verre soufflé de forme libre et une carafe à vin de style très local. Dahlskog va obtenir une large reconnaissance pour ses panneaux en marqueterie, en particulier ceux de la Konserthus (la salle de concert de Stockholm), décorés de bergers et de soldats stylisés. Trois ans après, Dahlskog signe un certain nombre de créations en céramique pour Bobergs Fajansfabrik à Gefle, dont sa célèbre série de vases et de potiches en faïence. Ces récipients nervurés au géométrisme affirmé traduisent l'influence croissante du mouvement moderne sur le design scandinave, et lors de l'exposition marquante de Stockholm en 1930, où ils sont montrés, la presse suédoise les décrit comme fonctionnalistes. Mais si ces pots de terre cuite semblent modernes par leur forme, leur robustesse doit plus au puissant héritage de l'artisanat scandinave, synthèse du contemporain et du traditionnel qui est bien souvent au cœur du design scandinave. Dahlskog continuera à dessiner pour Bobergs Fajansfabrik jusqu'à sa mort en 1950.

Ci-contre:
Verres à pied pour Kosta, 1927

Ci-dessous:
Vases en faïence pour Bobergs Fajansfabrik, vers 1930

Cuisinière *Aga 2000 Special Edition* pour Aga Rayburn, 2000 – basée sur le modèle original standard des années 1930

Ci-contre : Cuisinière *Aga Classic Special Edition* pour Aga-Rayburn, 2000 – basée sur le modèle original standard des années 1930

gustaf dalén

1869, Stenstorp – 1937, Lidingö, Suède

En 1906, Gustaf Dalén est nommé ingénieur en chef de la Svenska Gas Accumulator Company, un producteur de gaz acétylène. Là, il entreprend de nombreuses recherches sur le gaz et les turbines, qui aboutissent au perfectionnement des turbines à air chaud et des turbines à vapeur de Laval. Dalén devient directeur général de la société en 1909, et dans la foulée invente l'aga, substance poreuse faite d'acétylène et d'acétone, qui élimine le danger d'explosion lié à l'utilisation de l'acétylène. En 1912, il reçoit le prix Nobel de physique pour son invention du solventil, une valve solaire automatique qui permet de contrôler un éclairage au gaz par le moyen de la lumière solaire, de telle sorte qu'il reste éteint tant qu'il fait jour. Cette innovation allait être utilisée par la suite dans de nombreux pays pour l'éclairage des phares inoccupés et des balises en mer. En 1913, au cours d'une de ses expériences, il est victime d'une explosion qui lui fait perdre la vue. Pendant sa convalescence, il a l'occasion de se rendre compte des problèmes que rencontre sa femme avec son antique et capricieuse cuisinière en fonte, qui exige une surveillance de tous les instants pour éviter les fluctuations de température. En appliquant le principe d'accumulation de la chaleur, Dalén invente une cuisinière qui associe une source de chaleur petite et efficace, deux grandes plaques chauffantes et deux fours aux proportions généreuses en un tout robuste et compact. Connue sous le nom d'*Aga* (formé à partir des initiales de la société), la cuisinière de Dalén procure une importante accumulation de chaleur, restituable dans des quantités précisément contrôlées, avec un minimum de combustible et dans un espace bien isolé. La chaleur émise est radiante, de sorte que chaque centimètre cube du four devient utilisable. La chaleur est contrôlée par thermostat, d'où l'élimination des boutons et cadrans. Comme les fours et les plaques maintiennent des températures différentes en fonction de leur plus ou moins grande distance à la source de chaleur, l'*Aga* est

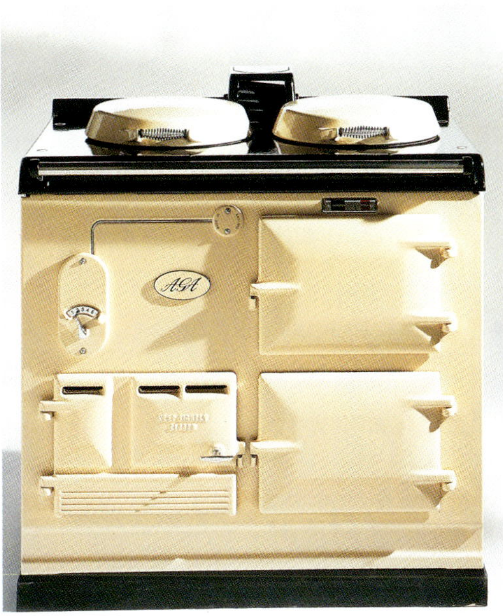

Ci-dessus : Photographie d'archives de présentation de la gamme de cuisinières *Aga*, années 1930

Ci-dessous : Cuisinière *Two Oven Aga* pour Aga-Rayburn, années 1990

capable simultanément de rôtir, cuire au four, étuver, mijoter, griller, bouillir, frire et toaster. Les *Agas* sont exportées pour la première fois au Royaume-Uni en 1929. Les principales pièces de fonte des cuisinières *Aga* ont ensuite été fabriquées dans l'historique fonderie de Coalbrookdale dans le Shropshire berceau de la révolution industrielle – jusqu'en 2017, date de reprise de la société par la compagnie américaine Middleby et le transfert de la production à un autre endroit. La remarquable *Aga* a révolutionné le design des cuisinières. Aujourd'hui encore, elle conserve des utilisateurs fidèles qui la considèrent toujours comme le *nec plus ultra* des appareils ménagers. Les quelque 750 000 Agas qui fonctionnent encore de par le monde témoignent de la brillante ingéniosité de l'invention de Dalén, qui est restée une icône de la première époque du design industriel scandinave.

Assiette émaillée signée « Ley », années 1950

Ci-contre : Thorbjørn Lie-Jørgensen, carafe en argent et ivoire, 1934

david-andersen

création : 1876, Oslo, Norvège

Ce célèbre atelier d'orfèvrerie norvégien porte le nom de son fondateur, David Andersen, qui l'a créé à Christiania (aujourd'hui Oslo) en 1876. Au tournant du siècle, il a déjà acquis une certaine réputation internationale pour ses pièces émaillées Art nouveau de **Gustav Gaudernack** et Thorolf Holmboe (1866–1935). Le fils du fondateur, Arthur David-Andersen (1875–1970), crée aussi de l'argenterie décorée de motifs floraux tourbillonnants dans le style Art nouveau. De 1901 à 1952, il est directeur artistique de l'atelier et fait travailler des designers tels que Harry Sørby, Johan Lund (1861–1939), Ludwig Wittmann (1877–1961) et Johan Sirnes (1883–1966). Le fils d'Arthur, Ivar David-Andersen (1903–1998) rejoint à son tour la firme à la fin des années 1920. Au début des années 1930, la production des ateliers affiche l'influence du style Art déco. Avec ses formes puissantes et son absence d'ornementation, la verseuse en argent et ivoire (1934) de Thorbjørn Lie-Jørgensen (1900–1961), reflète ce changement de style, tout en annonçant par sa géométrie gracieuse les formes organiques qui deviendront si caractéristiques du design scandinave au cours de la décennie suivante. Après la Seconde Guerre mondiale, Ivar David-Andersen accède au poste de directeur artistique tandis que son père reprend sa carrière de designer et gagne une médaille d'or à la Xe Triennale de Milan en 1954. Depuis lors, l'atelier n'a cessé de produire des créations modernes en argenterie en même temps que de la vaisselle et des couverts plus traditionnels. L'entreprise est réputée pour ses pièces en métal qui incorporent son *emalje* (émail de joaillerie coloré). La technique utilisée (superposer plusieurs couches d'émail) exige beaucoup de temps. Mais c'est à ce prix que l'atelier a pu fabriquer des vases, plats, saladiers et cuillères métalliques qui perpétuent la tradition de l'émaillerie norvégienne. Aujourd'hui, David-Andersen est une prestigieuse maison qui propose ses propres créations, mais aussi celles d'autres orfèvres.

Bracelet en argent *Modèle n° 111*, bracelet en argent *Modèle n° 107*, et broche en argent *Modèle n° 333* pour Georg Jensen, 1956

nanna ditzel

1923, Copenhague – 2005, Copenhague, Danemark

Nanna Ditzel (née Hauberg) étudie l'ébénisterie à la Richard School de Copenhague en même temps que **Grete Jalk** et **Kristian Vedel**. Elle apprend ensuite le design du meuble auprès de **Kaare Klint** à l'Académie royale des beaux-arts ainsi qu'à l'École des arts appliqués de Copenhague, où elle suit entre autres l'enseignement de **Orla Mølgaard-Nielsen**, **Peter Hvidt**, Aksel Bender Madsen (1916–2000), Peter Koch (1905–1980), Ejner Larsen (1917–1987), et du peintre Victor Isbrand (1897–1989). C'est dans cette dernière école qu'elle rencontre son futur mari, Jørgen Ditzel (1921–1961), tapissier de formation. En 1944, le jeune couple présente un ensemble de salon à l'exposition annuelle d'ébénisterie de Copenhague. Ce mobilier, qui comprend une table à thé à plateau amovible dessinée pour Louis G. Thiersen, suscite un intérêt considérable. Deux ans plus tard, Nanna et Jørgen se marient et ouvrent un atelier de design à Hellerup. Ils commencent par chercher des solutions d'ameublement pour les petits espaces et Nanna explore l'idée d'utiliser des éléments de cuisine comme cloisons. Au début des années 1950, elle travaille comme dessinatrice dans le cabinet d'architecte de Fritz Schlegel (1896–1965) tout en continuant à dessiner et à exposer des meubles avec son mari. En 1952, les Ditzel dessinent une série de meubles pour enfants en contreplaqué pour Knud Willadsen Møbelsnedkeri, et collaborent avec Gunnar Aagaard Andersen (1919–1982) pour l'aménagement d'un stand à l'exposition de la Guilde des ébénistes. Au cours de cette période, Nanna dessine aussi pour **Georg Jensen** des bijoux en argent remarquables par leur liberté de formes. En 1954, elle publie avec son mari un livre intitulé *Chaises danoises* et en 1956, elle reçoit conjointement avec lui le prix Lunning qui permet au couple de faire un grand périple en Italie, en Grèce, au Mexique et aux États-Unis. À partir de 1957, les Ditzel dessinent une série de meubles en vannerie pour R. Wengler,

Ci-dessus : Salle de séjour installée avec des meubles en pin de l'Orégon fabriqués par Poul Christiansen, 1962

Bench for Two, canapé *Modèle n° 2600* et chaise *Modèle n° 2601* pour Fredericia Furniture, 1989

Ci-dessus :
Chaise haute pour enfants pour Kolds Savværk, 1955

Ci-dessus à droite : Tabourets *Toadstools* pour Kolds Savværk, 1962

Ci-contre : Fauteuil suspendu en vannerie pour R. Wengler, 1957

dont le célèbre fauteuil suspendu en forme d'œuf. Ils conçoivent aussi une gamme de meubles d'enfants en bois massif pour Kolds Savværk, en particulier leur omniprésente chaise haute (encore largement utilisée dans toute la Scandinavie). Cette association féconde prend brusquement fin avec la mort prématurée de Jørgen Ditzel en 1961. Par la suite, Nanna dessinera plusieurs aires de jeux et le tabouret pour enfants simple et élégant *Toadstools*. Søren Georg Jensen lui demande aussi de créer pour son atelier d'orfèvrerie familial des bijoux sertis de pierres semiprécieuses, telles que l'agate et la tourmaline. Après avoir épousé Kurt Heide en 1968, Nanna passe les quinze années suivantes à Londres. À la mort de son deuxième mari, elle retourne à Copenhague en 1986 et installe son atelier, son bureau et son domicile dans l'un des plus anciens quartiers de la ville. Poussée par sa curiosité naturelle et son appétit de changement, Nanna Ditzel continue à produire des créations à la fois novatrices et enracinées dans l'artisanat : meubles, objets en métal, articles de table, bijoux et textiles. Son travail, à l'image de sa banquette en forme de papillon *Bench for Two Modèle n° 2600* (1989) pour Fredericia Furniture, démontre un sens remarquable de la légèreté et des textures, mais aussi du « mouvement et de la beauté ».

Service à thé
en argent pour
A. Michelsen,
1929

Ci-contre:
Shakers en argent
pour A. Michelsen,
1928–1929 et
1927

kay fisker

1893, Frederiksberg – 1965, Copenhague, Danemark

Kay Fisker travaille pour l'architecte et designer danois **Anton Rosen** de 1912 à 1916, avant d'étudier l'architecture à l'Académie royale danoise des beaux-arts de Copenhague. Après l'obtention de son diplôme en 1920, il ouvre son cabinet d'architecte et remporte une médaille d'or à Gand dès 1921 pour son travail. De 1919 à 1927, il est rédacteur en chef de la revue *Arkitekten*, et à partir de 1925 commence à dessiner de l'argenterie pour A. Michelsen à Copenhague. Représentant la jeune génération des designers d'avant-garde danois, il décide de faire œuvre de modernité avec des formes très géométriques, notamment celles de son shaker à cocktails de la fin des années 1920. La forme et la décoration sont souvent inséparables dans ses créations, comme le démontrent sa bonbonnière pour A. Michelsen (1926) et son fauteuil à oreillettes des années 1930. Fisker dessine aussi des couvertures de livres et présente son travail à l'exceptionnelle Exposition internationale des arts décoratifs et industriels modernes de 1925 à Paris. En 1928, il reçoit la prestigieuse médaille Eckersberg et en 1947, la médaille C.F. Hansen. Il devient professeur à la Kunstakademiets Arkitektskole de Copenhague en 1936, poste qu'il occupe jusqu'en 1963. Son travail de designer a fait l'objet de plusieurs expositions personnelles à Charlottenborg (1934 et 1953), Paris (1949), Londres (1950) et Århus (1953). Comme beaucoup de ses confrères danois, Fisker a su, dès les années 1920 et 1930, renouveler les formes traditionnelles en cultivant avec talent un délicat équilibre entre historicisme et modernisme sans concessions. À l'aise avec tous les matériaux, il pouvait créer aussi bien des objets de luxe, comme ses élégants shakers à cocktail en argent, que des articles banalement utilitaires, telle sa cuisinière en fonte dont la beauté discrète découle tout naturellement de sa pureté fonctionnelle.

Intérieur du pavillon danois à l'Exposition internationale des arts décoratifs et industriels modernes à Paris, 1925

Ci-contre : Carafe à vin pour A. Michelsen, 1926

Verres *Lilli* pour Iittala, 1956

Ci-contre : Carafes *Kremlin Bells* pour Nuutajärvi-Notsjö, 1955

kaj franck

1911, Viipuri, Finlande – 1989, Santorin, Grèce

Comptant parmi les designers de verre et de céramique les plus célèbres de Finlande, Kaj Franck étudie d'abord le design de meuble avec Arttu Brummer (1891–1951) à l'Institut des arts industriels d'Helsinki, dont il sort diplômé en 1932. Au tout début de sa carrière, il illustre des catalogues pour Taito Oy (1933) et la verrerie **Riihimäki** (1934). De 1934 à 1938, il est décorateur et architecte d'intérieur pour Te-Ma Oy et en 1938 il dessine des tissus imprimés pour la United Wool Factory à Hyvinkää. L'année suivante, Franck est appelé sous les drapeaux. Il côtoie alors des compatriotes issus de milieux moins privilégiés, une expérience qui va profondément marquer sa vision de la société. En 1945, il commence à travailler pour le fabricant de céramiques **Arabia**, et un an plus tard, dessine une collection de vaisselle utilitaire pour la Väestöliition (Association d'aide aux familles). Dans les années 1950, il dessine plusieurs services de vaisselle et ensembles d'ustensiles de cuisine multi-usages, et opte pour des formes géométriques plutôt que pour les lignes arrondies alors à la mode. Dans un article publié en 1949, Franck écrit : « De nouvelles conditions d'existence et un nouveau style de vie nous ont forcés à moderniser nos objets domestiques… (cependant)… on voit à peine ce changement dans notre vaisselle de tous les jours… Il n'y a aucune raison de transiger sur la nécessité d'objets utilitaires convenables, durables, solides, résistants à l'eau, faciles à laver… Notre époque créera un design correspondant aux conditions de vie et aux formes qui sont les nôtres. » Il réalise cet idéal dans sa collection en faïence vernissée *Kilta* (1952), conçue non pas comme un service au sens conventionnel du terme, mais plutôt comme une série de pièces relevant de la même esthétique. En 1955, Franck reçoit une bourse Asla pour étudier l'enseignement du design aux États-Unis. Il profite de son séjour américain pour étudier les habitudes alimentaires, ce qui va avoir un impact direct sur son travail ultérieur. En 1954 et dans les années qui suivent,

Vases *Kartio* pour Iittala, 1958

Ci-contre: Vaisselle *Teema* pour Arabia, 1977–1980 – basée sur la gamme *Kilta*, précédemment dessinée par Franck en 1948 et 1951–1952

Franck va aussi signer des éditions limitées, notamment la collection *Lumipallo* (Boule de neige). Sa collaboration avec Arabia se poursuivra jusqu'en 1973. Parallèlement, il dessine des objets en verre pressé pour **Iittala** (entre 1946 et 1950), dont un bel ensemble de carafe et verres *Kartio*. En 1950, déçu par Iittala, il accepte le poste de directeur du design des verreries **Nuutajärvi**-Notsjö, récemment acquises par le groupe Wärtsilä et déjà réputées pour la qualité de leurs verres d'atelier. À ce nouveau poste, Franck va pouvoir explorer le potentiel du verre et étudier les pigments et les techniques. En 1952, il recrute deux souffleurs de verre italiens qui apportent avec eux le savoir-faire des verreries de Murano. Ses pièces de cette époque portent indéniablement la marque de la tradition vénitienne. Franck crée alors pour Nuutajärvi une série de pièces de styles extrêmement divers – de la carafe délicatement gravée au verre rustique à inclusions de bulles et lignes de couleurs vives, en passant par l'objet en verre filé à rayures en spirale. Vers la fin de sa carrière, Franck décide de redessiner la collection *Kilta* pour Arabia. Le résultat est la *Teema* (1977–1980), série de dix-neuf pièces aux formes géométriques élémentaires (cercle, carré, cône), véritable manifeste d'un homme convaincu que la solution des problèmes posés par les objets utilitaires exige radicalisme et conscience sociale. La carrière de Franck est typique du parcours professionnel de beaucoup de designers scandinaves, qui peuvent créer simultanément des objets fonctionnels pour le plus grand nombre et des pièces uniques ou en série limitée, réservées à quelques collectionneurs.

Tissu *Hawaii* pour Svenskt Tenn, 1943–1944

Ci-contre: Tissu *Tehran* pour Svenskt Tenn, vers 1943–1945

josef frank

1885, Baden, Autriche – 1967, Stockholm, Suède

Né en Autriche, le designer Josef Frank fait ses études d'architecture à l'Institut polytechnique de Vienne (1903–1910). De 1919 à 1927, il enseigne à l'École des arts appliqués de Vienne. Entre 1925 et 1934, il dirige une entreprise de décoration intérieure, Haus & Garten, avec Oskar Wlach (1881–1963). Il se lie avec les célèbres Wiener Werkstätte et, en 1927, participe à Stuttgart à la retentissante exposition du Deutscher Werkbund intitulée « Die Wohnung ». Sa maison double à toit plat en béton armé est extrêmement moderne, mais à la même époque, ses meubles sont de tonalité néo-classique et totalement en contradiction avec l'esthétique fonctionnaliste du modernisme. En 1933, Frank commence à dessiner pour Svenskt Tenn. Deux ans plus tard, il s'installe à Stockholm, devient le designer en chef de cette société d'aménagement intérieur et prend la nationalité suédoise en 1938. Les nombreux textiles et meubles qu'il dessine pour la firme portent l'empreinte du mouvement Arts & Crafts et du style viennois du tournant du siècle. Frank n'adhère pas à l'idéologie fonctionnaliste. Pour lui, la base de l'architecture intérieure est le goût personnel et le confort. Pourtant, son travail est essentiellement moderne par sa recherche de la pureté des formes. Ses meubles se distinguent par leurs proportions harmonieuses et la qualité de leur fabrication, mais aussi pour leur commodité et leur confort. De 1942 à 1944, il enseigne à la New School for Social Research de New York, et c'est en théoricien du design et de l'architecture qu'il publie plusieurs ouvrages, dont *Architektur als Symbol* (1930) et *Accidentism* (1958). Il retourne à Stockholm en 1946, et c'est là qu'il meurt en 1967. Son œuvre suscite un regain d'intérêt dans les années 1980 qui n'a fait que croître depuis une trentaine d'années. Beaucoup de ses créations figurent toujours au catalogue de Svenskt Tenn. Avec **Carl Malmsten** et **Bruno Mathsson**, Josef Frank est considéré comme l'un des trois « classiques » du design suédois. Ce précurseur du style scandinave a

Chandelier en laiton *Le Nœud de l'amitié* pour Svenskt Tenn, 1938

Ci-dessous : Intérieur avec commode en acajou et tissu *Poisons* – tous deux pour Svenskt Tenn, vers 1943

Ci-contre : Tissu *Dixieland* pour Svenskt Tenn, 1943–1944

apporté une immense contribution. Pour lui, construire une maison, c'était non pas planifier jusqu'au moindre détail, mais simplement associer tous les éléments auxquels les futurs habitants étaient attachés. Une conception qui montre une fois de plus les réticences des Scandinaves à l'égard de l'universalisme dogmatique prôné par le Bauhaus.

Lampe de table
Modèle n° B2483
pour Svenskt Tenn,
1936

Ci-dessous : Photographie originale d'un intérieur de Svenskt Tenn, album photos de la société, années 1940–1950

Ci-contre :
Cabinet sur pieds
Modèle n° 881
pour Svenskt
Tenn, vers 1938

Ci-dessus: Salon Svenskt Tenn par Estrid Ericson, années 1940–1950, mobilier et éclairage de Josef Frank

Paire de fauteuils en acajou et cuir *Modèle n° 798*, 1938

Ci-contre: Armoire en chêne *Flora* pour Svenskt Tenn, années 1930 – agrémentée d'impressions botaniques tirées de «Bilder ur Nordens Flora» (Images de la flore du Nord) par Carl Lindman

Arne Jacobsen, chaises *Modèle n° 3107*, 1955 – proposées ultérieurement dans de nombreux coloris

Ci-contre : Arne Jacobsen, différentes versions de la gamme de sièges *Myren* et *Series 7*, 1952–1968

fritz hansen

création : 1872, Copenhague, Danemark

En 1872, Fritz Hansen ouvre à Copenhague un atelier d'ébénisterie spécialisé dans le tournage et la fabrication de châssis pour les meubles rembourrés. En 1915, son fils Christian introduit des procédés qui permettent de passer à la fabrication en série. Grâce aux nouvelles techniques, notamment le cintrage du bois selon la méthode de Michael Thonet en Autriche, l'entreprise s'agrandit considérablement dans les années 1920. En 1932, les fils de Christian, Fritzet Søren, commencent à moderniser la ligne avec des créations telles que la chaise *DAN* de Søren Hansen (1930), une version actualisée de la chaise bistro de Thonet. Un an plus tard, la maison Hansen est en procès avec Lorenz-Thonet à propos d'une chaise de tubes chromés en porte-à-faux de Mogens Lassen (1907–1987) – l'un des nombreux litiges concernant la paternité du format en porte-à-faux et les droits de propriété intellectuelle. Dans les années 1930, Fritz Hansen produit beaucoup d'autres meubles en bois cintré et tubes d'acier, dessinés par des architectes tels que Ernst Heilmann Sevaldsen (né en 1890), Fritz Schlegel (1896–1965) et **Kaare Klint**. À la fin des années 1940, Fritz Hansen propose une série de meubles de **Hans Wegner**, notamment la *Chinese Chair n° 1* (1944) inspirée d'une antiquité chinoise illustrée dans l'ouvrage d'**Ole Wanscher**, *Types of Furniture* (1932). Comme souvent chez Wegner, ce siège n'est pas la simple reproduction d'un modèle existant, mais son développement, une version moderne de haute qualité, rationalisée pour faciliter la production en série. C'est également de la fin des années 1940 que datent le fauteuil en hêtre de Ove Boldt (une réinterprétation de la traditionnelle chaise *Windsor*), la chaise en hêtre rembourrée de Søren Hansen (qui annonce les formes sculpturales d'**Arne Jacobsen**), le canapé en hêtre à accoudoirs rabattables de **Børge Mogensen** (version moderne d'un modèle ancien). Fritz Hansen va aussi concevoir et fabriquer la chaise en contreplaqué moulé *AX* (1950) de **Peter Hvidt** et

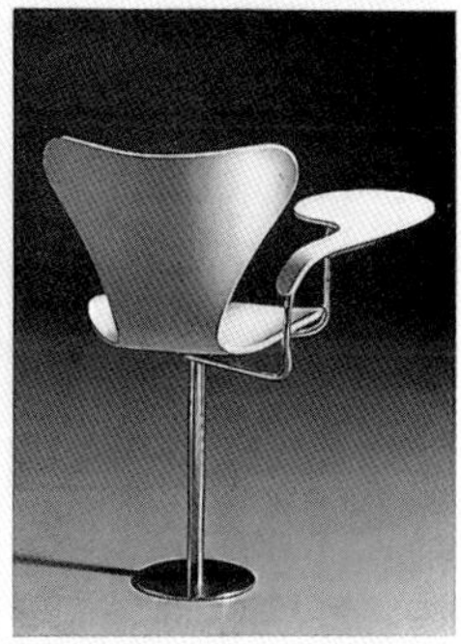

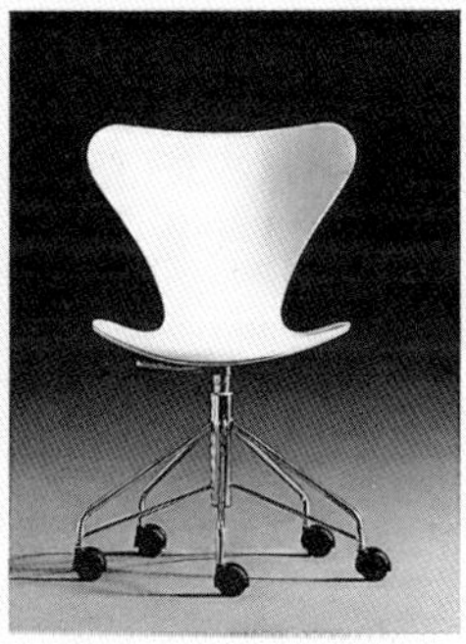
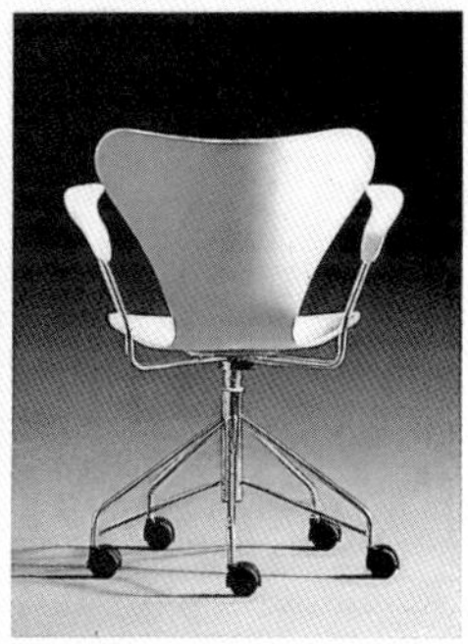

Ci-dessus à gauche : Arne Jacobsen, chaise *Modèle n° 4130 Grand Prix*, 1955

Ci-dessus à droite : Mogens Lassen, fauteuil en osier et tubes d'acier, 1933

Ci-contre : Poul Kjærholm, chaise *PK9*, 1960

Orla Mølgaard-Nielsen qui fait date et marque le passage de la firme à un idiome plus moderne. En 1951–1952, Arne Jacobsen dessine pour Fritz Hansen sa chaise empilable *Myren* (Fourmi), chef-d'œuvre de simplification avec sa coque en contreplaqué moulé d'une seule pièce et ses pieds en métal tubulaire. Avec sa taille pincée et son galbe séduisant, la *Ant* deviendra une icône du « new look » des années 1950. Suivra en 1955 une série de chaises qui connaîtra encore un plus grand succès, la *Série 7*, dont la construction en contreplaqué moulé et tubes de métal convient particulièrement elle aussi à la production industrielle. C'est également Fritz Hansen qui présente les désormais célébrissimes *Cygne* et *Œuf* (1958) d'Arne Jacobsen. Ces fauteuils immensément populaires annoncent les formes futuristes de la fin des années 1960 et sont les premiers à exploiter à fond le potentiel de la mousse de latex pour le rembourrage. Car les designers de meubles commencent à apprécier la liberté que leur offre ce nouveau matériau. Avec le latex, plus besoin de suspensions et de ressorts. Les formes deviennent beaucoup plus sculpturales et plus cohérentes visuellement. Dix ans après le lancement des fauteuils de Jacobsen, Fritz Hansen demande à Piet Hein et **Bruno Mathsson** de dessiner une série de tables pour mettre en valeur les chaises *Myren* et de la *Série 7*. La forme de ces tables (1968) est basée sur le concept des super-ellipses imaginées par Piet Hein, à mi-chemin entre le rectangle et l'ovale. En 1974, Fritz Hansen met sur le marché les séries de chaises *1-2-3* de **Verner Panton**, en vingt modèles différents. Entreprise familiale pendant quatre générations, la firme est finalement rachetée par la Skandinavisk Holding Company et ses bureaux sont transférés de Copenhague à Allerød. Fritz Hansen continue néanmoins à éditer les classiques d'Arne Jacobsen et de **Poul Kjærholm** aux côtés de collections plus contemporaines créées entre autres par Cecilie Manz et BIG (Bjarke Ingels Group). Au cours de sa longue et industrieuse histoire, Fritz Hansen a été l'un des plus importants fabricants de meubles de Scandinavie et a grandement contribué à la popularité de ce style scandinave à la fois simple et élégant. Aujourd'hui, l'entreprise reste fidèle à un design moderne intemporel dans lequel concept, forme, fonction, qualité ne font qu'un et dont l'évolution est dictée par les progrès technologiques et non par la mode ou le snobisme.

Canton en acier inoxydable pour Hackman, 1957

Ci-contre : Chocolatière en argent et teck (fabriquée à la main), 1955

bertel gardberg

1916, Ekenäs – 2007 Meltola, Finlande

Bertel Gardberg étudie à l'École d'orfèvrerie d'Helsinki, puis à Taideteollinen Korkeakoulou (Institut des arts industriels), à Helsinki de 1938 à 1941. En 1949, il ouvre, toujours à Helsinki, un atelier d'où sortiront de superbes pièces comme la boîte à thé cubique en teck et argent (1955) ou le service en palissandre et argent *Mocha* (1957). Gardberg collabore aussi avec les industriels Fiskars et **Hackman**. Il dessine pour Hackman les couverts en inox *Carelia* (1957) et la poêle *Canton* (1957), œuvres d'un remarquable raffinement esthétique qui vaudront à leur auteur de nombreux prix – médailles d'or et d'argent aux Triennales de Milan de 1954 (X^{e}), 1957 (XIe) et 1960 (XIIe), prix Lunning de 1961. Entre 1966 et 1971, Gardberg vit à Dublin où il est directeur artistique du Kilkenny Design Workshop (1966–1968) et directeur technique de la société Rionor à Kilkenny (1968–1971). Il s'efforce de donner un nouveau souffle aux arts décoratifs irlandais en encourageant les savoir-faire locaux. En Finlande, il ouvre à Pohja (1973), un atelier où il crée de ravissants bijoux et des petites sculptures serties de pierres précieuses et semi-précieuses, ainsi que de l'argenterie d'église pour Noormarkun Kotiteollisuus. Il dessine aussi d'autres articles, dont des pots à tabac en étain pour Hopeatehdas. Gardberg est considéré comme le père fondateur des métiers d'art finlandais, dont il avait une très haute idée. « Ce n'est pas seulement le cerveau qui pense », disait-il volontiers. « Tout artisan sait que les mains pensent aussi quand elles touchent la matière. Et entre les mains et le cerveau, il y a le cœur, et l'amour du travail. Vous devez respecter les qualités de votre matériau. » Comme beaucoup de designers scandinaves d'hier et d'aujourd'hui, Gardberg a montré avec élégance à travers l'intégrité esthétique et fonctionnelle de son travail que « le métier d'art est l'imagination de l'industrie ».

Vase et coupe en verre taillé *Thousand Windows* pour Orrefors, vers 1930

Ci-contre : *Modèle n° 122*, coupe en verre gravée d'un décor complexe de danseuses pour Orrefors, 1923. Cette pièce spécifique a été gravée d'une main experte par Emil Weidlich, qui a travaillé à Orrefors de 1922 à 1929.

simon gate

1883, Karlsborg – 1945, Orrefors, Suède

Simon Gate est l'un des maîtres verriers suédois les plus passionnants du XXe siècle. Il étudie la peinture à l'École des beaux-arts, des métiers d'art et du design et à l'École de technologie de Stockholm de 1902 à 1909, et suit des cours à l'École royale des beaux-arts de cette ville vers 1909. En 1913, Johan Ekman achète la verrerie **Orrefors** et se met à la recherche d'un designer susceptible d'orienter son entreprise sur une voie plus artistique. Et en 1916, il recrute Gate, qui est déjà à l'époque un peintre figuratif accompli. Le travail de l'artiste va dès lors se déployer dans deux directions : des objets simples et fonctionnels aux formes classiques actualisées, pour Sandvik, la société-sœur d'Orrefors, et des pièces décorées de motifs figuratifs finement gravés, d'inspiration baroque, qui incarnent le style décoratif de la « grâce suédoise ». L'une de ses créations les plus célèbres est la *Parispokalen* (Coupe de Paris) dessinée spécialement pour le pavillon suédois de l'Exposition internationale des arts décoratifs et industriels modernes de 1925, où elle remporte un grand prix. Cette remarquable coupe de 75 cm de haut décorée de motifs classiques très détaillés a exigé quelque 450 heures de travail de gravure. Visitant l'exposition, le critique français Léon Deshair déclare que les pièces de Gate et d'Edward Hald montrent que les deux artistes « pensent en verre ». À l'évidence, le travail de Gate et de Hald, bien que de style fort différent, marque un tournant pour le verre suédois et ouvre de nouveaux marchés à Orrefors. Outre ces pièces délicatement gravées, Gate dessine aussi des verres utilitaires sans ornement comme le *Slottglass* (verre de château) de 1923, un verre à pied vert à cannelures annonciateur du style plus sculptural qui allait prévaloir en Scandinavie. À partir de 1916, Gate collabore avec le maître souffleur de verre Knut Bergkvist et développe une nouvelle technique connue sous le nom de *Graal* (une allusion au Saint-Graal), qui consiste à envelopper un bloc de verre blanc d'une fine couche

Vase *Triton*
pour Orrefors,
1916–1917

Ci-contre :
Parispokalen
(Coupe de Paris)
pour Orrefors,
1925 – présentée
au pavillon suédois
à l'Exposition internationale des arts décoratifs et industriels modernes,
Paris, 1925

de verre coloré, laquelle est ensuite entaillée et gravée de manière à révéler le verre transparent au-dessous. Puis la pièce est chauffée, recouverte d'une épaisseur de verre transparent, et enfin mise en forme par le maître souffleur. Ce procédé – long et coûteux – permet d'incruster des motifs décoratifs dans le corps même du verre et d'obtenir de très beaux effets. Dans les années 1930, le travail de Gate s'épure progressivement, tant sur le plan formel qu'en termes d'ornementation. On note une prédilection certaine pour les grands motifs géométriques taillés qui donnent aux pièces de cette période des allures de bijoux à facettes. Vers la même époque, Gate dessine des vases ventrus dont les parois épaisses accentuent les qualités optiques et réfléchissantes du verre et la puissante présence. Au fil des années, Gate multipliera les expérimentations et mettra au point un certain nombre de procédés nouveaux qui seront repris ensuite par les créatifs d'Orrefors. Comme beaucoup de designers scandinaves, Gate perfectionnait sa technique en créant des pièces uniques, puis en les adaptant aux exigences de la production industrielle. Sorte de figure tutélaire de la verrerie d'art suédoise, il a eu une influence considérable sur les générations successives de maîtres verriers suédois, et son œuvre exigeante a contribué au rayonnement international du design scandinave de l'entre-deux-guerres.

Projet pour compotier en émail «plique-à-jour» avec motif de pivoines pour David-Andersen, 1904

Ci-contre en haut: Projet pour coupe *Libellule* en émail «plique-à-jour» pour David-Andersen, 1908

Ci-contre en bas: Coupe *Libellule* pour David-Andersen, 1909

gustav gaudernack

1865, Binsdorf, Bohême – 1914, Oslo, Norvège

Gustav Gaudernack est natif de Bohême. Après sa formation à l'École professionnelle de céramique de Tetschen (1885–1887) et à l'École des arts appliqués de Vienne (1888–1891), il s'installe en Norvège (1891), où il devient l'un des principaux représentants du style Art nouveau en Scandinavie. L'année de son arrivée en Norvège, il commence à dessiner de la verrerie pour le Christiania Glasmagasin d'Oslo. De 1892 à 1910, il crée des objets en métal ornés de motifs émaillés pour la société **David-Andersen** à Oslo, notamment la ravissante coupe *Libellule* (1908). Gaudernack affectionne les émaux et les formes sinueuses et stylisées typiques de l'Art nouveau. Sa maîtrise technique et son style à la fois fantasque et délicat sont très appréciés. Ses somptueuses créations peuvent rivaliser avec celles des capitales de l'Art nouveau que sont Bruxelles et Nancy. Il reçoit du reste une médaille d'argent à l'Exposition universelle de Paris et (avec David-Andersen) un grand prix à la Louisiana Purchase Exposition de Saint-Louis en 1904. En 1910, il ouvre un atelier à Oslo, et continue à explorer les techniques du filigrane et de l'émail. Deux ans plus tard, il devient le premier professeur d'orfèvrerie et d'émaillure de l'École nationale des métiers d'art et des arts appliqués. Le travail de Gustav Gaudernack montre l'influence considérable de l'Art nouveau sur le design scandinave au début du XXe siècle, plus particulièrement en Norvège, où les formes sinueuses imitées de la nature firent florès aussi bien dans l'ameublement et les tissus que sur les affiches et les emballages.

Page 152: Dessin de deux coupes florales en émail «plique-à-jour» pour David-Andersen, vers 1904

Page 153: Projet de coupe *Libellule et Nénuphar* en émail «plique-à-jour», vers 1908

G. G. 1908.

Tapis tissé plat *Fiskar* (Poissons), années 1940

Ci-contre : Arthur Percy, tissu en rayonne sérigraphié *Spaljé* (Treillage), 1936 – l'entreprise de Gullberg produisait aussi des textiles d'autres designers

elsa gullberg

1886, Malmö – 1984, Vaxholm, Suède

La créatrice de tissus suédoise Elsa Gullberg a appris le tissage dans sa maison familiale en Scanie. Toute jeune, elle travaille aussi le bois et le métal et s'essaie à l'imprimerie avant ses études à l'École des beaux-arts, des métiers d'art et du design de Stockholm. Vers 1910, elle commence à dessiner des tissus qui peuvent être aussi bien fabriqués artisanalement qu'industriellement. Très au fait des réformes du design prônées par le Deutscher Werkbund et solidement arrimées aux dogmes du fonctionnalisme, Gullberg est à la tête des sections de l'évaluation et du mobilier à l'Union suédoise des métiers d'art et du design industriel de 1907 à 1917. Elle dirige ensuite la section d'intervention de 1917 à 1924. C'est là qu'elle acquiert une expérience de première main des arcanes de la production industrielle. En 1927, elle décide de devenir fabricante de tissus et crée la maison Elsa Gullberg Textilier, spécialisée dans les tentures murales et les tapis. À cette époque, elle s'en tient aux motifs traditionnels, qu'elle traite avec un certain sens du rythme, tout en explorant le potentiel des fibres en soie synthétique, comme la rayonne – trois ans plus tard elle sort un tissu d'ameublement à carreaux pour Nordiska Kompaniet. En 1955, Gullberg passe la main à sa fille Elsa-Maria, mais continue à dessiner des tissus et des tapis, dont certains peuvent être tissés à domicile. On lui commande des tissus inédits pour des lieux prestigieux – salle de concert de Stockholm, hôtel de ville de Göteborg, théâtre municipal de Malmö, chapelle du Kings College à Cambridge. Comme sa consœur **Märta Måås-Fjetterström** (1873–1941), Elsa Gullberg a joué un rôle majeur dans la renaissance du tissage à la main en Suède entre les deux guerres. Mais surtout, elle est l'une des premières créatrices de tissus à avoir pensé en termes de production industrielle. Qu'ils soient fabriqués à la main ou en usine, ses tissus aux couleurs vives révèlent un incontestable savoir-faire et une connaissance intime des procédés industriels. La maison Gullberg a créé de belles collections de tissus

d'ameublement coordonnés et a édité des tapisseries murales signées notamment Birgitta Graf, Arthur Carlsson Percy (1886–1976) ou Einar Forseth (1892–1988).

Daniel Johan Carlsson, théière et pot à couvercle en porcelaine dure avec décoration de style « revival viking », 1877

Ci-dessous : Atelier de Gustavsberg, 1896

gustavsberg

création : 1825, Gustavsberg, Suède

La manufacture de céramique Gustavsberg est fondée en 1825 à Gustavsberg, sur l'île de Värmdö, dans une ancienne briqueterie. Dans un premier temps, elle produit des pièces décorées de sobres motifs de fleurs peints à la main ; à la fin des années 1830, elle adopte de nouvelles techniques venues d'Angleterre, dont la décalcomanie. À cette époque, Gustavsberg fabrique aussi de la porcelaine fine à base d'argile importée des Cornouailles, et fait appel à des ouvriers spécialisés. Les motifs de cette époque sont très proches de ceux de la céramique anglaise. L'histoire voudrait qu'un des propriétaires de l'entreprise ait apporté clandestinement les plaques de cuivre d'Angleterre dans une valise à double fond… Quoi qu'il en soit, Gustavsberg va rapidement devenir célèbre et ses figurines, elles aussi inspirées de modèles anglais, reçoivent une médaille d'or à l'Exposition universelle de Paris en 1867. Au milieu des années 1860, l'entreprise se lance dans la production de pièces d'art et d'articles pour la table, mais l'accueil est plutôt froid, et les critiques crient au mauvais goût. La direction réagit en décidant de produire des céramiques d'esprit authentiquement suédois, et demande à August Malmström (1829–1901) et Magnus Isäus (1841–1890) de dessiner des objets de style Viking. En 1900, la manufacture, dirigée alors par Wilhelm Odelberg, emploie un millier de personnes. Elle fabrique de délicates céramiques peintes créées par **Gunner Wennerberg** dans le style Art nouveau. Plus tard, elle subira l'influence de l'Union suédoise des métiers d'art et du design industriel. L'Union, fondée en 1845, inspirera plus tard le Deutscher Werkbund qui prônera lui aussi une alliance entre art et industrie. Son credo, *Vackrare Vardagsvara !* (De beaux objets pour tous les jours !), est repris par **Wilhelm Kåge**, nommé directeur artistique de Gustavsberg en 1917. Pendant l'ère Kåge, c'est-à-dire dans les années 1920 et 1930, la production de la manufacture porte l'empreinte du mouvement moderne. Ainsi, la vaisselle empilable

de Kåge, *Praktika* (1933), extrêmement utilitaire, traduit l'approche fonctionnaliste du design alors prônée par l'avant-garde européenne. En 1937, Kåge dessine un service moins austère et plus populaire, *Grå ränder*, qui annonce les formes organiques si emblématiques du design scandinave. La même année, Gustavsberg est vendue à l'Union des coopératives d'achat suédoises et l'entreprise est modernisée. Deux ans plus tard, elle élargit ses activités aux équipements sanitaires et, en 1945, aux objets en plastique. En 1949, **Stig Lindberg** succède à Wilhelm Kåge au poste de directeur artistique. Sous sa direction, Gustavsberg produit à la fois des produits industriels et des pièces d'art en série limitée. Dans les années 1970, Sven-Eric Juhlin (1940–2023), fondateur de Ergonomi Design Gruppen, dessinent des accessoires sanitaires et des articles en plastique destinés essentiellement aux institutions. En 1980, Karin Björquist (1927–2018) succède à Lindberg, et en 1987, Gustavsberg est vendue à la société finlandaise Wärtsilä. L'entreprise est ensuite scindée en trois petites sociétés qui continuent de fabriquer des céramiques dans la vieille usine. Depuis 2000, elle fait partie du groupe Villeroy & Boch, et s'est spécialisée dans le design et la fabrication d'équipements sanitaires.

Wilhelm Kåge, divers récipients et assiette en grès, fin des années 1950

dl
13
12
11
10
9
8
7
6
5
4
3
2
1

Carl-Arne Breger, arrosoir en plastique moulé *Kannan*, 1957–1958

Ci-dessous : Sven-Erik Juhlin, tasses en plastique *Modèle n° 9644* (SAN), 1969–1970

Ci-contre : Per-Olof Landgren, verre doseur en plastique, 1977

Björn Dahlström, casserole *Tools*, 1998

hackman

création : 1790, Viipuri, Finlande

En 1790, le marchand Johan Friedrich Hackman fonde à Viipuri une société de négoce de bois et d'objets en bois. L'entreprise est à peu près autonome puisqu'elle possède son propre domaine forestier et des scieries. Quand Johan Friedrich Hackman meurt en 1807, sa veuve prend sa succession. À la même époque, son fils décide de fabriquer et de commercialiser un certain nombre de produits industriels. Au début des années 1860, Hackman est déjà équipé de scies à vapeur qui augmentent la productivité. L'entreprise prend de l'expansion. Elle rachète la manufacture de bougies Havi en 1866 et construit une coutellerie près de Viipuri en 1876. Cette nouvelle usine est très grande. Elle fabrique toutes sortes d'articles – couteaux de cuisine et de chasse, ciseaux, patins et fourches. Hackman participe en 1878 à l'Exposition universelle de Paris, et obtient deux médailles d'or pour ses ustensiles de cuisine et ses articles de coutellerie. En 1891, l'usine de coutellerie est relocalisée près de la scierie Hackman à Sorsakoski. À la suite de l'incendie de la scierie en 1898, la direction va élargir encore le catalogue de produits, qui comprend désormais des outils façonnés à la main, divers ustensiles ménagers et de nombreux objets en tôle. En 1902, Hackman va commencer à utiliser pour ses manches de couteaux et de fourchettes un nouveau matériau inventé en France en 1885, d'une remarquable solidité : l'alliage acier-nickel. L'acier inoxydable, autre matériau récemment mis au point, fait son entrée dans la chaîne de fabrication en 1923. Comme d'autres fabricants scandinaves, Hackman va contribuer à promouvoir l'inox en proposant des objets à la fois élégants et accessibles à tous. Au début des années 1950, Hackman lance ses premières casseroles en inox (les premiers modèles sont faits à la main) et fait appel à des designers réputés tels que **Kaj Franck**. La maison se fait connaître à l'étranger avec la casserole *Canton* et les couverts *Carelia* de **Bertel Gardberg** (1957), deux produits

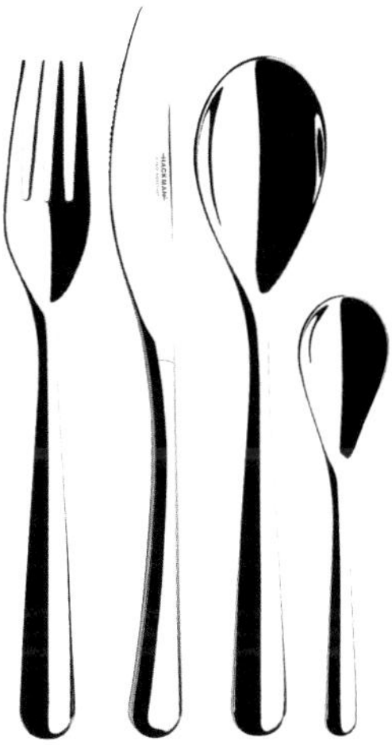

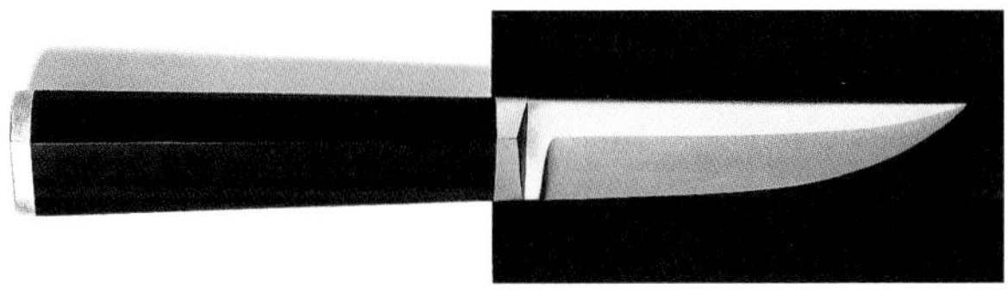

qui illustrent sa volonté d'excellence en matière de design et de fabrication. Elle va continuer à se spécialiser dans la fabrication d'ustensiles ménagers en inox, munis parfois de manches en bois dur exotique ou en plastique. L'un de ses produits phares est le couteau *Puukko* de **Tapio Wirkkala** (1961), à lame en inox et manche en nylon, inspiré du couteau de chasse traditionnel des Sami. Dans les années 1960 et 1970, les designers **Nanny Still McKinney** et **Ilmari Tapiovaara** font partie de ses collaborateurs. En 1969, Hackman & Co devient une société par actions, et depuis 1989 elle fait partie du groupe Designor Oy (actuellement propriétaire d'**Arabia**, **Iittala** et **Rörstrand**). Forte de sa réputation dans le monde du design, la maison Hackman organise en 1990 un grand concours de création d'objets et édite les projets des lauréats. À la fin des années 1990 et au début des années 2000, elle demande à des designers de renom, dont Björn Dahlström, Harri Koskinen, Carina Seth-Andersson (née en 1965), Antonio Citterio (né en 1950) et Ross Lovegrove (né en 1958), de dessiner des couverts, accessoires et ustensiles de cuisine, l'idée étant de créer une grande collection originale qui sera finalement baptisée *Tools*. C'est avec ce genre de produits fonctionnels, simples et innovants que Hackman s'est positionné à cette époque dans le peloton de tête de la nouvelle offensive internationale du design finlandais. En 2007, le groupe Iittala est acheté par la compagnie Fiskars, beaucoup plus importante, et la collection Tools est vendue depuis sous le nom de marque Iittala, même si elle est encore fabriquée par Hackman.

Ci-dessus à gauche : Stefan Lindfors, saladier et couverts à salade *Tools*, 1998

Ci-dessus à droite : Björn Dahlström, sauteuse et gril *Tools*, 1998

Ci-dessous à gauche : Renzo Piano Workshop, couverts *Tools*, 1998

Ci-dessous à droite : Tapio Wirkkala, couteau *Puukko* en acier inoxydable et nylon, 1961 – basé sur un couteau de chasse traditionnel lapon et fabriqué jusque dans les années 1970

Inger Magnus, carafes *Gilde* (Fête), 1990

hadeland

création : 1762, Jevnaker, Norvège

En 1762, sous le règne du roi Christian IV, le Royaume dano-norvégien entreprend la construction d'une verrerie sur le site de Jevnaker. Trois ans plus tard, la verrerie Hadeland allume ses fours pour la première fois. Elle commence par produire des bouteilles aux couleurs vives de bleu cobalt, de la verrerie pharmaceutique, des flotteurs pour filets à poissons. Hadeland est un employeur éclairé qui accorde à ses employés un certain nombre de droits et avantages sociaux, dont la scolarisation de leurs enfants. La verrerie est vendue en 1824. En 1842, elle fusionne avec deux autres verreries et devient une société de droit privé. Après l'introduction de verre transparent incolore en 1852, Hadeland commence à fabriquer des articles de table – verres, récipients, plats et vases, avec ou sans décoration. En 1898, la verrerie s'unit à la société Christiania Glasmagasin, qui possédait (et possède toujours) un grand magasin sur la place principale d'Oslo (ou plutôt Christiania, comme la ville se nommait alors). Sous la pression du gouvernement, qui pousse les industriels à améliorer le design de leurs produits, Hadeland engage en 1929 son premier directeur artistique : Sverre Petterson (1884–1958). D'abord légères et gracieuses, les créations de Petterson deviennent progressivement plus lourdes et plus architecturales vers le milieu des années 1930, sous l'influence évidemment du style Art déco. En 1936, la verrerie recrute un designer de talent : **Willy Johansson**, fils et petit-fils d'un souffleur de verre. Chez Hadeland, Johansson s'initie aux techniques de sablage auprès du sculpteur Ståle Kyllingstad (1903–1987), et se familiarise avec les procédés de gravure chez Christiania Glasmagasin. En 1947, Johansson prend la direction de l'unité de design de Hadeland. En 1954, il reçoit un diplôme d'honneur à la Xe Triennale de Milan pour ses créations en verre aux formes simples et élémentaires. Dans les années 1950, Hadeland va aussi proposer des objets en verre signés Hermann Bongard (1921–1998) ou Arne Jon Jutrem

(né en 1929), des pièces robustes et sans ornementation qui mettent en valeur les qualités intrinsèques du verre. Depuis les années 1950, Hadeland fabrique des articles en verre moulé et en verre soufflé, des plus utilitaires aux plus artistiques (par exemple les pommes de Gro Bergslien en 1976). En 1988, Arne Jon Jutrem devient directeur artistique de l'unité de design, et la verrerie produit alors des pièces sculpturales dessinées entre autres par Maud Bugge et Lena Hansson. Sans avoir peut-être le brio du verre finlandais, la production de Hadeland n'en occupe pas moins une position centrale dans le design norvégien. L'entreprise a aujourd'hui délocalisé une partie de ses activités à l'étranger, mais près de 60 % de sa production totale de verre est encore basée en Norvège.

Ci-dessus : Verrerie de Hadeland de la collection *Nostetangen*, basée sur des modèles du XIXe siècle

Ci-dessous : Gro Bergslien, presse-papiers en forme de pomme en verre opaque, 1976

Dessin pour la tapisserie *Poppy*, vers 1898

Ci-contre : Tapisserie murale *Summer Night's Dream*, vers 189

frida hansen

1855, Hillevåg près de Stavanger – 1931, Oslo, Norvège

Après des études aux Beaux-Arts, Frida Hansen ouvre un atelier de broderie à Stavanger en 1882. Elle s'intéresse aux techniques de tapisserie de la tradition populaire norvégienne. En effet, des tisseurs « paysans » confectionnent depuis le XVIIIe siècle des tapisseries représentant des scènes bibliques. Ces pièces à la puissante expression artistique sont généralement considérées en Norvège comme des trésors nationaux. S'inspirant de ces antécédents, Hansen apprend les techniques de tissage sur un métier de haute-lisse à Kjerstina Hauglum, dans le Sogn. En 1892, elle déménage à Oslo (appelée alors Christiania) où elle crée une entreprise de tissage, Det Norske Billedvæveri (DNB). Elle cherche d'abord l'inspiration dans les sagas norvégiennes puis, au cours d'un voyage à Paris vers 1885, découvre l'Art nouveau. Ses tapisseries se peuplent alors de roses dans le style de Mackintosh et d'autres fleurs très stylisées aux couleurs fortes et saturées et aux contours d'une vigoureuse sinuosité. Hansen remet à l'honneur dans son atelier les teintures naturelles et des procédés de tissage anciens, tout en mettant au point de nouvelles techniques, dont son fameux tissage en transparence, qui lui vaut une grande notoriété. Ce procédé novateur consiste à laisser certaines parties de la chaîne exposées pour créer un fond transparent sur lequel les motifs richement colorés se détachent de manière saisissante. Dans les années 1890, Hansen collabore avec le designer norvégien **Gerhard Munthe** (créateur de plusieurs tapisseries pour DNB), et en 1899, elle publie un livre intitulé *Husflid og Kunstindustri Norge*. Elle présente son travail à la World Columbian Exposition de Chicago en 1893, ainsi qu'à l'Exposition universelle de Paris en 1900 (elle y reçoit une médaille d'or). Frida Hansen fut au tournant du siècle le maître incontesté du tissage en Norvège, et si le style naturaliste de l'Art nouveau avait un certain nombre d'admirateurs en Scandinavie, elle compta assurément parmi les plus fervents.

FRIDA HANSEN

Chaise *DAN* pour Fritz Hansen, vers 1930

søren hansen

1905, Copenhague –1977, Humlebæk, Danemark

Après la Première Guerre mondiale, l'industriel danois **Fritz Hansen** se lance dans la fabrication de meubles en bois courbé, en appliquant les techniques mises au point au XIXe siècle par le designer et industriel autrichien Michael Thonet (1796–1871). Quelques années plus tard, le jeune Søren Hansen et Fritz Schlegel (1896–1965) proposent quelques projets dont la production est lancée après des essais concluants. Comme Karl Mang le souligne dans son ouvrage *History of Modern Furniture* (1979), la chaise *DAN* en bois courbé de Søren Hansen (1930) est « l'une des rares idées vraiment nouvelles pour le procédé du bois courbé, qui semblait stagner sur le plan formel ». La partie continue en bois courbé, qui comprend à la fois le dossier et les pieds arrière, n'est pas une simple prouesse technique. Elle donne à la chaise une ligne élégante qui met en valeur son architecture rigoureuse. Hansen et Schlegel vont poursuivre sur cette voie avec des meubles de style moderniste en tubes d'acier très proches de ce qui se faisait en Allemagne à la même époque, et qu'ils vont présenter à l'exposition de Den Permanente de 1932. La même année, Søren Hansen entre officiellement dans l'entreprise familiale pour laquelle il dessine plusieurs chaises, parmi lesquelles le fauteuil rembourré en hêtre teinté *Modèle 1628* (vers 1949) aux lignes et courbes remarquables. Comme d'autres designers danois de premier plan, Hansen avait un grand savoir-faire et une connaissance intime de l'architecture du meuble. C'est ainsi qu'il a su réinventer en les modernisant les modèles existants, et préserver un juste équilibre entre fonction et esthétique dans sa recherche de solutions optimales pour la fabrication industrielle.

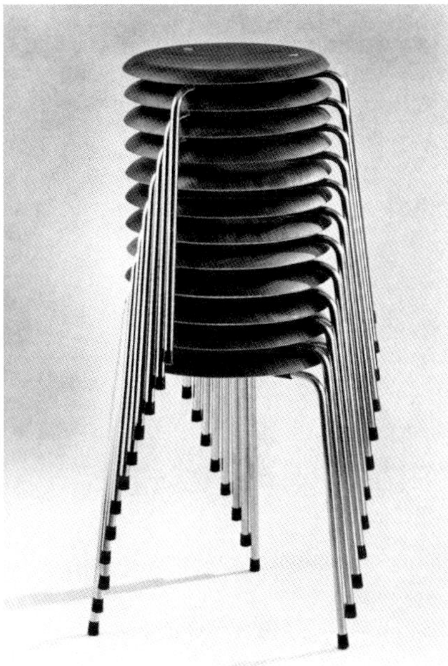

Ci-dessus à gauche : Fabrication d'une pièce en bois cintré pour la chaise *DAN*, vers 1930

Ci-dessus à droite et ci-contre : Tabourets empilables pour Fritz Hansen, 1953

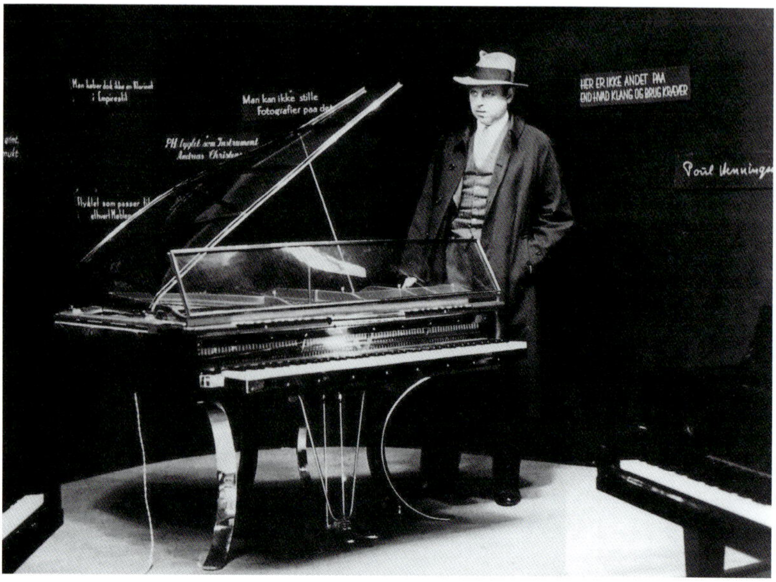

Poul Henningen se tenant près de son piano à queue *PH* pour Andreas Christensen, vers 1931

Ci-contre : Piano à queue *PH* pour Andreas Christensen, 1931

poul henningsen

1894, Ordrup – 1967, Hillerød, Danemark

L'un des plus grands designers de luminaires de tous les temps, Poul Henningsen, étudie les sciences du bâtiment à l'École technique de Copenhague de 1911 à 1914, puis l'architecture à l'Institut polytechnique de 1914 à 1917. Pendant ses études d'architecture, il dessine son premier lustre. Il abandonne ses études à l'Institut polytechnique avant l'examen final, est engagé comme critique par la revue d'art *Vor Tid* et devient co-rédacteur en chef de la revue d'art *Klingen* (1917–1921). Il écrit aussi des articles pour les quotidiens *Politiken* et *Ekstra Bladet* de 1921 à 1925. Durant cette première partie de sa carrière, il fait des essais avec plusieurs matériaux, dont le cuivre et le verre, et dessine divers éclairages, dont un lustre pour les brasseries Carlsberg en 1919. Trois ans plus tard, il présente à l'Exposition d'automne un luminaire sphérique fait d'anneaux plans réfléchissants et dessine le réverbère *Slotsholm* pour le service d'éclairage municipal de Copenhague. Radicalement à gauche, Henningsen militera toute sa vie pour l'amélioration des conditions de vie, se servant de sa chronique dans *Politiken* comme d'une tribune pour exposer ses vues sur le design. Sur la nécessité d'un meilleur éclairage, il écrit : « Il s'agit, en travaillant scientifiquement, de rendre la lumière plus pure, plus économique et plus belle. » En 1924, il met au point une série de lampes de tables et de suspensions conçues pour réduire l'éclat éblouissant de l'ampoule électrique. La même année, il commence à dessiner des luminaires pour **Louis Poulsen** et la première lampe de sa série *PH* est présentée en 1925 à l'Exposition internationale des arts décoratifs à Paris, où elle reçoit un excellent accueil et remporte une médaille d'or. La série révolutionnaire de suspensions et de lampes murales et de table *PH* est le fruit de plusieurs années d'études scientifiques et de réglages méticuleux. À partir de diagrammes de diffusion de la lumière et d'esquisses de reflets, Henningsen met au point des lampes faites de superpositions d'abat-jour convexes et concaves, capables à la fois de diriger

ANDREAS CHRISTENSEN

Ci-dessous : Lampe de piano *PH* pour Louis Poulsen, 1931

À droite : Chaise *Slangestolen* (Chaise serpent) en tube d'acier et cuir rouge pour V. A. Høffding, 1932

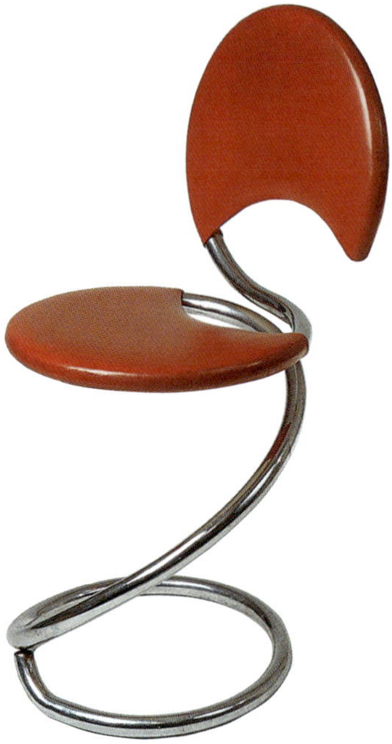

Meubles en tubes d'acier dessinés par Poul Henningsen pour V. A. Høffding – exposés à Fredericia, 1932

Ci-contre : Lampe *PH Artichoke* (Artichaut) pour Louis Poulsen, 1957

Page 172 : Lampe de bureau *PH-4* pour Louis Poulsen, vers 1928

Page 173 : Suspension *PH 5-41/2* pour Louis Poulsen, 1926–1927

les rayons lumineux, de donner une bonne lumière ambiante et d'atténuer l'intensité de la lumière réfléchie. La configuration en spirale logarithmique aux courbes élégantes des abat-jour lui aurait été inspirée par l'empilement d'une tasse, d'un bol et d'une assiette. Dessinées pour une production en série, les lampes *PH*, encore éditées par Louis Poulsen, seront exportées dans toute l'Europe, l'Amérique du Nord et du Sud, l'Afrique et l'Asie. Avant la Seconde Guerre mondiale, elles sont particulièrement appréciées en Allemagne, où elles apparaissent dans les pages du magazine *Das Neue Frankfurt* et dans *Licht und Beleuchtung*, la référence en matière d'éclairage pour les architectes du Deutscher Werkbund. Au début des années 1930, Henningsen dessine aussi des meubles, notamment la *Slangestolen* (Chaise serpent) de 1932, faite d'une seule longueur de tube métallique coudé, pour le fabricant de meubles de Copenhague V. A. Høffding. Tout au long de sa vie, Henningsen dénoncera ce qu'il appelle les prétentions artistiques du design scandinave et recommandera une approche plus utilitaire qui apporterait le bon design aux masses. Cependant, à l'inverse de la majorité des designers du mouvement moderne, il estimait que les formes et les matériaux traditionnels convenaient parfaitement à la fabrication de produits pour tous. À sa mort en 1967, il laisse plus de cent dessins de lampes, dont certaines ont été éditées après sa mort.

Verseuse en aluminium avec poignée en bakélite pour Dansk Aluminium Industri, 1952

erik herløw

1913, Helsingør – 1991, Helsingør, Danemark

Erik Herløw étudie l'architecture à l'Académie royale danoise des beaux-arts de Copenhague de 1937 à 1944, puis ouvre son cabinet à Copenhague en 1945.
On lui doit notamment l'ambassade des États-Unis à Copenhague en 1952 (avec Jørgen Juul Møller), une raffinerie de pétrole pour Shell, et plusieurs usines. Il a aussi signé la mise en scène d'un certain nombre d'expositions sur le design danois. Herløw est par ailleurs connu pour son travail dans le domaine du design industriel. De 1942 à 1949, il collabore avec l'orfèvre A. Michelsen, puis dessine des objets en métal pour **Georg Jensen**, Norsk Stålpress et Dansk Aluminium Industri. Pour cette dernière, il redessine (1952–1953) une banale cafetière en aluminium et bakélite déjà en production, et la transforme en un objet lisse et aérodynamique beaucoup moins compliqué à assembler. Entre 1952 et 1954, Herløw dirige le département du design de l'école d'orfèvrerie de Copenhague, et de 1955 à 1979, il est conseiller artistique de la manufacture de porcelaine **Royal Copenhagen**. Il est aussi le cofondateur de l'association danoise du design industriel et enseigne à l'Académie royale danoise des beaux-arts) de 1959 à 1979.
À la fin des années 1970, il est chargé de concevoir l'aménagement intérieur de l'Airbus *A-300* de la SAS. Herløw aura une grande influence sur l'évolution du design industriel danois. Il estimait que le designer devait travailler en étroite collaboration avec les techniciens et ingénieurs pour pouvoir intervenir à toutes les étapes, depuis les études de faisabilité jusqu'au produit fini. Pour lui, c'était la seule manière de parvenir à la meilleure solution possible.
Résumant sa vision du design, il écrit : « Le design d'un produit atteint le maximum d'utilité lorsqu'il y a une corrélation entre économie, construction, matériau, fonction, esthétique, éthique et usage. »

Shaker en argent
pour A. Michelsen,
vers 1950

Ci-dessous :
Service à moka
en argent pour
A. Michelsen,
vers 1950

Orla Juul Nielsen, verres à vin *Tranquebar*, 1925

Ci-contre : Per Lütken, carafe et verre (vers) *Winston*, 1957, et Jacob Bang, verrerie en opaline, 1960

Ci-contre en bas : Jacob Bang, carafe, vers 1932

holmegaard

création : 1825, Holmegaard, Danemark

Au début du XIXe siècle, le comte Christian Danneskiold-Samsøe, qui professe des idées progressistes, décide d'utiliser la tourbe qui se trouve en abondance sur sa grande propriété comme combustible pour une nouvelle verrerie. Mais il meurt avant d'avoir pu mener son projet à bien, et c'est sa veuve, la comtesse Henriette Danneskiold-Samsøe, qui finit par construire la verrerie dans le marais de Holmegaard, en 1825. Le premier four de l'usine est construit par un verrier norvégien, Christian Wendt, un ancien de la verrerie **Hadeland**. À l'origine, l'usine fabrique les classiques bouteilles vert épinard bon marché utilisées pour la bière ou le schnaps. Après quelques années, cependant, la comtesse décide courageusement d'améliorer et d'élargir la ligne de produits. Pour ce faire, elle recrute des verriers de Bohême et d'Allemagne du Sud et, en 1835, l'usine commence à produire des verres à pied et de la verrerie d'art de style européen classique. Mais face à la concurrence croissante du verre suédois au début du XXe siècle, Holmegaard engage pour la première fois un designer réputé, Orla Juul Nielsen (1899–1985), dans le cadre d'un accord de partenariat avec **Royal Copenhagen.** Nielsen a pour mission de dessiner des verres assortis aux services en porcelaine d'Holmegaard. La direction s'en explique dans une lettre, où l'on peut lire ceci : « Nous avons trouvé un artiste qui partage notre désir de simplicité, notamment en ce qui concerne la forme des verres et des coupes, un artiste qui veut être au plus près de la quintessence de la forme qu'autorise la matière, qui tente d'approcher l'essence même de la forme permise par la matière, en évitant toute allusion à un raffinement excessif ou à de la légèreté artistique, mais qui dans sa pure simplicité cherche à créer le plus grand effet. » L'idée que la beauté puisse passer par la simplicité est certes audacieuse pour l'époque, mais c'est elle qui donnera à la verrerie danoise sa nouvelle identité. En 1924, l'architecte **Jacob Bang** rejoint le service de création de Holmegaard.

Quatre ans plus tard, il est nommé directeur artistique de la maison. Ses créations sont résolument modernes. C'est le cas de ses célèbres verres *Primula* et *Viola*, qui révèlent un artiste capable d'imaginer des objets à la fois simples, pratiques, agréables au regard et au toucher. Si elles restent extrêmement rationnelles, les créations de Bang, qui sont essentiellement destinées à la production industrielle, sont aussi pétries d'humanité. Loin de l'esthétique machiniste défendue par le Bauhaus, elles ont une douceur et une sensualité qui annoncent la version scandinave du modernisme qui allait se développer à partir des années 1930. Elles montrent aussi un indéfectible attachement à l'idée de beauté pour tous. Bang veut bien que les Rockefeller aient des verres à pied, pourvu que Monsieur Tout-le-Monde boive dans de belles chopes à bière. À l'occasion, il crée de luxueuses pièces d'art – verres en cristal, coupes et shakers à cocktail délicatement gravés de motifs Art déco. **Per Lütken**, qui lui succède en 1942, va

rester chez Holmegaard jusqu'à sa mort en 1998. Au cours de ses cinquante-six années de « règne », il introduit les perfectionnements les plus récents et s'efforce de renouveler le verre à vin classique tout en restant fidèle aux procédés de fabrication traditionnels. Son modèle le plus connu, la coupe *Provence* (1955), montre comment il a révolutionné la verrerie grâce à ses inventions formelles. Très remarqué, ce parfait exemple du bon goût danois des années 1950 a conforté la réputation flatteuse d'Holmegaard à l'étranger. Pour Lütken, le design doit embellir la vie, et c'est pourquoi il s'attache à perpétuer dans son travail la simplicité, l'esprit d'équilibre et le savoir-faire propres à Holmegaard. En 1968, le fils de Jacob Bang, Michael, entre à son tour chez Holmegaard. Il dessine un certain nombre de modèles à succès, notamment les élégants verres à vin *Fontaine* de 1987 (dont les pieds contiennent des inclusions de bulles). Il signe aussi de la verrerie d'art et plusieurs luminaires, dont la lampe de table *Parasol* (1970). D'autres

designers ont travaillé pour Holmegaard depuis les années 1980. C'est le cas de Torben Jørgensen (né en 1945), Anja Kjær (née en 1956), Arje Griegst (1938–2016), Ann-Sofi Romme (née en 1957), Allan Scharff (né en 1945) et Peter Svarrer (né en 1957). Ces créateurs pionniers nourris de la traditionnelle simplicité du design danois ont su imaginer les formes nouvelles et expérimentales qui allaient incarner le design scandinave au début du XXIe siècle. Aujourd'hui, Holmegaard continue de développer leur héritage avec des créations belles mais simples, à l'esthétique durablement intemporelle.

Ci-contre de gauche à droite : Darryle Hinz, flûte à champagne *Neptun*, 1991 ; Arje Griegst, verre à pied *Xanadu*, 1983 ; Torben Jørgensen, verre à pied avec filigrane blanc, 1980 ; Michael Bang, verre à vin *Fontaine*, 1987 ; Michael Bang, verre à cocktail *Monte Carlo*, 1984

Ci-contre en bas : Bent Severin, verres de la série *Princess*, 1957

De gauche à droite : vase bleu de Bent Severin, coupe bleue de Henning Koppel, vase bleu de Nanna et Jørgen Ditzel, vase blanc de Henning Koppel et vase blanc de Nanna et Jørgen Ditzel, 1958–1960

Vaisselle *FK* pour Arabia, 1953

Ci-contre : Coupe en porcelaine *grains de riz* pour Arabia, 1943

friedl holzer-kjellberg

1905, Leoben, Autriche – 1993, Porvoo, Finlande

Née en Autriche, Friedl (Elfriede) Holzer-Kjellberg étudie à l'École des arts et métiers d'art de Graz. À la fin de ses études, elle s'installe à Helsinki et, en 1924, entre comme designer chez **Arabia**, dont elle deviendra par la suite directrice artistique en 1948. Ses créations de céramique sont couronnées par une médaille d'or à l'Exposition de Bruxelles en 1935, et par une médaille d'argent à l'Exposition internationale des arts et des techniques dans la vie moderne de 1937 à Paris. Holzer-Kjellberg travaillera dix ans pour mettre au point sa fameuse technique du *grain de riz*, qui consiste à découper minutieusement des motifs en forme de grains de riz dans une porcelaine très fine afin d'y laisser de délicates incisions. Celles-ci sont alors recouvertes d'un vernis incolore qui produit des zones subtilement translucides. Raffinées et extrêmement délicates, ses créations à grains de riz trahissent l'influence de l'art chinois et japonais, largement perceptible dans l'ensemble du design des céramiques scandinaves au XXe siècle. La collection *Grains de riz* (composée de toute une série de coupes et d'un service à thé) connaît un succès immédiat à son lancement au début des années 1940. Elle est restée en production chez Arabia jusqu'à environ 1974, et a dû être rééditée en 1986 à la demande de la clientèle. Outre ses objets en porcelaine, Holzer-Kjellberg a aussi signé de nombreuses pièces uniques en grès. Après avoir remporté une médaille d'or à la Xe Triennale de Milan en 1954 et la médaille Pro Finlandia en 1966, elle a poursuivi sa collaboration avec Arabia jusqu'en 1970.

Chaises *Ensemble* pour Fritz Hansen, 1992

alfred homann *1948, Copenhague – 2022, Danemark*

Architecte et designer industriel prolifique et très connu au Danemark, Alfred Homann a obtenu son diplôme d'architecte à l'Académie royale danoise des beaux-arts en 1976. De 1972 à 1979, il travaille dans l'agence de design de Vilhelm Wohlert (1920–2007), qui comme d'autres de sa génération, aborde l'architecture dans sa globalité et s'investit à fond dans tous les aspects du projet, depuis le gros œuvre jusqu'au mobilier en passant par l'éclairage, dans un souci constant de qualité. C'est chez Wohlert qu'Homann dessine ses premiers luminaires. Ils le rendront célèbre. Quand il crée sa propre agence d'architecture et de design industriel en 1978, c'est naturellement dans une optique de maîtrise globale de chacun de ses projets. Ainsi, il dessine son applique *Homann* (1981) et sa série de lampes *Strata* (1988), spécifiquement pour le chantier de rénovation urbaine du quartier de Nyhavn. Qu'il dessine un éclairage extérieur ou un meuble, Homann recherche toujours « la simplicité, la clarté et la logique », car il est convaincu que les meilleurs produits sont ceux qui ont été initialement conçus pour un contexte précis et qui sont ensuite transformés en produits manufacturés standard (les lampes *Homann* et *Strata* seront éditées par **Louis Poulsen**). En 1992, Homann présente sa chaise multi-usages *Ensemble* dessinée pour **Fritz Hansen.** Le succès est immédiat, et *Ensemble* est couronné par le prix allemand Red Dot. La coque ondulée d'un seul tenant est moulée par injection dans un polymère recyclable spécial et fait appel à une technique de construction innovante qui crée des poches d'air à l'intérieur pour économiser le matériau et diminuer le poids de la chaise. En plus de bien caler les reins et d'offrir une certaine élasticité, la surface de la chaise est agréable au toucher. Bref, cette chaise empilable et pratique spécialement conçue pour des collectivités convient tout aussi bien aux cafétérias, salles de conférence, bureaux et salles d'attente. Comme les lampes éditées par Louis Poulsen, les meubles de Homann

Ci-dessous : Suspension *Nyhavn* pour Louis Poulsen, 1986

En bas : Borne lumineuse *Homann* pour Louis Poulsen, 1992

Réverbère *Nyhavn* pour Louis Poulsen, 1984

pour Fritz Hansen, Rudd International USA et Labofa se caractérisent par une attention au détail et une qualité qu'on retrouve du reste souvent dans le design industriel danois. En plus du design d'objets, Homann a travaillé à de nombreux projets architecturaux (constructions et rénovations). Il a réalisé des maisons particulières, des immeubles des logements et des bâtiments publics, plus particulièrement pour DSB (Chemins de fer danois).

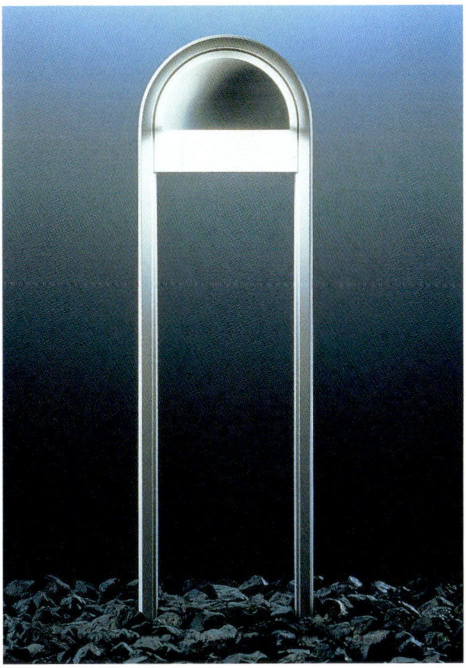

Coupe en verre bleu pour Karhula, années 1930

Ci-contre : Verres de la collection *Aarne* pour Karhula, 1949–1950

göran hongell

1902, Helsinki – 1973, Helsinki, Finlande

Fils d'un entrepreneur en bâtiment, Göran Hongell étudie la peinture décorative à l'École d'art et de design d'Helsinki de 1919 à 1922. À l'époque, cette discipline prépare aux métiers d'art, à des carrières de directeur artistique pour l'industrie, ou encore au professorat dans une quelconque École des beaux-arts. La Finlande se cherche un style national, nouveau et distinct (conséquence de son indépendance nouvellement acquise) et veut améliorer la qualité esthétique de ses produits manufacturés. C'est dans ce contexte que Hongell devient membre de l'Association finlandaise des arts décoratifs en 1924. En 1927, la revue de l'association publie un article élogieux d'Arttu Brummer (1891–1951), sur l'idée du « bel objet pour tous les jours », ardemment défendue par l'Association suédoise du design et des métiers d'art. Peu après, Hongell et le peintre décorateur Gunnar Forsström ouvrent un atelier de design spécialisé dans la décoration murale et le vitrail. En 1928, ils arrivent en quatrième position à un concours intitulé « des verres beaux et pratiques pour tous les jours » organisé par les verreries **Riihimäki**. En 1932, Hongell reçoit le troisième prix à un concours du même genre lancé par la verrerie Karhula, pour son vase *Congorilla*, décoré de simples motifs marins, et la même année il présente une série de pièces en verre moulé noir émaillées d'argent à l'exposition de l'Association finlandaise des métiers d'art et du design. Toujours en 1932, il devient conseiller artistique de la maison Karhula, qui va éditer ses insolites objets décoratifs en verre noir à motifs classiques et les présenter à la Ve Triennale de Milan en 1933. Dans la première moitié des années 1930, Hongell dessine pour Karhula de nombreuses pièces en verre gravé et taillé qui exploitent habilement les qualités optiques du matériau. Mais c'est seulement en 1937 qu'il dessine des modèles en verre pressé pour la grande industrie. Dans les années 1940 et 1950, son style se dépouille progressivement, les formes se simplifient, les surfaces deviennent lisses

et sans motif décoratif. Les créations les plus connues de cette époque sont les vases en verre dans les tons vert d'eau créés spécialement pour l'exportation et surtout les verres *Aarne* (1949–1950), toujours au catalogue d'**Iittala**, que le journal *Hufvudstadsbladet* décrit en 1951 comme un « compromis entre le verre à pied et le bon vieux gobelet de base. Il tient bien dans la main et a un côté festif ». Hongell prend sa retraite en 1957. En 1973, un an après sa mort, le musée du Verre de Karhula organise une rétrospective de son œuvre. Bien que moins connu que ses cadets **Timo Sarpaneva** et **Tapio Wirkkala** ; Hongell fut l'un des pionniers du verre industriel en Finlande, l'un des premiers designers scandinaves à dessiner des verres « ordinaires » de qualité, très fonctionnels, mais aussi d'une grande sensibilité artistique.

Publicité américaine présentant une coupe en cristal taillé de Göran Hongell, fin des années 1930

Vases *Pantteri* pour Nuutajärvi, 1954

Ci-contre en haut : Verres *Modèle n° 1718* pour Nuutajärvi, vers 1951

Ci-contre en bas : Carafe *Modèle n° 1618* et verres *Modèle n° 1718* pour Nuutajärvi, vers 1951

saara hopea

1925, Porvoo – 1984, Porvoo, Finlande

La Finlandaise Saara Hopea étudie la décoration intérieure à l'École des arts appliqués à Helsinki. Elle travaille en free-lance de 1946 à 1949. En 1952, elle entre chez le fabricant de céramiques **Arabia**, où pendant sept ans elle est l'assistante de **Kaj Franck**. En 1954, elle présente son travail à côté de celui de Franck à une exposition à Helsinki, puis participe à d'autres expositions majeures, dont « H55 » à Helsingborg en 1955. Pour Arabia, elle dessine plusieurs céramiques insolites, dont le plateau à hors-d'œuvres *Astarté*, nommé d'après la déesse phénicienne de la fécondité aux multiples seins, et composé d'un assemblage de neuf bols. Elle remporte la médaille d'argent aux Xe et XIe Triennales de Milan (1954 et 1957) pour ses poteries. Dans les années 1950, elle dessine des objets pour **Nuutajärvi**, dont certains, comme le pichet en verre moulé et les verres empilables (médaille d'argent à la Xe Triennale de Milan en 1954) doivent être fabriqués en série. Ses modèles se déclinent dans une palette de couleurs sourdes. Hopea signe aussi de la verrerie d'art, dont ses vases tachetés *Pantteri*. Elle dessine de l'argenterie pour l'entreprise familiale de Porvoo. En 1960, elle épouse l'Américain Oppi Untracht, et émigre aux États-Unis où elle dessine des pièces d'argenterie, notamment pour la maison Potter et Mellen Inc. Son mari lui enseigne les techniques de l'émail et elle crée des coupes et des plats en cuivre ornés de motifs en émail. De retour en Finlande en 1967, elle continue à produire jusqu'en 1980. Le travail de Hopea ne révèle pas seulement son incontestable maîtrise des matériaux, des formes et des techniques de fabrication. Il témoigne aussi du rôle décisif joué par les femmes dans le design scandinave, une contribution qui a favorisé une vision plus humaniste du design, en particulier dans la production industrielle.

Siège *Stuns* pour Innovator Design, 1973

johan huldt & jan dranger

1942, Stockholm – 2016, Suède / 1941, Stockholm – 2016, Suède

Jan Dranger

La jeunesse des années 1960 est convaincue que l'action collective est plus efficace que tous les actes individuels. Les manifestations contre la guerre du Vietnam et les révoltes étudiantes de 1968 sont autant d'expressions concrètes de cette idéologie. Beaucoup de jeunes designers sont séduits par l'idée du travail en équipe, notamment en Suède, pays déjà marqué par une longue histoire de coopératives et de collectifs de toutes sortes. À la fin des années 1960, quatre étudiants de l'École des beaux-arts, des métiers d'art et du design et de l'institut de technologie de Stockholm – Johan Huldt, Jan Dranger, Martin Eisermann et Jan Ahlin – s'associent pour créer Dux4yra. Leurs premiers travaux sont des meubles en plastique ou en carton. Sur ce, le fabricant de meubles suédois Dux les invite à venir utiliser sur place ses machines à cintrer les tubes. Cette offre tombe à point nommé : le tube métallique semble justement le matériau qui sert le mieux leur objectif : produire des meubles prêts à monter, fonctionnels et à portée de toutes les bourses. Comme le note Kerstin Wickman : « L'idée américaine du « faites-le vous-même » s'était imposée ; désormais, il devait être aussi facile d'acheter un meuble que de faire ses courses au supermarché. » La question agitait beaucoup les milieux du design dans ces années-là. Après l'obtention de leur diplôme en 1968, deux membres du groupe, Johan Huldt et Jan Dranger, créent la fabrique de meubles Innovator Design (1969), qui fait une percée internationale en présentant le siège *Stuns* au Salon du meuble de Cologne en 1973. Simple et fonctionnel, ce fauteuil en tubes métalliques, à sangles en toile et à rembourrage en polyuréthane, préfigure le nouveau style international high-tech. Il est vendu démonté à plat dans un carton, de sorte que l'acheteur peut l'emporter dans le coffre de sa voiture. Détail intéressant, Johan Huldt a grandi au milieu des meubles *Trivia* (1943) dessinés par Elias Svedberg et Erik Wørts, précurseurs du mobilier suédois en kit. Wørts deviendra d'ailleurs l'une des têtes pensantes d'**IKEA** dans les années 1950. Les meubles de Huldt et Dranger se déclinaient en cinq couleurs (jaune, orange, vert, brun et noir). Ils étaient dotés de boutons et de poignées chromées. Ils furent particulièrement bien accueillis en France, où ils étaient diffusés par Habitat et Roche Bobois. Gaie, bon marché et facile à monter, la collection *Innovator* de chaises et de tables projetait une image jeune et moderne. Le mobilier d'Innovator Design s'écartait certes de l'esthétique du bois naturel chère au design scandinave. Reste qu'il réinterprétait à sa manière le modernisme suédois des années 1930, qui n'avait pas hésité à explorer le potentiel de matériaux industriels comme l'acier ou le verre. En fait, les meubles de Huldt et Dranger signalent un nouvel internationalisme dans le design scandinave. Qui plus est, ils sont distribués comme des produits génériques, anonymes, pour contrecarrer le culte du sigle qui commence déjà à sévir dans les années 1950 et 1960. À la fin des années 1970 et au début des années 1980, ils sont si demandés qu'Innovator Design construit quatre usines à l'étranger différentes et demande à IKEA d'assurer la diffusion de ses produits. En 1974, Huldt est nommé directeur du groupe de recherche sur le mobilier suédois, poste qu'il occupera pendant deux ans. Il assure également la présidence de l'association suédoise des architectes d'intérieur. L'ONU le consulte pour l'aménagement de ses bureaux. En 1994, il est nommé directeur de la Commission du design suédois. Les meubles *Innovator* sont tellement pillés, copiés, plagiés qu'Huldt finit par mener une campagne pour le respect du droit intellectuel en matière de design. Depuis le milieu des années 1980, Jan Dranger collabore avec IKEA et privilégie le design durable. En 1999, il reçoit le prix du design écologique à la Foire internationale de Hanovre pour son siège gonflable *softAir*. Éditée par News Design DFE, la collection *softAir* comprend un divan qui utilise 83 % de matériaux en moins qu'une version rembourrée et qui occupe 10 % d'espace en moins pour le transport et le stockage. Bon marché, solide et respectueuse de l'environnement, elle est vendue par IKEA.

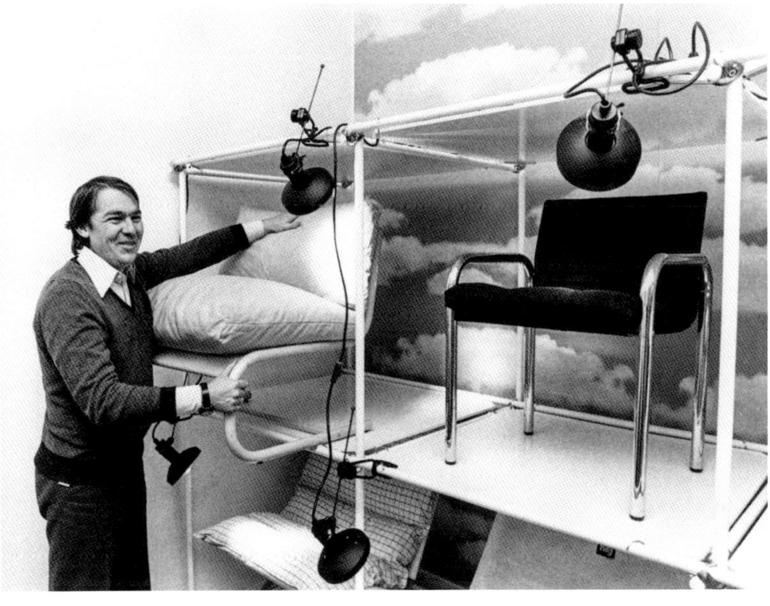

Johan Huldt et les chaises *Stuns*

Table *AX* pour Fritz Hansen, vers 1950

Ci-contre : Fauteuil *AX* pour Fritz Hansen, 1950 – version fabriquée en série

peter hvidt & orla mølgaard-nielsen

1916, Copenhague – 1986, Copenhague, Danemark

1907, Ålborg – 1993, Hellerup, Danemark

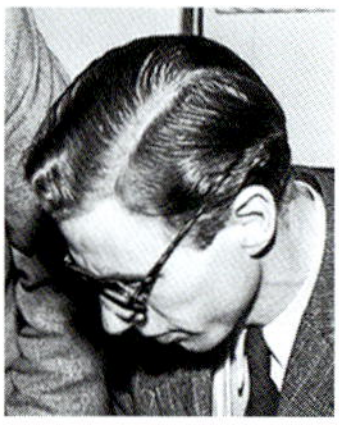

Après son apprentissage dans l'atelier des frères Nielsen à Ålborg, Orla Mølgaard-Nielsen apprend l'ébénisterie à l'École des métiers d'art de Copenhague. Il s'inscrit ensuite à l'Académie royale danoise des beaux-arts de Copenhague, dans la section mobilier et aménagement intérieur, où il est l'élève de **Kaare Klint** et acquiert de solides connaissances en anthropométrie, science relativement jeune qui consiste à prendre scientifiquement les mensurations du corps humain et de ses diverses parties. Auprès de Klint, il apprend aussi à appliquer ses nouvelles connaissances dans la conception de ses meubles. Après ses études universitaires, il travaille dans divers cabinets d'architectes – en particulier Kaare Klint, Bent Helweg-Møller, **Arne Jacobsen**, et Palle Suenson (1904–1987). Entre 1944 et 1975, il travaille en partenariat avec son ex-condisciple Peter Hvidt (diplômé en 1940, qui a ouvert son agence de design en 1942). L'un des premiers fruits de cette collaboration est la *Portex* (1944), chaise en teck empilable de style moderne, l'une des premières de ce type au Danemark et l'un des premiers meubles danois conçus dans une optique de fabrication industrielle. La *Portex* est fabriquée par Foreningen for Møbelexport. Légère et peu encombrante, elle est proposée avec ou sans accoudoirs, et avec un coussin de siège rembourré en option. Hvidt et Mølgaard-Nielsen collaborent aussi avec le grand fabricant de meubles danois **Fritz Hansen,** pour qui ils dessinent des meubles en bois lamellé-collé. La technique du lamellé-collé est alors très nouvelle, du moins pour les meubles : elle consiste à coller des lamelles de hêtre superposées sur un noyau d'acajou, comme on le fait déjà pour les raquettes de tennis. Le fauteuil *AX* (1947) est le premier meuble danois à employer cette

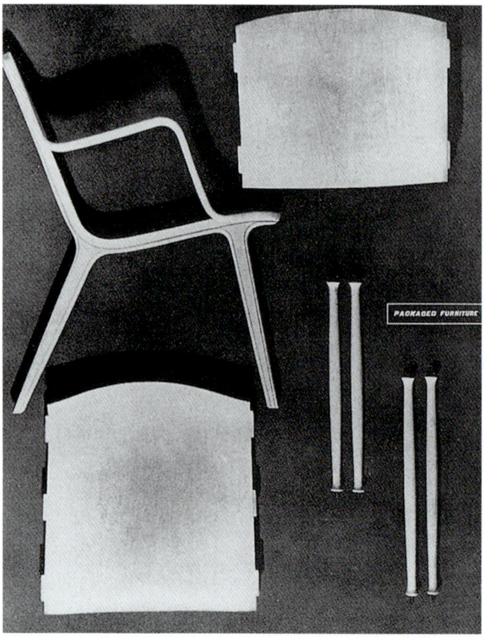

Ci-dessus à gauche : Éléments non montés du fauteuil *AX* pour Fritz Hansen, vers 1950

Ci-dessus à droite : Fauteuil *AX* pour Fritz Hansen, 1947 – cette version initiale comportait un coussin de siège et de dossier en cuir sanglé et matelassé

Ci-contre : Fauteuil en teck et papier tressé pour Søborg Møbelfabrik, vers 1956

technique. Dans la première version, l'assise et le dossier sont recouverts de cuir matelassé et sont attachés par des sangles au châssis en lamellé-collé. Les versions plus tardives sont modifiées pour les besoins de la production en série. À partir de 1950, l'*AX* se compose d'un châssis en teck et hêtre laminé, et d'une assise et d'un dossier en contreplaqué moulé avec placage en teck. Bien que surtout connu comme fauteuil, l'*AX* était aussi proposé avec un seul ou sans accoudoir. Des tables viennent compléter cette série de sièges. Détail important, l'*AX* peut être vendu démonté ; il est donc facile à transporter et n'est pas trop coûteux à fabriquer. Ce sera un *best-seller* en Scandinavie dans les années 1950. L'*AX* accumule les prix. Il reçoit notamment des diplômes d'honneur aux IXe et Xe Triennales de Milan (1951 et 1954) et le grand prix de l'exposition Good Design en Amérique en 1951. Dans les années 1950, Hvidt et Mølgaard-Nielsen dessinent pour France & Son et pour Søborg Møbelfabrik des fauteuils en teck qui regardent du côté des meubles sculpturaux de **Finn Juhl**. En 1961, ils créent pour Fritz Hansen le *X*, un fauteuil en bois lamellé-collé et assise en jonc tressé.

Dans la nouvelle version de 1977, l'assise est rembourrée, et des attaches latérales permettent de former une banquette par assemblage de plusieurs unités. À partir de 1970, Hvidt et Mølgaard-Nielsen collaborent avec le designer Hans Kristensen. Avec leurs meubles de qualité, innovants sur le plan technique, et accessibles à tous (par exemple le *best-seller AX)*, ils ont contribué au rayonnement international de ce style scandinave à la fois décontracté et moderne tellement en vogue dans les années 1950 et 1960.

Alvar Aalto, vase *Savoy* pour Karhula, 1936 – exemplaire issu des premières productions dans les années 1930

Ci-contre : Timo Sarpaneva, vase *Lansetti II*, 1952

iittala

création : 1881, Iittala, Finlande

Historiquement, la verrerie Iittala a contribué à définir l'identité du design finlandais, et sa verrerie contemporaine continue de promouvoir la qualité esthétique qui va depuis longtemps de pair avec les produits made in Finland. En 1881, le maître souffleur suédois Per Magnus Abrahamsson crée la verrerie Iittala près de Kalvola. Les premiers souffleurs de verre qu'il recrute sont Suédois, mais les produits qui sortent de son usine, essentiellement des verres de ménage tout simples, révèlent des influences venues d'ailleurs en Europe. Après des débuts difficiles, la verrerie va finalement se faire une réputation avec des produits de grande qualité, dont certains sont gravés par Alfred Gustafsson de motifs patriotiques à la gloire du combat de la Finlande pour l'autonomie culturelle et politique. Durant la Première Guerre mondiale, Iittala connaît des difficultés financières, et en 1917 son principal actionnaire doit céder ses parts à la verrerie Karhula, propriété à l'époque du groupe Ahlström. Si elle perd son indépendance commerciale, Iittala va en revanche bénéficier de la capacité d'investissement de ce grand groupe industriel. Car Ahlström apporte de nombreuses améliorations dans l'usine, et la verrerie Karhula va continuer à avoir un rôle important dans ses activités. L'usine fabrique des produits industriels sous la marque Karhula-Iittala, mais à partir des années 1930, Iittala se concentre surtout sur le verre soufflé et les pièces d'art en série limitée. Ainsi, les célèbres verres fonctionnels d'**Aino Aalto** (1932) et le célébrissime vase *Savoy* d'**Alvar Aalto** (1936) furent d'abord fabriqués par Karhula mais seront plus tard repris par Iittala. En 1946, Iittala organise un concours de verrerie d'art contemporaine et recrute les deux lauréats, **Tapio Wirkkala** et **Kaj Franck**. Le non-conformisme de ces nouveaux venus annonce un tournant pour Iittala et une ère nouvelle pour le design du verre finlandais. Ainsi, le célèbre vase *Kantarelli* de Wirkkala (1946), inspiré par les étals de girolles du marché de Helsinki, signale la renaissance des formes sculpturales

En haut à gauche: Tapio Wirkkala, coupe *Modèle n° 3336,* 1952 – ancienne photo publicitaire

En haut à droite: Timo Sarpaneva, vase *Lansetti II*, 1952

Ci-contre en bas: Markku Salo, bougeoir *Nappi*, 1998

dans le design scandinave de l'époque. En 1950, Franck quitte Iittala, et la même année, **Timo Sarpaneva** intègre l'équipe de design de la maison. Comme Wirkkala, il s'essaie à des formes et des techniques nouvelles qui rehaussent encore l'image internationale d'Iittala, en particulier à la Triennale de Milan, et font mieux connaître le design finlandais en général. Dans les années 1950, Sarpaneva dessine des pièces de verrerie d'art très sculpturales, qui sont réalisées avec une technique de son invention, le soufflage du verre à la vapeur. Vers le milieu de la décennie, il signe la première collection moderne de verres utilitaires d'Iittala. La *i-collection*, comme on l'appelle, est le fruit de deux années de recherche intensive. Elle se veut un trait d'union entre la verrerie d'art et le verre industriel. Ses délicates couleurs fumées et ses formes simples lui donnent une beauté à la fois sophistiquée et primitive. Dans les années 1960, Iittala produit plusieurs séries de verres dépolis, particulièrement les vases de Sarpaneva baptisés *Finlandia* (vers 1964) et Ultima Thule (1968), le *best-seller* de Wirkkala, qui influenceront considérablement les maîtres verriers dans les années 1960 et 1970. En 1971, la firme construit une nouvelle usine de luminaires et ouvre un musée du Verre, mais pour Iittala et les autres verreries finlandaises indépendantes, le début des années 1970 est douloureusement marqué par la récession mondiale et la prolifération de médiocres copies étrangères de leurs plus belles pièces. Au milieu des années 1970, les verres à surface polie sont de plus en plus en vogue, et les designers d'Iittala vont faire appel à des techniques inédites, par exemple le verre « bullé » pour la collection *Archipelago* de Sarpaneva (1978). Les verres à vin *Kaveri* (1979) dessinés par Jorma Vennola (née en 1943) vont jusqu'à marier des coupes en verre blanc et des pieds en plastique interchangeables. À la fin des années 1980 et au début des années 1990, deux

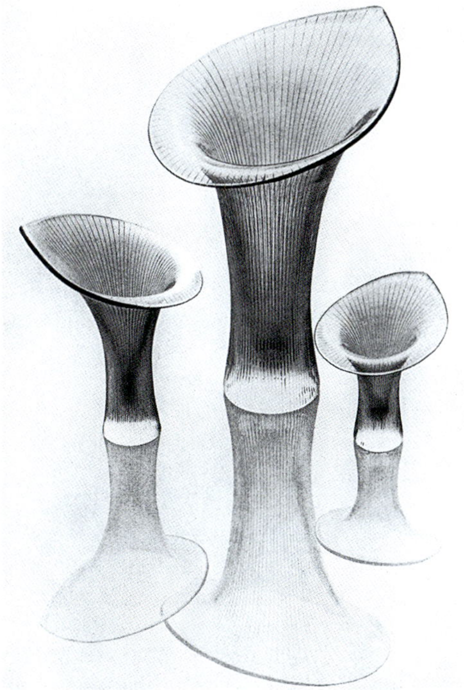

nouveaux designers rejoignent l'équipe de design de Iittala, Tiina Nordström (née en 1957) et Markku Salo (né en 1954), auteurs de remarquables créations pour la production de masse ou en exemplaire unique. Tiina Nordström dessine *Major*, un vase-lanterne votive (1994), pour donner une expression concrète au verre, qu'elle décrit comme « le matériau immatériel ». En 1990, la maison Iittala est rachetée par le groupe **Hackman**, ce qui lui ouvre des débouchés internationaux. Elle commande des pièces à des designers étrangers tels que Konstantin Grcic (né en 1965) et Marc Newson (né en 1963). Depuis 1996, le très talentueux designer finlandais Harri Koskinen travaille pour Iitala, et avec d'excellents résultats, en particulier son vase-chandelier *Atlas* (1996) et le grand photophore *Relations* (1999), typiques de l'innovation et l'art qui sont depuis si longtemps les marques distinctives d'Iittala. Afin de mieux coller à son temps, à l'évolution des styles de vie et l'aspiration à un habitat fonctionnel, la maison mère d'Iittala a lancé en 2002 une ligne de produits pour cuisiner et recevoir qui rassemble ses quatre marques scandinaves **Arabia**, Hackman, Iittala et **Rörstrand** sous la nouvelle marque commune Iittala. À la suite de cela, le groupe Iittala est acquis par Fiskars en 2007, et depuis, la marque ne cesse de gagner de nouveaux publics grâce à de nouvelles collaborations.

En haut à gauche : Souffleur de verre au travail dans l'usine Iittala, années 1950

En haut à droite : Tapio Wirkkala, vases Kantarelli, *Modèle n° 3280*, 1948

ikea

création : 1943, Älmhult, Suède

Ingvar Kamprad, fondateur d'IKEA

Nulle autre entreprise n'a autant fait pour la renommée du design scandinave que IKEA, fabricant depuis plus de soixante-dix ans de meubles et d'articles d'esprit très démocratique basés sur la trinité « forme, fonction et prix abordable ». Dès le début, IKEA embrasse une philosophie typiquement suédoise inspirée du précepte socialiste selon lequel « ceux qui ne sont pas riches doivent avoir les mêmes chances que ceux qui le sont », ce qui dans le cas d'IKEA signifie pouvoir posséder des meubles à la fois bien conçus et bon marché. L'origine de cette entreprise hors du commun devenue une grande société internationale remonte à 1943, quand le jeune Ingvar Kamprad, alors âgé de dix-sept ans (1926–2018) fonde IKEA en empruntant £ 150 à son père. L'entreprise est située dans la ville d'Älmhult, à quelques kilomètres du village de Kaprad, dans la région Smäland, une des plus pauvres de Suède. Il vend d'abord toutes sortes de produits par correspondance, des bas comme du savon à bestiaux.

En 1951, IKEA commence à vendre des meubles à prix d'usine dans des catalogues de VPC. Cette démarche va susciter tellement de résistance de la part des milieux de l'ameublement suédois, que la jeune entreprise n'aura pas le droit d'exposer à la grande foire du meuble de Stockholm et que les fournisseurs menaceront de la boycotter. Kamprad note alors que la plupart des meubles et objets « design » sont extrêmement onéreux, et décide de fabriquer des produits pratiques et bien dessinés que tout le monde ou presque peut s'offrir. Pour mener à bien sa mission sociale de démocratisation du design, il s'attelle à trois priorités essentielles – l'esthétique, la fonction et à la fabrication en grande série. Dans les années 1950, il recrute ses premiers designers, Gillis Lundgren, Bengt Ruda et Erik Wørts qui, tout en restant dans l'idiome moderniste, dessinent des meubles à monter soi-même, un progrès révolutionnaire dans le design du meuble pour la maison. La bibliothèque *Regal* (1959) dessinée par Lundgren est l'un des

Gillis Lundgren, fauteuil *Tajt*, 1973 – le fauteuil pouvait être transformé en un lit à une place

Ci-dessous : Page du catalogue IKEA – avec le fauteuil *Tajt* par Gillis Lundgren, 1973

Ci-contre : Couverture du premier catalogue IKEA, 1951

premiers produits d'IKEA vendus en paquets plats. À la même époque, les designers d'IKEA développent le concept du « système modulaire », à savoir des éléments modulables et combinables et non plus des produits sans rapport les uns avec les autres. Du coup, IKEA se lance dans les meubles coordonnés et les aménagements intérieurs intégrés, un exemple précoce et significatif de la commercialisation d'un style de vie. L'avènement des panneaux d'aggloméré dans les années 1960 marque pour de bon l'arrivée des meubles à bon marché et a un impact considérable sur la production d'IKEA. Matériau peu coûteux et relativement durable, le panneau en aggloméré est très largement utilisé pour toutes sortes de meubles à monter soi-même, comme c'est encore le cas actuellement. Dans les années 1970, dans un climat mondial d'incertitude générale, IKEA va pourtant prospérer en proposant des meubles fonctionnels, peu coûteux et jeunes. C'est l'époque du plastique, tel le lampadaire *Telegono* (1970) dessiné par le designer d'avant-garde italien Vico Magistretti (né en 1920). Mais tout au long de son histoire, IKEA a surtout voulu réinterpréter les classiques du design, de l'omniprésente chaise de bistro Thonet à la chaise en plastique empilable *Polyprop* de Robin Day (né en 1915). Les années 1970 étant aussi la décennie du pin naturel et des tissus aux couleurs vives, IKEA va développer ce style décontracté dans ses collections pour les plus jeunes. Dans les années 1980, le catalogue s'enrichit de meubles plus chic mais tout aussi pratiques, dessinés entre autres par Niels Gammelgaard, dont la table *Moment* (1987) remporte le prix d'excellence

Tord Björklund, table/table roulante *Bogen*, 1986

Ci-dessous : Knut Hagberg & Marianne Hagberg, collection de meubles pour enfants *Puzzel*, 1988 – lauréate du Excellent Swedish Design Award en 1988

Ci-contre : Ole Gjerlöv-Knudsen & Torben Lind, siège *Skopa*, 1974

Ci-dessous : Couverture du catalogue IKEA anglais, 1989

Ci-dessus : Noboru Nakamura, fauteuil *Poem*, 1977 – bien qu'il ait été dessiné par un designer japonais, ce fauteuil est « si puissant, si blond, si typiquement scandinave » qu'il est resté pendant des années au catalogue IKEA »

Karin Mobring, fauteuil *Diana*, 1972

du design suédois. Est également récompensée la collection *Puzzel* de meubles pour enfants (1988) dessinée par Knut et Marianne Hagberg, une série de meubles très simples, déclinés dans les couleurs primaires, et qui connaîtra un succès phénoménal. Dans les années 1990, 2000 et 2010, IKEA poursuit son expansion internationale et popularise sa version du modernisme scandinave. Aujourd'hui, le groupe IKEA possède 463 magasins dans 63 pays. En 2023, le chiffre d'affaires total des ventes au détail de la société s'est établi à 46,7 milliards d'euros, dont 74 % restent générés par les achats en magasin. Malgré ces chiffres impressionnants, l'entreprise ne se repose pas sur ses lauriers et cherche activement à réduire son impact sur l'environnement avec des créations innovantes et de nouveaux matériaux. Comme l'a prédit le théoricien du design Victor Papanek : « Une chose est sûre : IKEA va rester un leader – sur les plans écologique, social et culturel – en matière de fabrication d'objets fonctionnels, séduisants et abordables. »

Ci-dessous : Page extraite du catalogue IKEA anglais 2002 présentant le système de rangements *best-seller Billy* qui a été dessiné en interne et lancé en 1978 pour la première fois

BILLY

£39/ea
BILLY bookcase

A best seller, in anyone's books

Clean design lines, high level versatility and low level prices have kept BILLY at the top of the sales list for over twenty years.
Just look what you get for your money. Two different heights, two widths, beech, birch or new medium brown ash veneer and a range of finishes. Low doors or glass high doors, shelf inserts and height extension units. For something novel, this year we've introduced decor edging which you can just add to an existing Billy bookcase. Functional, low cost design? We wrote the book at IKEA.

100

Ci-dessus : Morten Kjelstrup & Allan Østgaard, chaise pour enfants *Mammut*, 1993

Ci-dessous : Thomas Sandell, meuble de rangement sur roues *PS*, 1995

Louis Sparre, projet de salle de séjour, 1903

iris workshops

création : 1897, Porvoo, Finlande

Comme les autres coopératives artistiques de la fin du XIXe siècle, en particulier la Guild of Handicraft en Angleterre (fondée en 1888), le Dresdner Werkstätten für Handwerkskunst en Allemagne (fondé en 1898), et le Wiener Werkstätte en Autriche (fondé en 1903), les ateliers Iris produisent des articles de style Art nouveau, bien dessinés, et destinés à un usage quotidien. Ils vendent la production de leur manufacture de Porvoo à Helsinki, mais malgré leur enthousiasme (que partageront bien d'autres entreprises appliquant un design réformiste), l'aventure ne dure que cinq ans. La création des ateliers Iris par Louis Sparre (1866–1964), dessinateur de meubles né en Suède, le célèbre artiste suédo-finlandais Axel Gallén (1865–1931), qui a adopté le nom à consonne plus finnoise de Akseli Gallén-Kallela, et le céramiste anglo-belge Alfred William Finch (1854–1930), ami du célèbre architecte et designer Art nouveau Henry van de Velde (1863–1957), doit être replacée dans le contexte des puissants mouvements nationalistes qui émergent dans les pays scandinaves dans les années 1890, et qui exaltent avec romantisme la nature et l'histoire. Bref, les fondateurs d'Iris ne cherchent pas seulement à réformer le design, et par conséquent le goût du public, mais s'efforcent aussi délibérément de forger l'identité culturelle finlandaise. Les ateliers Iris sont en fait la toute première entreprise fondée dans ce but précis. Durant sa brève mais féconde existence, la manufacture a reçu et exécuté de nombreuses commandes venues de Finlande et de Russie. Elle a aussi mis ses produits en vente à Saint-Pétersbourg et dans deux grandes galeries parisiennes défendant l'Art nouveau : L'Art nouveau de Siegfried Bing et La Maison moderne de Julius Meier-Graefe. Les ateliers Iris fabriquent des céramiques, des textiles, des objets en métal et des meubles dans l'esprit Arts & Crafts, autant de produits qui conviennent parfaitement aux appartements des nombreux immeubles fin-de-siècle Art nouveau qui se construisaient à Helsinki et dans ses environs, les

Alfred William Finch, vase, pot à couvercle et pichet en faïence, vers 1897–1902

Ci-dessous: Alfred William Finch, vase en faïence, vers 1897–1902

plus remarquables étant ceux du cabinet d'architectes **Eliel Saarinen**, Herman Gesellius (1874–1916) et Armas Lindgren (1874–1929). Des céramiques en terre cuite de style traditionnel aux sinueux motifs organiques de Finch et aux meubles à la fois rustiques et élégants de Sparre, les ateliers entendent promouvoir une esthétique sans prétention fondée sur un traitement honnête des matériaux utilisés, une caractéristique qui est restée un trait dominant du design scandinave. Comme les autres coopératives militantes d'Angleterre et d'Allemagne, les ateliers Iris allaient souvent chercher la forme de leurs articles ménagers dans la tradition locale, dont ils appréciaient la simplicité. De tels objets n'avaient cependant que peu ou pas d'impact sur le design des produits vendus aux classes laborieuses. À vrai dire, les créations d'Iris étaient presque entièrement le domaine réservé de l'élite intellectuelle, qui savait apprécier la philosophie des créateurs et qui avait également les moyens de s'offrir ces coûteuses fantaisies. En 1900, les ateliers Iris présentent à l'Exposition internationale de Paris une chambre aménagée par Gallén-Kallela, qui remporte une médaille d'or. Bien que connue et admirée dans le monde entier, la manufacture Iris n'est pas fiable financièrement et devra fermer ses portes en 1902. Bien qu'éphémère, sa production à la fois modeste et sophistiquée a été un modèle idéologique pour le développement ultérieur du design scandinave, et elle a incarné une interprétation toute finlandaise du style Art nouveau.

Tissu *Unikko* (Coquelicot) pour Marimekko, 1960

Ci-contre : Tissu *Lokki* (Mouette) pour Marimekko, 1961

maija isola

1927, Riihimäki – 2001, Riihimäki, Finlande

La créatrice de tissus finlandaise Maija Isola étudie la peinture à l'École des beaux-arts et du design d'Helsinki de 1946 à 1949. Entre 1949 et 1960, elle est designer en chef du fabricant de textile finlandais Printex fondé par Viljo Ratia (1911–2006), et dont le directeur artistique est Armi Ratia (1912–1979). Elle dessine alors pour la marque Printex de nombreux tissus d'ameublement imprimés. À partir de 1951, elle fait de même pour **Marimekko**, société sœur de Printex créée pour promouvoir l'usage des tissus Printex dans la mode et la décoration intérieure. Entre les mains de Maija Isola, une simple toile de coton bon marché est métamorphosée en un élégant tissu imprimé de vigoureux motifs abstraits. Ses tissus d'habillement et d'ameublement pour Marimekko, ainsi que ses textiles pour Printex sont présentés à l'exposition Design in Scandinavia qui a tourné aux États-Unis et au Canada de 1954 à 1957. En 1958, son travail est présenté à l'exposition « Formes scandinaves » à Paris et à l'Exposition universelle de Bruxelles. L'année suivante, ses tissus commencent à être diffusés aux États-Unis, où l'on admire leur originalité. Les premiers dessins d'Isola s'inspirent de l'art africain qu'elle a découvert lors d'un voyage en Norvège en 1949. Au début, ils sont exécutés avec des crayons de couleurs vives, et leurs motifs s'enrichiront plus tard des rayures peintes à la main. Au milieu des années 1950, Isola dessine des tissus à motifs floraux. À la fin des années 1950, elle crée aussi des tissus influencés par l'art populaire slovaque, et dix ans plus tard, elle s'inspirera des motifs traditionnels des paysans de Carélie. Beaucoup de ses tissus imprimés en sérigraphie sont des transpositions de son travail artistique. C'est au milieu des années 1960 qu'elle produit sa célébrissime collection de cotons imprimés de grands motifs géométriques multicolores. Ces créations pleines d'audace, telles que *Kaivo* (1964), *Melooni* (1963) et *Cock and Hen* (1965), reflètent les courants artistiques de l'époque, et plus particulièrement l'influence des peintres du mouvement

Colour Field aux États-Unis. Cette série de tissus au graphisme puissant en est venue non seulement à symboliser les textiles de Marimekko, mais aussi à donner une nouvelle orientation au design finlandais. Maija Isola a reçu le prix ID en 1965 et 1968, et jusqu'à il y a peu travaillait en partenariat avec Fujiwo Ishimoto (né en 1941), l'un des rares designers maison de Marimekko. Largement exposés à travers l'Europe, les États-Unis et l'Australie, ses tissus aux couleurs saturées et aux motifs élémentaires ont exercé une immense influence sur le design textile contemporain. Ils sont aujourd'hui plus populaires que jamais et ont profité eux aussi du regain d'intérêt dont a bénéficié le design nordique pendant trente ans, à partir des années 1960 et 1970.

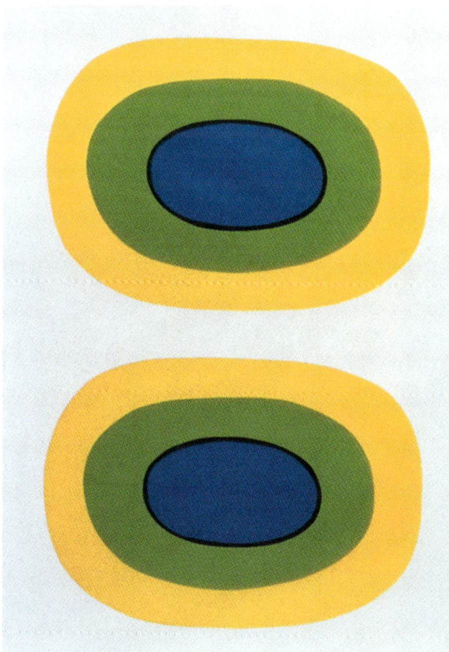

Tissu *Melooni* (Melon) pour Marimekko, 1963

Fauteuil et tabouret coordonné *Œuf* pour Fritz Hansen, 1958

Ci-contre : Bar *Orchid* au SAS Royal Hotel de Copenhague, vers 1959–1960 – meublé des fauteuils *Pot*, *Modèle n° 3318*, pour Fritz Hansen, 1959

arne jacobsen

1902, Copenhague – 1971, Copenhague, Danemark

Arne Jacobsen, le plus célèbre architecte et designer danois d'après-guerre, reçoit d'abord une formation de maçon à l'École technique de Copenhague, et obtient son C. A. P. en 1924. Il étudie ensuite l'architecture à l'Académie royale des beaux-arts de Copenhague, dont il sort diplômé en 1927. C'est sans doute grâce à cette double formation, pratique et artistique qu'il saura imaginer des bâtiments, des aménagements intérieurs et des objets conciliant avec élégance la qualité esthétique et la fonction. Après ses études, il devient jusqu'en 1929 l'assistant de Paul Holsøe, architecte en chef de la ville de Copenhague. Au cours de cette période, il dessine un pavillon à musique, des abris et des portails d'entrée pour le parc d'Enghave à Copenhague. Ses premiers travaux portent l'influence d'architectes modernistes tels que Le Corbusier (1887–1965), **Erik Gunnar Asplund** et Ludwig Mies van der Rohe (1886–1969). Jacobsen est l'un des premiers designers à introduire le modernisme au Danemark dans des projets comme la *Maison du futur*, bâtiment circulaire doté de tout le confort moderne et même d'une plate-forme pour hélicoptères, qu'il réalise en collaboration avec Flemming Lassen (1902–1984) pour l'exposition de l'architecture et du bâtiment organisée par l'Association des architectes de Copenhague en 1929. Jacobsen dessine également des meubles en tubes métalliques dont l'esthétique s'harmonise parfaitement avec l'environnement moderniste de « la maison du futur ». Vers 1930, il ouvre son agence de design à Hellerup et commence à exercer comme architecte et designer indépendant. L'une de ses premières commandes importantes est la maison Rothenborg à Ordrup (1930), bâtiment fonctionnaliste conçu comme une *Gesamtkunstwerk* (œuvre d'art totale). Son autre projet marquant est Bellavista, complexe d'habitations en front de mer, doté d'une salle de spectacles (le Bellevue) et d'un restaurant, qu'il réalise à Klampenborg, près de Copenhague (1930–1934). Avec son balcon svelte et ses rangées

Fauteuils *Œuf* et *Cygne* pour Fritz Hansen, 1958 – conçus au départ pour le SAS Royal Hotel de Copenhague

Ci-dessous : Salle à manger du SAS Royal Hotel à Copenhague avec le mobilier et les luminaires spécialement conçus pour les lieux, 1955–1960

Ci-contre : Chaise de salle à manger *Giraffen* spécialement dessinée pour la salle à manger du SAS Royal Hotel, 1958

Chambre 606
(La suite Jacobsen)
du SAS Royal Hotel
à Copenhague,
1955–1960

Lampe de bureau *AJ (Visor)* pour Louis Poulsen, 1957

Ci-dessous : Lampadaire *AJ (Visor)* pour Louis Poulsen, 1957

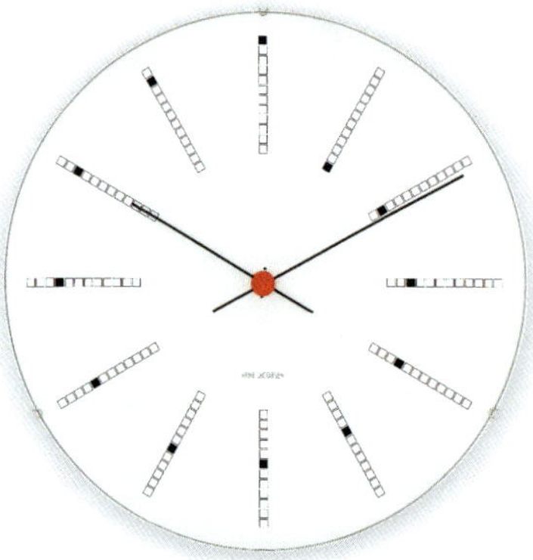

En haut à gauche : Horloge murale *Banquiers* pour Georg Christensen (futur Rosendahl), 1971 – créée à l'origine pour la Banque Nationale du Danemark

En haut à droite : Lampe *AJ Royal* pour Louis Poulsen, 1957

Ensemble de chaises *Modèle n° 3100 Myren* (Fourmi) pour Fritz Hansen, 1952

Ci-contre : Chaise *Modèle n° 3107 – Série 7* pour Fritz Hansen, 1955

Ustensiles de cuisine en acier inoxydable *Cylinda Line* pour Stelton, 1967

Ci-contre: Couverts en acier inoxydable *Modèle n° 600 AJ* pour A. Michelsen, 1957

sinueuses de fauteuils en contreplaqué cintré à la vapeur, le théâtre Bellevue fait sensation. En 1936, Jacobsen et Erik Møller (1909–2002) remportent le concours pour la construction de l'hôtel de ville de Århus (1937–1942), avec un projet dont les lignes douces et fluides expriment une version résolument humaniste du modernisme et annoncent les audacieuses formes organiques des créations ultérieures de Jacobsen. En 1945, Jacobsen commence à dessiner des meubles destinés à la production industrielle. Ses modèles les plus célèbres sont évidemment les chaises *Myren* (Fourmi) de 1951–1952 et les sièges de la *Série* 7 (1955), tous deux dessinés pour **Fritz Hansen**. Cette série, qui reste aujourd'hui encore un *best-seller* inusable, se compose d'une coquille standard en contreplaqué moulé (avec une finition vernie ou laquée) sur laquelle peuvent être montées des pièces interchangeables (différents types de piètement, des accoudoirs, des tablettes). Les meubles et luminaires de Jacobsen sont souvent créés dans le cadre de projets spécifiques puis fabriqués par la suite en série. Pour son projet le plus intégré, le terminal de la SAS et le Royal Hotel de Copenhague (1956–1960), il dessine chaque détail, des tissus et des appareils d'éclairage jusqu'aux couverts et au mobilier. L'aménagement intérieur du Royal Hotel, pour lequel les célèbres fauteuils *Œuf* et *Cygne* (1957–1958) furent spécialement dessinés, évoque un extraordinaire univers futuriste. Mais Jacobsen ne travaille pas que pour Fritz Hansen. Il dessine aussi la série de luminaires *AJ* pour **Louis Poulsen** (1955–1960), la collection d'ustensiles en métal *Cylinda Line* pour **Stelton** (1967), des couverts pour A. Michelsen, des accessoires de salle de bains pour I. P. Lund, des tissus pour August Millech, Graucob Textilen et C. Olesen. De 1956 à 1965, il est professeur émérite à l'Académie des beaux-arts de Copenhague. Le St Catherine's College d'Oxford est son plus ambitieux projet architectural des années 1960. Il s'agit une fois encore d'un programme intégré et il dessine donc des meubles conformes à l'esprit du lieu (fabriqués par Fritz Hansen). Jacobsen estime que les bâtiments, les meubles et les objets doivent avant tout avoir des proportions harmonieuses, et que les matériaux et les coloris doivent être à l'unisson afin que l'impression d'ensemble soit la plus parfaite possible. Avec son goût pour les formes sculpturales et organiques doublé d'un attachement sans faille aux qualités traditionnelles du design scandinave – intégrité des matériaux et de la construction, il a dessiné des meubles et des objets élégants, dépouillés et fonctionnels dont le pouvoir de séduction ne se dément pas. « Les pâtisseries sont en général bien meilleures quand elles sont belles… Rien ne me gêne si c'est beau. »

Lampe chromée *Luxo L-1* pour Luxo, 1937

Ci-contre : Lampe de travail *Luxo L-1* pour Luxo, 1937 – un des premiers modèles

jacob jacobsen

1901, Oslo – 1996, Oslo, Norvège

Ingénieur spécialisé dans l'industrie textile, Jacob Jacobsen (futur créateur de luminaires norvégien) travaille à l'origine en Angleterre et en Suisse. En 1937, il achète la licence de fabrication scandinave de la lampe *Anglepoise* (1934), conçue par George Carwardine (1887–1948) et fabriquée part Herbert Terry & Sons en Grande-Bretagne. La même année, il dessine une variante de cette lampe, la *Luxo L-1*, dotée d'un système similaire de ressorts auto-équilibrants. Industriel de talent, Jacobsen commercialise avec succès sa lampe redessinée, dont le rapport entre l'abat-jour et le socle était plus raffiné et l'esthétique plus douce que dans celle de Cawardine. Cette première création d'esprit fonctionnaliste (comme le design norvégien des années 1930), annonce aussi l'esthétique plus fluide du modernisme scandinave d'après-guerre. Quelques années plus tard, Jacobsen achète la licence de fabrication pour les États-Unis des ressorts à tension constante de l'*Anglepoise* et au cours des années 1940, il va pratiquement détenir le monopole du marché des lampes de bureau en Europe et aux États-Unis. Son entreprise, Luxo, continue de produire la classique *L-1*, remarquable par la facilité avec laquelle on peut orienter l'abat-jour et les bras. Il existe plusieurs variantes de ce modèle, dont le *Panoramic* à abat-jour plus large. La Luxo *L-1* a remporté de nombreux prix, et elle est entrée dans la collection permanente du musée d'Art moderne de New York. Si les lampes de Jacobsen ont été très imitées, leurs performances techniques ont été rarement égalées. Les plus remarquables contributions de la Norvège à notre culture matérielle sont l'incontournable trombone et l'humble et utile éminceur à fromage, dont les formes respectives dérivent entièrement de leur fonction. La Luxo *L-1* de Jacobsen utilise le même vocabulaire de formes et de fonctionnalités. À ce jour, elle a été vendue à plus de 25 millions d'exemplaires, et la *success-story* n'est pas terminée.

grete jalk

1920, Copenhague – 2006, Skodborg, Danemark

La créatrice de meubles danoise Grete Jalk a appris la menuiserie à l'École des métiers d'art de Copenhague de 1940 à 1943. Elle devient ensuite l'élève de **Kaare Klint** dans la section création de meubles de l'Académie royale des beaux-arts de la même ville, et obtient son diplôme en 1946. Avec Klint, elle a étudié les formes idéales des grands modèles de l'Histoire du meuble, comme la chaise *Windsor*, puis elle a commencé des recherches anthropométriques. Elle a appris également à associer les méthodes artisanales traditionnelles et les principes rationnels du design. En 1946, elle remporte le premier prix au concours annuel de la Guilde des ébénistes de Copenhague, et cinq ans plus tard, en 1951, ses meubles sont présentés à la IXe Triennale de Milan. En 1953, elle reçoit le prix **Georg Jensen**, et l'année suivante ouvre son agence de design. Membre éminent de la communauté des designers danois, elle devient co-rédactrice en chef de la revue de design danoise *Mobilia* (1956–1962 et 1968–1974). Elle est désormais très célèbre. Ses meubles admirables sont édités par Henning Jensen, **Fritz Hansen**, France & Son, Søren Horn, et Poul Jeppensen. La majeure partie de ses créations, comme son fauteuil en bois de rose et cuir de 1956 ou son tabouret en cuir et acajou de 1961, se veulent des réinterprétations de modèles traditionnels, mais n'en sont pas moins remarquables avec leurs joints invisibles et leurs courbes subtiles. Le plus célèbre meuble de Jalk – la chaisse *Bow* de 1963 faite de deux éléments en contreplaqué moulé – avait une forme vraiment révolutionnaire et pariait sur la production en série. Mais malgré sa beauté et son confort, ainsi que son premier prix au concours organisé par le quotidien anglais *Daily Mirror*, elle ne sera pas produite en grande série tout de suite. D'une part parce que les feuilles contreplaquées étaient pliées selon un angle de très faible rayon – ce qui poussait le procédé de cintrage à ses limites, mais aussi et surtout, parce qu'au milieu des années 1960, le contreplaqué n'avait plus tellement la faveur

Fauteuil en cuir et bois de rose pour France & Son, vers 1960

Ci-dessous : Mobilier *Watch and Listen* fabriqué en pin de l'Orégon par l'ébéniste J. H. Johansen, 1963

Ci-contre : Fauteuil et ensemble de tables en contreplaqué couverts de teck *Bow* pour Poul Jeppesen, 1963

des fabricants. Durant les années 1970 et 1980, Jalk est membre du jury du prestigieux prix ID et organise plusieurs expositions itinérantes pour le ministère danois des Affaires étrangères. Observatrice de premier ordre du design danois, elle publie en 1987 un ouvrage intitulé *Quarante ans du design du meuble danois*. La tradition scandinave d'insertion sociale explique sans doute en partie la forte présence des femmes – Grete Jalk entre autres – dans le design. Par ailleurs, la région a une longue histoire d'égalité des sexes ; c'est pourquoi peut-être le design scandinave s'est toujours particulièrement intéressé à l'habitat et aux articles ménagers, et pourquoi il a négligé les actes de bravade plus spectaculaires que pratiques.

Broche en agate et ambre *Modèle n° 22*, 1904–1905

georg jensen

1866, Rådvad – 1935, Copenhague, Danemark

Georg Jensen est le nom d'un homme, mais aussi de son entreprise dont les produits ont incarné le design scandinave pendant tout le XXe siècle. Georg Jensen, le designer, est né près de Copenhague, dans la petite cité industrielle de Rådvad, qui possédait à la fois des aciéries et un atelier d'affûtage fonctionnant à l'énergie hydraulique, où Jensen père était forgeron. Le jeune Georg est engagé à la fonderie et devient apprenti dans l'atelier de soudure. Impressionnés par ses dons manuels, ses parents décident de s'installer à Copenhague et, à l'âge de quatorze ans, l'ex-soudeur entre en apprentissage chez un orfèvre. En 1884, il devient compagnon, mais la perspective de rester un ouvrier spécialisé ne le séduit guère. Il décide donc de s'inscrire aux cours de sculpture de l'Académie royale danoise des beaux-arts, où il étudie de 1895 à 1901. Il est influencé par le style néo-classique de Christian Carl Peters (1822–1899). C'est l'époque des céramiques sculpturales, qu'il réalise en collaboration avec le peintre Joachim Petersen (1870–1943) pour Mogens Ballin, dont l'atelier se trouve dans la banlieue de Copenhague. Après ses études, le jeune Jensen a du mal à gagner sa vie comme sculpteur. Il se tourne donc vers le design. Il fait des céramiques avec Christian Joachim pour les poteries Aluminia puis devient designer pour le fabricant de porcelaines **Bing & Grøndahl** à Copenhague. En 1904, il ouvre son propre atelier d'orfèvrerie. Comme il ne partage pas du tout le goût de l'époque pour l'éclectisme historique, il dessine des bijoux et de l'argenterie de style Arts & Crafts inspirés par des formes naturelles – baies, feuilles ou vrilles. Ses pièces les plus célèbres sont les collections *Blossom* (Fleurs, vers 1904–1905) et *Grape* (Raisins, vers 1918), des gammes coordonnées allant des couverts aux bijoux. Vers 1906, il obtient la collaboration de l'artiste Johan Rohde (1856–1935) qui réalise pour son atelier le célèbre service *Acorn* (Gland, 1915), sorte de transition entre le style Arts & Crafts et l'Art déco,

Le premier atelier de Georg Jensen dans Bredgade à Copenhague, 1908 – Georg Jensen se tient debout derrière Mlle Alba Lykke (plus tard Mme Just Andersen) et assis à l'extrême-gauche, Kay Bojesen

Ci-dessous: Coupe en argent *Modèle n° 263*, 1918

Page 224: Carafe en argent *Modèle n° 407A,* 1925

Page 225: Pot à pot-pourri en argent et améthyste *Modèle n° 10*, 1910

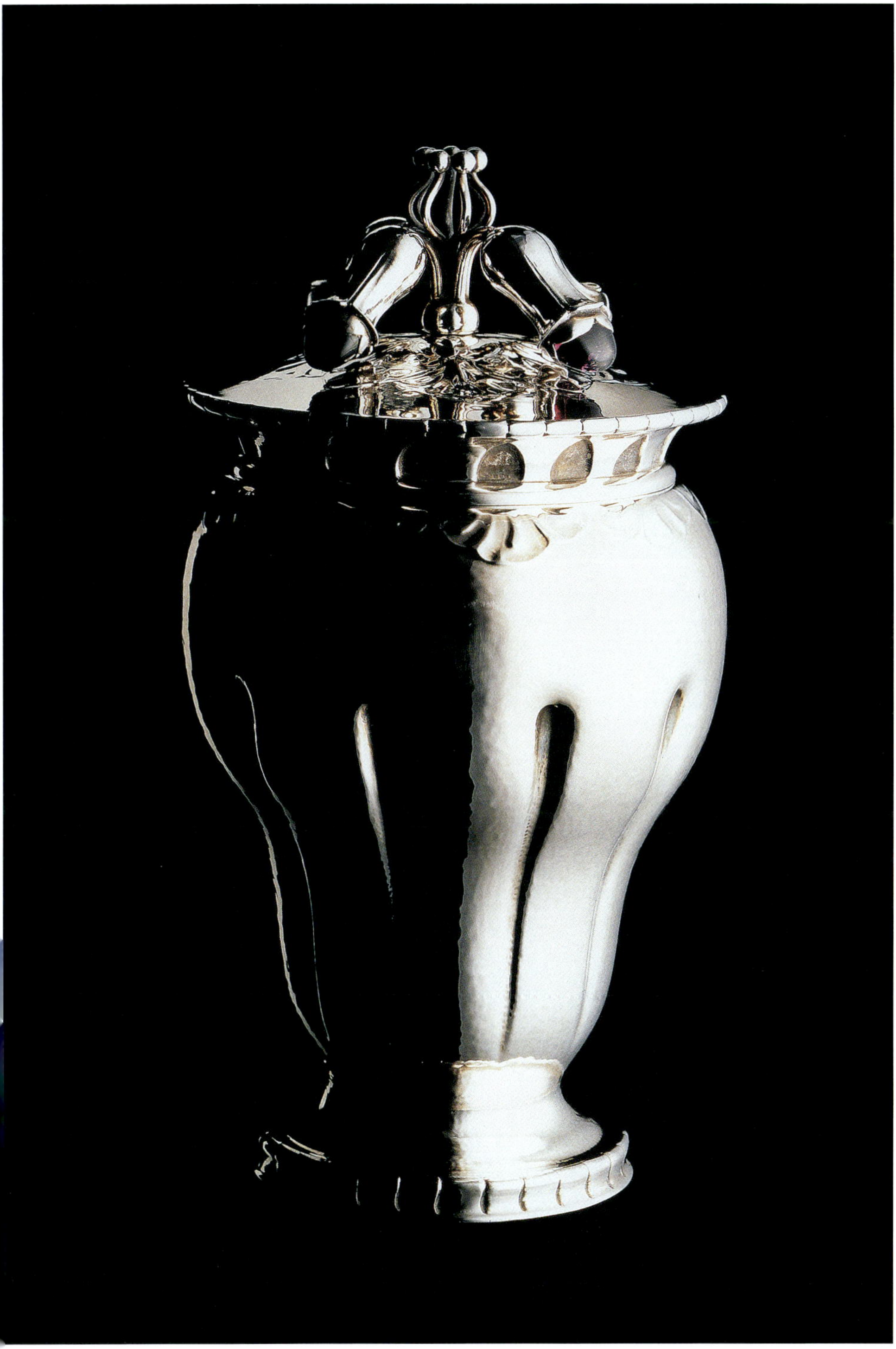

Candélabre en argent *Modèle n° 324*, 1919

Ci-contre : Henning Koppel, carafe en argent *Modèle n° 992,* 1952

entre l'ornementation naturaliste et une amorce d'abstraction. En 1915, Jensen présente son travail à l'Exposition internationale Panama-Pacifique de San Francisco. Le magnat de la presse William Randolph Hearst est tellement séduit qu'il achète toutes les pièces. La maison Jensen est lancée. En 1924, elle ouvre une boutique sur la Ve Avenue à New York. À partir des années 1920, Georg Jensen invite des designers d'avant-garde, notamment **Harald Nielsen** (1892–1977), Gundorph Albertus (1887–1970) et Sigvard Bernadotte, à soumettre des projets. De son côté, Rohde continue à innover et le catalogue Jensen s'enrichit de pièces sobres et ultramodernes. À la mort de Jensen, en 1935, son fils Jørgen Jensen (1895–1966) poursuit le travail de défrichage de son père. Après la Seconde Guerre mondiale, la maison Jensen présente des collections d'argenterie moderne d'une suprême élégance réalisées à la main, dessinées par **Henning Koppel** et Tias Eckhoff, qui illustrent la pureté fonctionnelle et esthétique du modernisme scandinave. Dans les années d'après-guerre, elle ajoute à son catalogue la verrerie de **Finn Juhl** et les pièces en inox d'**Arne Jacobsen**, entre autres un beau service de couverts (initialement fabriqué par A. Michelsen). Les années 1960 et 1970 sont celles des bijoux et montres-bracelets dessinés par **Nanna Ditzel** et Vivianna Torun Bülow-Hübe (1927–2004), qui correspondent mieux au style de vie plus décontracté de l'époque. En 1973, la maison Georg Jensen est rachetée par **Royal Copenhagen**. Depuis la fin des années 1970, elle propose des bijoux en or et en argent, des montres élégantes, des services de table en argent et en inox aux formes organiques et sensuelles ou au contraire sobres et classiques, mais toujours d'une grande beauté. À partir de 1997, Georg Jensen a fait partie du groupe Royal Scandinavia, avant d'être acheté en 2023 par le groupe Fiskars. Pendant tout ce temps, plus de vingt-cinq ans, la maison est restée fidèle à ce qui a fait sa réputation – des créations originales, un savoir-faire exceptionnel et une qualité sans faille, autant d'atouts qui ont fait du nom de Jensen le parfait synonyme du design d'excellence danois jusqu'à aujourd'hui.

Lisbet Jobs, bol en faïence à motifs floraux pour l'atelier Jobs, 1939

Ci-contre : Gocken Jobs, tenture pour chambre d'enfants *Gobelin*, vers 1950

gocken jobs & lisbet jobs

1914, Falun – 1995, Västanvik, Suède / 1909, Falun – 1961, Västanvik, Suède

Vers la fin des années 1930, l'atelier familial des Jobs fabrique des tissus imprimés à la main et des céramiques peintes de style typiquement suédois. Il se trouve à Leksand, dans la belle province de Dalécarlie qui est aussi le cœur mystique de la Suède, avec ses maisons peintes en rouge et ses lacs enchanteurs. C'est dans ce cadre que Lisbet Jobs-Söderlund décore plats et pots en terre cuite vernis de motifs librement inspirés des fleurs de sa campagne. Ces objets peints ont une spontanéité et une vigueur où se manifestent les liens spirituels de la jeune femme avec les paysages suédois, les fêtes autour du mât de la Saint-Jean, et un amour quasi-païen de la nature. Gocken, la sœur aînée de Lisbet, utilise elle aussi des motifs de fleurs sauvages – arums, fougères, renoncules, pissenlits, muguet – et d'insectes qu'elle sérigraphie sur des tissus. Le tout représentant une grande simplicité et une fraîcheur rare. Les motifs des tissus de Gocken Jobs sont lyriques, enchanteurs… et ravissants, autant de traits qui distingueront plus tard la création textile suédoise. De nombreux tissus de Gocken sont imprimés à la main dans l'atelier familial, mais d'autres, comme *Trollslända* (Libellule) de 1945, sont fabriqués par Ljunbergs Textil Tryck à Dala-Floda. Les tissus à motifs floraux richement détaillés mais sans prétention de Gocken apportent une touche de couleur dans les intérieurs suédois, dominés comme ils l'étaient jusqu'alors par les sobres bleus pâles et gris-blancs de la palette gustavienne. L'une des créations les plus intéressantes de Gocken est un tissu baptisé *Gobelin*, jeu de mots sur le nom de l'artiste et allusion à la célèbre manufacture de tapisseries parisienne. Avec son décor gustavien, ses farandoles de jeunes filles et ses motifs folkloriques – même le célèbre cheval en bois de Dalécarlie est représenté –, ce tissu « illustré » imprimé à la main en sérigraphie est essentiellement une célébration

Ci-dessus :
Gocken Jobs, tissu *Ros och Lilja* (Rose et Lys) pour les ateliers Jobs, 1946

Ci-contre :
Gocken Jobs, tissu *Trollslända* (Libellule) pour Ljungbergs Textiltryck, 1945

de l'esprit suédois. Il était vraisemblablement destiné aux chambres d'enfant. La naïveté quasi enfantine de son dessin fait écho aux arts populaires suédois et à l'importance des enfants dans la culture scandinave. De nos jours, la famille Jobs, fabrique toujours de magnifiques textiles imprimés dans son atelier à Leksand.

Vases *Atlantic* pour Hadeland, 1970

willy johansson

1921, Jevnaker – 1993, Jevnaker, Norvège

Le grand-père de Willy Johansson était originaire du Småland, région réputée pour sa verrerie de qualité. Son père était maître-souffleur aux verreries **Hadeland**. En 1936, le jeune Willy décide de suivre les traces de son père et entre chez Hadeland. Plus tard, il suit une formation artistique classique à l'École nationale des métiers d'art et du design d'Oslo de 1939 à 1942. À la fin de ses études, il retourne chez Hadeland et de 1942 à 1945, il fait son apprentissage avec le sculpteur Ståle Kyllingstad (1903–1987) dans l'atelier de sablage de l'entreprise. De 1945 à 1947, il dessine aussi des pièces décoratives en verre gravé pour le Christiania Glasmagasin. En 1947, il remplace Kyllingstad à la tête de l'équipe de design de Hadeland et devient ainsi responsable à la fois de l'unité du verre d'art soufflé et de celle du verre pressé. En 1954, la Norvège expose à la Xe Triennale de Milan pour la première fois et Johansson reçoit un diplôme d'honneur pour ses créations en verre, comprenant ses célèbres vases sablés soufflés dans des moules en bois aux «noyaux» de couleurs contrastées. Trois ans plus tard, il obtient une médaille d'or à la XIe Triennale de Milan pour une série de plats aux teintes claires présentés sur une structure «aérienne» spécialement dessinée par **Arne Korsmo**. Dans ces remarquables pièces soufflées à la bouche, les couleurs deviennent subtilement plus intenses vers les contours, ourlés d'une bordure blanche et opaque, la «marque» de Johansson. Le vase bleu-vert (1958) et la carafe *Medoc* (1961) de Johansson, révèlent un goût des formes simples et des proportions parfaites qui leur donne une paisible monumentalité. Sans avoir le panache et la spontanéité expressive de la verrerie italienne, les pièces en verre clair ou fumé de Johansson ont une intégrité foncière tout à fait scandinave.

Ci-dessus à gauche: Vase soufflé à la bouche avec partie centrale colorée pour Hadeland, 1963

Ci-dessus à droite: Service en verre *Medoc* pour Hadeland, 1961

Ci-dessous: Service en verre *Svalbard* (coupelle, carafe et verres) pour Hadeland, 1977

Fauteuil pour Stockmann, 1930–1933

Ci-contre : Suspension pour Stockmann-Orno, 1954

lisa johansson-pape

1907 Helsinki – 1989 Helsinki, Finlande

La designer finlandaise, Lisa Johansson-Pape a été formée à l'École supérieure des métiers d'art d'Helsinki, où elle obtient son diplôme en 1927. De 1928 à 1930, elle dessine des meubles pour Kymäkoski, et de 1928 à 1930 des textiles pour la société des amis des métiers d'art finlandais, dont elle devient la directrice artistique en 1952. Entre 1937 et 1949, elle dessine également des meubles, des textiles et des aménagements intérieurs pour Stockmann, grand magasin d'Helsinki. Ses meubles, notamment son fauteuil en bois laqué (vers 1935), se distinguent par leurs formes simples et gracieuses qui contrastent avec la robustesse de leur structure. À partir de 1947, elle conçoit pour la société sœur de Stockmann – Stockmann-Orno – de nombreux appareils d'éclairage électrique à la forme et à la construction tout aussi rationnelles. Elle dessine par exemple une suspension en tôle émaillée turquoise (1947), délicatement transpercée pour laisser passer la lumière, ou un modèle plus sculptural en verre sablé et gravé (1954), fabriqué par **Iittala** our Stockmann-Orno. Au milieu des années 1950, Johansson-Pape dessine des luminaires avec des abat-jour en aluminium émaillé. Parmi ceux-ci, la suspension *Orno* (vers 1957) qui annonce l'approche plus utilitaire des années 1970. Ses lampes révolutionnaires en métal et acrylique lui ont valu des médailles à la IXe (1951), X^e^ (1954) et XIIe (1960) Triennale de Milan, et leur influence sur les designers de luminaires ultérieurs ne doit pas être sous-estimée. Comme le remarque Johansson-Pape : « Quand nous avons débuté, il y avait juste du bois, du coton et de l'argile, mais très vite il y a eu un déluge de matériaux… L'industrie nous a donné toute latitude pour expérimenter couleurs et matériaux. » C'est avec un réel plaisir que Johansson-Pape a exploré le potentiel de formes offertes par les matériaux nouveaux et les techniques industrielles, tout en développant des formes simples mais puissantes aux lignes très graphiques.

Fauteuil *Pelican* pour Niels Vodder, 1940

finn juhl

1912, Frederiksberg – 1989, Ordrup, Danemark

En 1930, Finn Juhl a dix-huit ans quand il visite l'exposition phare de Stockholm où il est très impressionné par les bâtiments en verre et acier dessinés par le grand maître du modernisme suédois **Erik Gunnar Asplund**. La même année, il s'inscrit à l'Académie royale danoise des beaux-arts de Copenhague où il étudie l'architecture avec **Kay Fisker** – un pédagogue remarquable. En 1934, il commence à travailler dans le cabinet de Vilhelm Lauritzen (1894–1984), éminent professeur à l'Académie. Ce qui devait être à l'origine un job d'été se prolongera par un séjour de onze ans. Il n'obtiendra jamais son diplôme de l'Académie. Il sera cependant accepté comme membre de l'Association des architectes danois en 1942. Au cours de cette période, il dessine plusieurs meubles qui sont présentés à l'exposition annuelle de la guilde des ébénistes de Copenhague en 1937. Nombre de ses pièces, conçues en collaboration avec le maître ébéniste Niels Vodder et réalisées par lui, sont de véritables prouesses techniques. Le mobilier de Juhl, par exemple le fauteuil *Pelican* (1940), révèle une démarche sensiblement différente de celle de **Kaare Klint** et de son entourage, qui réinterprètent les meubles traditionnels dans un esprit moderniste. En fait, Juhl va entraîner le design danois sur une voie nouvelle, celle des formes organiques plus abstraites et sculpturales. En 1945, il ouvre son agence et commence à dessiner des chaises, des tables et des canapés en bois massif dans un vocabulaire de formes visuellement séduisant et qui manifestement séduit. Juhl rafle six médailles d'or à la Triennale de Milan et quatorze prix de la Guilde des ébénistes de Copenhague. Son travail, en particulier les fauteuils *n° 45* (1945) et *n° 48* (1948), ainsi que le célèbre fauteuil *Chieftain* (1949), se caractérise par un superbe savoir-faire et des formes très expressives, presque flottantes. Certains éléments de ses meubles, tel le dossier du fauteuil *Modèle n° 48* révèlent l'influence des sculpteurs Alexander Calder (1898–1976) et Jean Arp (1887–1966). Juhl met

Ci-dessus : Canapé rembourré pour Niels Vodder, 1939 – un exemple précoce de formes organiques sculpturales dans le design de meubles danois

Fauteuil *Modèle n° NV-45* pour Niels Vodder, 1945 – ce siège élégant était proposé en diverses essences : bois de rose, acajou, teck ou noyer

Coupe en teck pour l'atelier de Kay Bojesen, 1950

Ci-dessous : Table en bois de rose pour Niels Vodder, vers 1950

Ci-contre : Cheminée du salon ouvert de la maison de Finn Juhl au 15 Kratvænget, à Ordrup – avec son canapé deux places *Poète* (1941)

Fauteuil *Modèle n° NV-44* pour Niels Vodder, 1944

Ci-dessous : Projet de siège pour Niels Vodder, 1955

au point de nombreuses techniques de fabrication spécialement adaptées au teck, ce qui va contribuer à l'extraordinaire diffusion de ce matériau dans le design danois et ouvrira la voie au courant connu sous le nom de Style Teck. À partir de 1945, Juhl est professeur à l'École des architectes d'intérieur de Copenhague, et ce poste lui permet d'exercer une influence majeure sur l'évolution du design danois. Au début des années 1950, les meubles élégants de Juhl, fabriqués principalement de manière artisanale, seront adaptés pour la production industrielle par Baker aux États-Unis. Outre des meubles, Juhl a conçu des expositions, des intérieurs, des saladiers en bois pour la maison **Kay Bojesen**, des appareils pour General Electric, des tapis pour Unika-Væv, des céramiques pour **Bing & Grøndahl** et de la verrerie pour **Georg Jensen**. Décrit par le critique d'architecture Henrik Sten Moller comme le parfait dandy, Finn Juhl exercera une grande influence sur la jeune génération des designers scandinaves, qui se souviendront de ses formes résolument sculpturales et de son sens ultra-raffiné du détail.

Fauteuil *Modèle n° NV-48* pour Niels Vodder, 1948

Ci-dessus : *Armoire à gants* pour Ludwig Pontoppiddan, 1961 – créée à l'origine pour l'épouse de Juhl, Hanne Wilhelm Hansen

Ci-dessous : Salon ouvert de la maison de Finn Juhl au 15 Kratvænget, à Ordrup

Ci-contre : Fauteuil en teck et cuir *Chieftain* pour Niels Vodder, 1949

Ci-dessus: Projet de canapé pour Baker Furniture, vers 1951

Fauteuil *Modèle n° 152 Bwana* pour France & Son, vers 1962

Ci-contre: Projet de chaise de salle à manger (produite par Niels Vodder) et de buffet en pin de l'Oregon, vers 1953

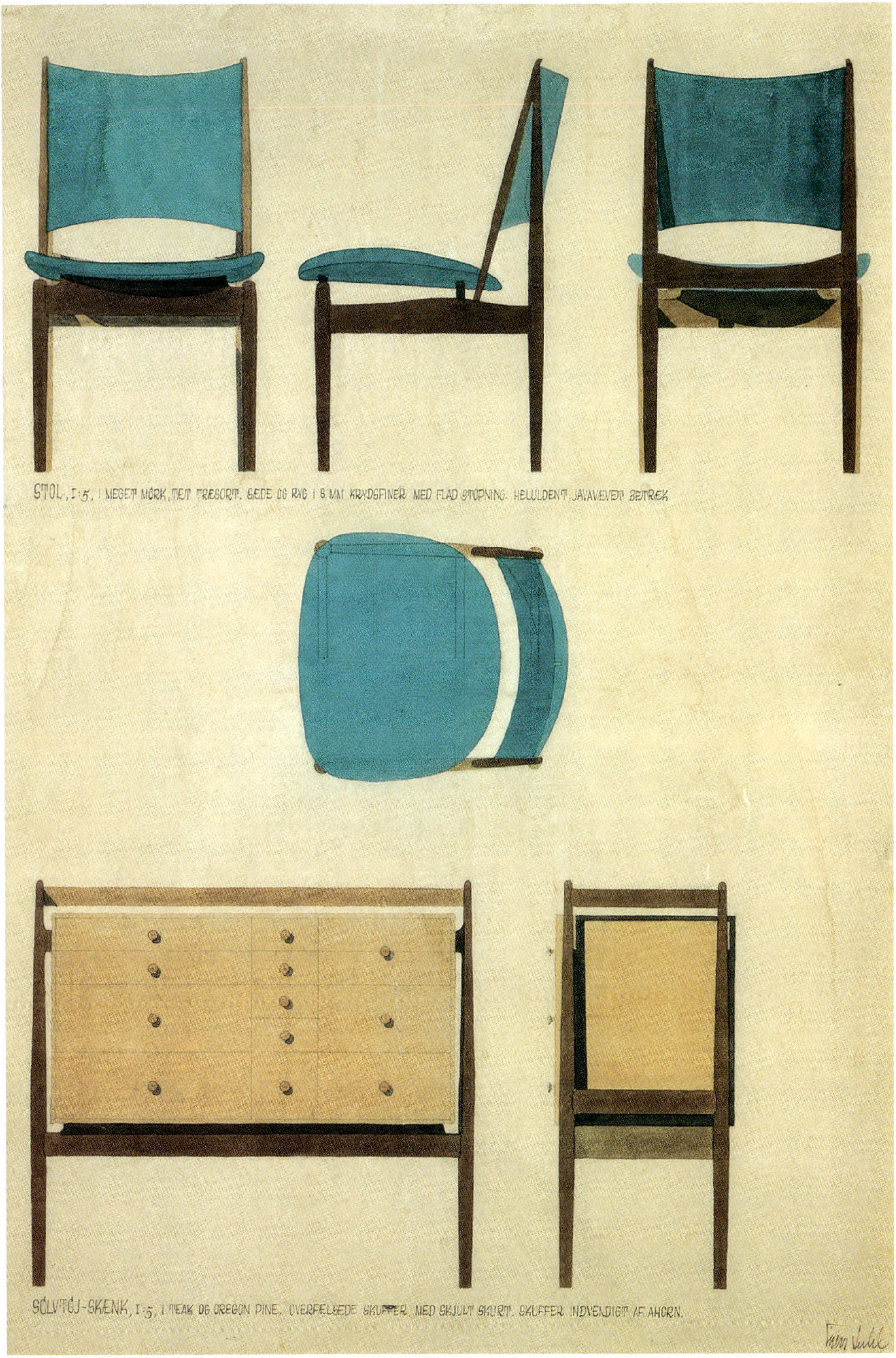
STOL, 1:5, I MEGET MØRK, TÆT TRÆSORT. SÆDE OG RYG I 8 MM KRYDSFINER MED FLAD STOPNING. HELULDENT, JAVAVEVET BETRÆK
SØLVTØJ-SKÆNK, 1:5, I TEAK OG OREGON PINE. OVERFÆLSEDE SKUFFER MED SKJULT SKURT. SKUFFER INDVENDIGT AF AHORN.

Nappe damassée *Viol* pour Tampella, vers 1968

Ci-contre : Tapisserie murale *Kyyhkysiä* (Colombes) réalisée par le Dora Jung Studio, 1951

dora jung

1906, Helsinki – 1980, Helsinki, Finlande

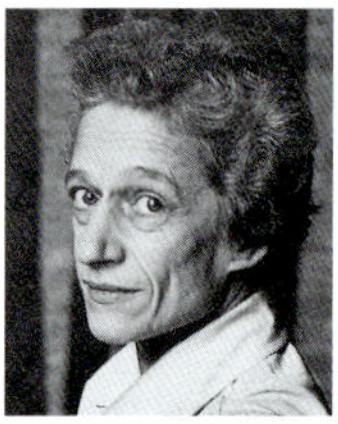

La designer de textiles finlandaise Dora Jung étudie à l'École supérieure des métiers d'art d'Helsinki et, en 1932, elle ouvre un atelier à Helsinki. En 1951, elle présente ses créations de tissus à la IXe Triennale de Milan, où elle reçoit un grand prix. Elle obtient la reconnaissance grâce à son travail du damas tissé, une matière longtemps associée à des motifs naturalistes de fleurs. Jung, cependant, préfère les motifs floraux stylisés et abstraits, les dessins géométriques et les couleurs de terre – olive, cuivre, gris, ocre – ou blanc cassé. Son tissu *Cent Roses*, par exemple, est couvert sur toute sa surface d'un semis serré de roses dans le style de Charles Rennie Mackintosh, et l'effet esthétique est entièrement inédit pour ce genre de tissu. En 1957, elle reçoit un grand prix à la XIe Triennale de Milan, pour ses lignes entrecroisées tracées à la main qui signale une approche plus informelle du design du linge de table. Son linge de table est produit en série par Tampella. Pendant ce temps, Jung exécute de nombreuses commandes, notamment de tapisseries et de tentures d'église, où elle peut exploiter pleinement sa maîtrise des techniques de tissage les plus compliquées. Pour des effets spectaculaires, elle utilise une technique appelée *smettevev* en Norvège, un tissage damassé épais combiné à des points de couleur posés à la main. Pour ses tapisseries, utilise la trame afin de produire un effet quasi-tridimensionnel. Jung a développé des techniques de tissage et du coup, comme l'a noté Eileene Harrison Beer, elle a approfondi les arcanes de son métier et a atteint un haut degré d'excellence artistique et technique. Elle a aussi essayé les matières les plus insolites, dont le papier. Si les textiles novateurs de Jung témoignent de cette maîtrise technique commune en Scandinavie à la fabrication artisanale et à la production en série, leurs motifs abstraits sont typiques de ce graphisme vigoureux si caractéristique du design textile finlandais.

Service de table *Liljeblå* (Lys bleu) pour Gustavsberg, 1917 – ce service était d'un prix tellement abordable qu'il fut baptisé *Arbetarservisen* (Le service des ouvriers)

Ci-contre : Vase verni vert avec décor à la feuille d'argent pour Gustavsberg, 1930

wilhelm kåge

1889, Stockholm – 1960, Stockholm, Suède

Le grand réformateur du design suédois Wilhelm Kåge a d'abord fait des études à l'École des beaux-art Valand de Göteborg. Il est aussi l'élève de Carl Wilhelmsson à Stockholm et du designer danois **Johan Rohde** à Copenhague, puis se tourne vers la création graphique à la célèbre École de l'affiche de Munich. Après ses études supérieures, Kåge dessine des affiches remarquées et est recruté par **Gustavsberg** en 1917. Il s'agit là pour ainsi dire d'un effet direct de la campagne menée par l'association suédoise des métiers d'art et du design industriel auprès des fabricants pour les persuader d'employer des designers. Son service de table *Liljeblå* (Lys bleu) de 1917, avec sa décoration d'inspiration traditionnelle, répond assurément au mot d'ordre de l'association (« de beaux objets pour tous les jours »), et il est bon marché. Ne le surnomme-t-on pas « le service des ouvriers » ? L'exposition de Stockholm de 1930 marque un tournant dans le design suédois et ouvre la voie au mouvement *Funkis*, inspiré par les travaux novateurs des architectes-designers du Bauhaus et du mouvement moderne, Walter Gropius (1883–1969) et Le Corbusier (1887–1965) entre autres. Pour cette exposition majeure, Kåge dessine une gamme fonctionnelle, *Pyro*, le premier service de Gustavsberg allant « du four à la table ». Son service en faïence *Praktika* (1933) propose un design autrement révolutionnaire. Mais s'il est extrêmement pratique avec ses éléments empilables aux dimensions calibrées, le succès commercial ne sera pas au rendez-vous. Sans doute est-il trop sévère, trop utilitaire dans son aspect pour les goûts de l'époque. Mais pour la critique spécialisée, le *Praktika* est le service fonctionnaliste de son temps. C'est aussi la première vaisselle de Gustavsberg vendue à la pièce et non en service complet, et donc plus abordable pour les ménages modestes. Cet esprit social est déjà une force motrice de la société scandinave, et il s'est manifesté avec éclat dans le design suédois. À la fin des années 1930, Kåge évolue vers

Vase *Surrea* pour Gustavsberg, 1940

Ci-contre : Vase et coupes en grès blanc *Våga* pour Gustavsberg, vers 1950

une esthétique moins dépouillée avec son service *Grå ränder* (Rayures grises, 1939). Avec ses formes subtilement organiques et son simplissime motif à rayures grises, ce modèle marque une rupture avec l'esthétique plus austère de naguère, et il se vendra extrêmement bien sur plus de vingt ans. Comme beaucoup d'autres designers scandinaves, Kåge a aussi dessiné d'exquises céramiques d'atelier, dont des pièces en grès comme sa *Terra Spirea* (vers 1955) et sa célèbre série de récipients en grès moulé *Farsta* inspirée des cosses de graines et des céramiques chinoises et mexicaines. Il dessine en outre une série de poteries connue sous le nom de *Surrea*, dont les formes accidentées révèlent l'influence du cubisme et du surréalisme. Si ses travaux d'atelier témoignent d'un incontestable talent artistique et d'un grand savoir-faire, c'est surtout sa production en grande série qui retient l'attention, car elle annonce les formes basiques et fonctionnelles qui finiront par s'imposer dans la céramique industrielle. Que ce soit avec son service *Liljeblå* d'inspiration populaire, ou sa gamme utilitaire *Praktika*, ou encore le *Grå ränder*, Kåge a accompagné, sinon dirigé, les mutations du design suédois durant la première moitié du XXe siècle, de l'Arts & Crafts au fonctionnalisme puis au modernisme organique.

Plateau en faïence vernie pour Arabia, 1960

birger kaipiainen

1915, Pori – 1988, Helsinki, Finlande

Birger Kaipiainen fait ses études à l'École des arts appliqués d'Helsinki, puis entre chez le fabricant de céramique **Arabia** en 1937. Engagé dans le département artistique de la société, il peint des motifs stylisés saturés de couleurs, d'inspiration byzantine ou Renaissance italienne, où prédominent la flore et la faune, comme les pensées ou les paons par exemple. De 1954 à 1958, Kaipiainen dessine des céramiques pour **Rörstrand**. Il retourne chez Arabia en 1958, et y restera jusqu'à sa mort en 1988. Si on lui doit surtout des créations d'atelier en séries limitées, comme la grande coupe en faïence vernie réalisée vers 1964, Kaipiainen a tout de même signé un service à vaisselle destiné à la fabrication industrielle, le *Paratiisi* (1969). Avec ses formes douces et fonctionnelles, ce célèbre service décoré d'éclatants motifs de fruits mûrs et de fleurs écloses a su résister aux caprices de la mode et du goût car il a touché la corde sensible des Scandinaves : un amour éternel pour les couleurs et la générosité de la nature. Intronisé par ses contemporains comme le prince de la céramique et le roi de la décoration, Kaipiainen reçoit un diplôme d'honneur à la IXe Triennale de Milan en 1951 et plus tard un grand prix à la XIIe Triennale de Milan (1960) pour ses sculpturaux et surréalistes oiseaux en céramique, faits d'armatures en acier recouvertes de chapelets de perles en terre cuite vernie peintes à la main. Vers la fin des années 1960, son travail devient de plus en plus tridimensionnel et monumental. Son extraordinaire installation *Sea of Violets*, avec ses immenses fleurs bleues en céramique, à l'Exposition universelle de Montréal en 1967 en est la preuve. Le style particulier de Kaipiainen lui a valu une large notoriété et de nombreux prix, dont la médaille Pro Finland en 1963 et la médaille Prince Eugène en 1982. En 1977, il reçoit aussi le titre de professeur honoraire et en 1987, un an avant sa mort, Arabia réédite sa vaisselle *Paratiisi* (une version en noir et blanc sera commercialisée en 2000). La poterie très créative de Kaipiainen illustre

cet amour panthéiste de la nature qui fait profondément partie de la culture scandinave, tout en laissant brillamment entrevoir un univers personnel de contes de fées, un paradis peuplé de fleurs géantes et d'oiseaux exotiques.

Ci-dessus:
Service *Paratiisi* (Paradis) pour Arabia, 1969

Ci-dessous:
Plat de présentation en faïence vernie pour Arabia, vers 1964

poul kjærholm

1929, Østervrå – 1980, Hillerød, Danemark

Le célèbre architecte et designer de meubles danois Poul Kjærholm, a été charpentier avant d'étudier l'ébénisterie et le design du meuble à l'École des métiers d'art de Copenhague de 1949 à 1951. À l'époque, l'école propose des cours de design industriel échelonnés sur plusieurs mois. Kjærholm a notamment comme professeur **Jørn Utzon**, l'architecte de l'opéra de Sydney, qui remarque immédiatement son talent. Car rien ne lui paraît difficile. Pour lui, dessiner, choisir des matériaux, les utiliser correctement semble un jeu d'enfant. Il n'a pas besoin qu'on lui dise ce qu'il faut faire. Assurément, son projet de fin d'études, le fauteuil en acier *PK25* au siège et au dossier en corde tressée (1951), démontre une remarquable sûreté d'exécution. Il est immédiatement acheté par le fabricant de meubles E. Kold Christensen (plus tard par **Fritz Hansen**). Vers 1952, Kjærholm conçoit une autre chaise originale, la *PKO*, constituée seulement de deux parties en contreplaqué moulé. Manifestement inspirée par les chaises en contreplaqué moulé de Charles et Ray Eames des années 1945–1946, la *PKO* est pourtant plus rationnelle que ses modèles du fait qu'elle n'a que deux éléments. Mais, pour des raisons qui tiennent sans doute à son coût et à sa rentabilité commerciale, elle ne sera pas fabriquée avant 1997. Kjærholm se concentre sur la production en série, et à partir de 1955, il travaille surtout en collaboration avec E. Kold Christensen, basé à Hellerup. Contrairement à la plupart des autres Danois de sa génération, Kjærholm préfère l'acier au bois, et va chercher son inspiration du côté des figures du mouvement moderne, notamment Le Corbusier (1887–1965), plutôt qu'auprès de l'école de **Kaare Klint**, qui continue à prôner la réinterprétation de modèles idéaux déjà existants. Bien qu'éminemment modernes, les meubles élégants et rationnels de Kjærholm, tels le fauteuil *PK22* et la chaise longue *Hammock PK24* (1965), parviennent à éviter la rigueur géométrique de certaines créations modernistes. Cette

De gauche à droite : Tabouret pliant *Modèle n° PK41*, tabouret *Modèle n° PK33* et lit de repos *Modèle n° PK80* pour E. Kold Christensen (futur Fritz Hansen), 1961, 1958 et 1957

Projet pour la chaise *Modèle n° PK0* (produite par Fritz Hansen à partir de 1997), 1952

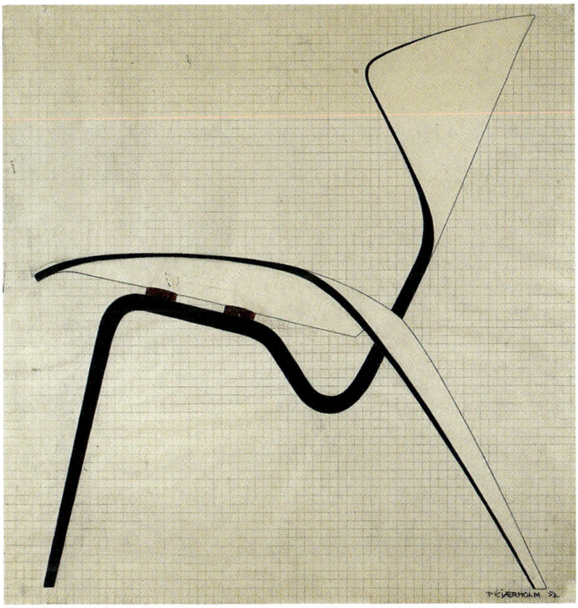

Ci-dessous : Siège en acier et corde *Modèle n° PK25* et chaise en contreplaqué moulé *Modèle n° PK0* (produite par Fritz Hansen à partir de 1997), 1951 et 1952

Siège *Modèle n° PK20* pour E. Kold Christensen (futur Fritz Hansen), 1967

Ci-contre en haut : Chaise longue *Modèle n° PK24 Hammock* pour E. Kold Christensen (futur Fritz Hansen), 1965

Ci-contre en bas : Siège *Modèle n° PK22* pour E. Kold Christensen (futur Fritz Hansen), 1955

grâce tient à la qualité de la conception et de la fabrication de ses projets, qui ont su conserver un certain esprit de l'artisanat traditionnel, même s'ils font appel à des matériaux industriels modernes et sont en grande partie faits à la machine. Kjærholm reçoit un grand prix à la XIe et XIIe Triennales de Milan (1957 et 1960) et reçoit le prix Lunning pour ses meubles, dont la fabrication sera reprise par E. Kold Christensen pour Fritz Hansen vers 1970. Kjærholm est l'un des designers scandinaves les plus influencés par le fonctionnalisme, mais la pureté esthétique de ses meubles est grandement humanisée par la traditionnelle sensibilité scandinave fondée sur la maîtrise des matériaux et des techniques. De son matériau préféré, il disait : « Ce ne sont pas seulement les possibilités constructives offertes par l'acier qui m'intéressent. La réfraction de la lumière sur sa surface tient une part importante dans mon travail artistique. Pour moi, l'acier a la même valeur artistique que le bois. »

Chaise *PK9* pour E. Kold Christensen (futur Fritz Hansen), 1960

Ci-dessous : Mobilier par Poul Kjærholm exposé dans le magasin d'E. Kold Christensen, vers 1960

Poul Kjærholm jeune avec le prototype ou l'un des premiers exemplaires de sa chaise en acier et drisse *PK4*, vers 1952

Ci-dessous : Chaise *PK4* pour E. Kold Cristensen (futur Fritz Hansen), 1952

Safari Chair pour Rud. Rasmussen, 1933 – ce modèle s'inspirait d'un modèle antérieur de siège démontable, *Indian*, utilisé outre-mer par l'armée anglaise et distribué par Maples & Co à partir de 1904 environ

kaare klint

1888, Frederiksberg – 1954, Copenhague, Danemark

Kaare Klint était le fils de Peder Vilhelm Jensen-Klint (1853–1913), généralement considéré comme le grand architecte danois du début du XXe siècle. Il commence ses études à l'École polytechnique de Frederiksberg en 1903, puis apprend l'architecture auprès de son père, bon connaisseur des styles historiques et des matériaux traditionnels, dont l'œuvre mêle habilement l'historicisme du XIXe siècle et l'expressionnisme du XXe siècle. Kaare Klint va ensuite travailler pour des architectes de Copenhague, Kai Nielsen, de 1911 à 1912, et Carl Petersen (1874–1923) de 1914 à 1917. En 1917, il devient designer de meubles indépendant et ouvre un bureau en 1920. Il a notamment pour clients les fabricants **Fritz Hansen** et Rud. Rasmussen. Les meubles de Klint, par exemple sa chaise longue *Deck Chair* (1933), sont en gros des réinterprétations de meubles existants, avec une prédilection pour le mobilier scandinave vernaculaire, les meubles Shaker et Regency, et l'ébénisterie orientale. Leur finition est en général parfaite et leurs proportions sont très étudiées. En 1924, Klint fonde le département meubles de l'Académie royale danoise des beaux-arts de Copenhague, et avec l'aide de ses étudiants, il entreprend des recherches en anthropométrie. Il recueille sans relâche les mesures du corps humain pour avoir une base de données qui permettra de construire des meubles mieux adaptés aux caractéristiques physiques de leurs utilisateurs. Théoricien et critique écouté du design, il prône l'union entre les vertus de l'artisanat traditionnel – attention au détail, connaissance intime des matériaux – et les principes du design rationnel. Comme son père, il insiste aussi sur l'étude du mobilier ancien et encourage ses étudiants à faire des mesures précises de meubles classiques comme le traditionnel fauteuil anglais *Windsor* pour comprendre les notions de proportion, de construction et de fonction. En 1944, il devient professeur d'architecture à l'Académie royale danoise des beaux-arts de Copenhague, et la

même année dessine sa lampe *Fruit* en papier plié. Cette lampe assez bon marché est fabriquée par **Le Klint**, société issue de la petite entreprise familiale fondée par son père, qui dessinait et fabriquait déjà des lampes en papier. Klint a toujours pensé que le design devait être au service du peuple, ce qui à ses yeux impliquait un design rationnel et l'étude de l'anthropométrie. L'enseignement de Klint a posé les fondations du renouvellement du design danois après la Seconde Guerre mondiale. Il inspirera à de nombreux stylistes de meubles, en particulier **Hans Wegner** et **Børge Mogensen**, des classiques modernes qui reprennent essentiellement des modèles de l'histoire du mobilier.

Ci-dessus : Chaise longue *Deck Chair Modèle n° 4699* pour Rud. Rasmussen, 1933

Ci-dessous : Étude pour la chaise longue *Deck Chair Modèle n° 4699* pour Rud. Rasmussen, vers 1933

Mix, fauteuil en acajou et cuir pour Rud. Rasmussen, 1937 – conçu avec Edvard Klint-Larsen, l'un des étudiants de Klint

Ci-contre : Chaise *Modèle n° 3758A Red Chair* pour Rud. Rasmussen, 1927 – aussi connue sous le nom de *Barcelona Chair* après avoir reçu un prix en 1929 à l'« Exposición Internacional de Barcelona »

vibeke klint

1927, Frederiksberg – 2019, Danemark

La créatrice de tissus danoise Vibeke Klint étudie le tissage avec Gerda Henning à l'École des arts appliqués de Copenhague, où elle obtient son diplôme en 1949. De 1949 à 1950 elle travaille dans l'atelier de Henning. En 1951 elle se rend en France afin de poursuivre sa formation de tisserande sous la direction de Jean Lurçat (1892–1966), dans la célèbre école de la tapisserie d'Aubusson à Saint-Céré. Ensuite, elle travaillera auprès de Jean Wemaire en Bretagne. À son retour, elle prend la direction de l'atelier de Henning et au début des années 1950, elle sera considérée (par **Lis Ahlmann** en particulier) comme la plus douée des jeunes tisserandes danoises. Ses tissus, réalisés avec des matières traditionnelles et selon des techniques ancestrales, ont pourtant une fraîcheur toute contemporaine, avec leurs motifs en zigzag ou à rayures déclinés dans de magnifiques couleurs saturées : des tons rouge profond, bleu sombre, blanc écru et ocre. Inspirés par les textiles de style amérindien ou primitif américain, ils expriment une esthétique quasi primitive qui contraste nettement avec les techniques artisanales raffinées utilisées pour les fabriquer. Cette combinaison de motifs géométriques vigoureux et de techniques de tissage magistrales donne au travail de Klint un caractère distinctif qui révèle, selon Jörgen Schou-Christensen, la noble simplicité de l'authentique travail artisanal. À partir de 1956, outre ses tissus en coton et en soie tissés à la main, Klint va transférer ses dessins sur des modèles convenant à la fabrication industrielle, comme sa collection de tapis pour C. Olesen. En 1957, elle exécute des tapisseries pour le lycée Egmont H. Petersen de Copenhague, d'après des cartons du peintre William Scharff (1886–1959), et trois ans plus tard, elle reçoit le célèbre prix Lunning. Vibeke Klint a contribué à perpétuer la tradition scandinave du tissage à la main, et elle lui a donné un nouveau souffle avec ses tissus à la fois simples et pleins de vitalité, qu'elle adaptera souvent aux contraintes de la production industrielle.

Ci-dessus : Tapis rouge avec motifs en zigzag, 1953

Ci-contre : Tissu à rayures, 1980

Bibliothèques modulaires en chêne pour Rud. Rasmussens Snedkerier, années 1950

mogens koch

1898, Frederiksberg – 1992, Copenhague, Danemark

De 1921 à 1925, le designer de meubles danois Mogens Koch travaille comme assistant de l'architecte Carl Petersen (1874–1923) tout en étudiant l'architecture à l'Académie royale danoise des beaux-arts de Copenhague, dont il sort diplômé en 1925. Il fera ensuite plusieurs voyages d'études aux États-Unis, au Mexique et en Europe, puis sera de 1925 à 1930, l'assistant de **Kaare Klint**. En 1932, Koch dessine le siège *MK Safari*, qui, comme le *Safari* de Klint (1933) peu après, est basé sur un modèle pliant classique. Le *Safari* de Klint est maintenant un classique du meuble danois, mais à sa présentations, il fut jugé trop radical pour être mis en production. Il sera finalement fabriqué en 1960, par Interna et Rud. Rasmussen. En 1934, Koch ouvre son agence de design, et reçoit quatre ans plus tard la prestigieuse médaille Eckersberg. Influencé par l'approche évolutive de Kaare Klint, son mobilier, comme celui de Klint, est essentiellement une réinterprétation moderne de modèles anciens. Sa chaise *Wingback* de 1936, par exemple, est un hommage au mobilier géorgien de l'Angleterre du XVIIIe siècle. Outre Interna et Rud. Rasmussen, Koch a aussi pour clients CWS et N.C. Jensen Kjær, qui sont autant d'exemples de l'esprit danois. Outre des meubles, Koch dessine de l'argenterie, des tissus et des tapis liés à des projets de restauration d'églises danoises. Son travail va être régulièrement présenté à la Triennale de Milan et sera inclus dans l'exposition itinérante « Les arts du Danemark » qui fera le tour des États-Unis en 1960. De 1950 à 1968, Koch est professeur à l'Académie royale danoise des beaux-arts ainsi qu'assistant au Massachussets Institute of Technology à partir de 1956, et à l'Institut des arts industriels de Tokyo, à partir de 1962. Ce grand pionnier du design de meubles danois de style moderne se verra décerner la médaille C.F. Hansen et le prix annuel de la Guilde des ébénistes, respectivement en 1963 et en 1964. La méthode subtile, mais foncièrement moderne de Koch pour

résoudre les problèmes, fondée sur le perfectionnement des formes classiques, est un parfait exemple du design danois de l'entre-deux-guerres.

Ci-dessus :
Sièges modulaires, repose-pieds et tables, le tout en acajou pour Rud. Rasmussen, 1961

Ci-dessous :
Table double en acajou et bois de rose exécutée par N. C. Jensen Kjær, 1952

Cafetière avec tasse et soucoupe *Modèle n° 24* pour Bing & Grøndahl, 1961

henning koppel

1918, Copenhague – 1981, Copenhague, Danemark

Le designer danois Henning Koppel étudie le dessin avec Bizzie Høyer à Copenhague de 1935 à 1936, puis la sculpture avec Anker Hoffmann à l'Académie royale danoise des beaux-arts de Copenhague de 1936 à 1937. En 1938 et 1939, il suit les cours de l'Académie Ranson à Paris, où il découvre les mouvements d'avant-garde. Pendant la Seconde Guerre mondiale, Koppel vit en exil à Stockholm. Il dessine pour la verrerie **Orrefors** et Svenskt Tenn. C'est à cette époque qu'il commence aussi à dessiner des bijoux en or et en argent. En 1945, il retourne au Danemark et entame avec la maison **Georg Jensen** une collaboration qui va durer jusqu'à sa mort en 1981. Bien qu'il ait travaillé dans d'autres domaines du design et pour d'autres sociétés, ce sont les belles pièces en argent qu'il crée pour Georg Jensen qui lui vaudront sa notoriété internationale. S'inspirant des sculptures abstraites de Jean Arp (1887–1966) et de Constantin Brancusi (1876–1957), Koppel dessine des bijoux en argent biomorphes, notamment le bracelet *Modèle n° 89* (1946), résolument futuriste, véritable sculpture à porter. Si ses bijoux et ses objets en argent – entre autres sa carafe à vin *Modèle n° 978* de 1948 ou son plat à poisson de 1954 – s'inscrivent dans la plus pure tradition artisanale danoise, ils sont foncièrement modernes car ils découlent d'une conception du design qui délaisse les citations historiques en faveur d'un langage universel de formes organiques. Ses pièces sont d'abord dessinées, puis réalisées en argile, ce qui permet d'en perfectionner tous les détails avant de passer à l'argent. En 1957, Koppel introduit un design plus expressif dans la collection de services de table de Georg Jensen, avec ses couverts *Caravel*, mais au cours des années 1970, son travail va devenir de plus en plus géométrique et moins sculptural. L'une de ses dernières réalisations pour Georg Jensen, qui traduit son évolution vers une esthétique plus rationnelle et dépouillée, sera la série *Vejrstation* (Station météo) (1980), qui comprend baromètre, thermomètre, horloge

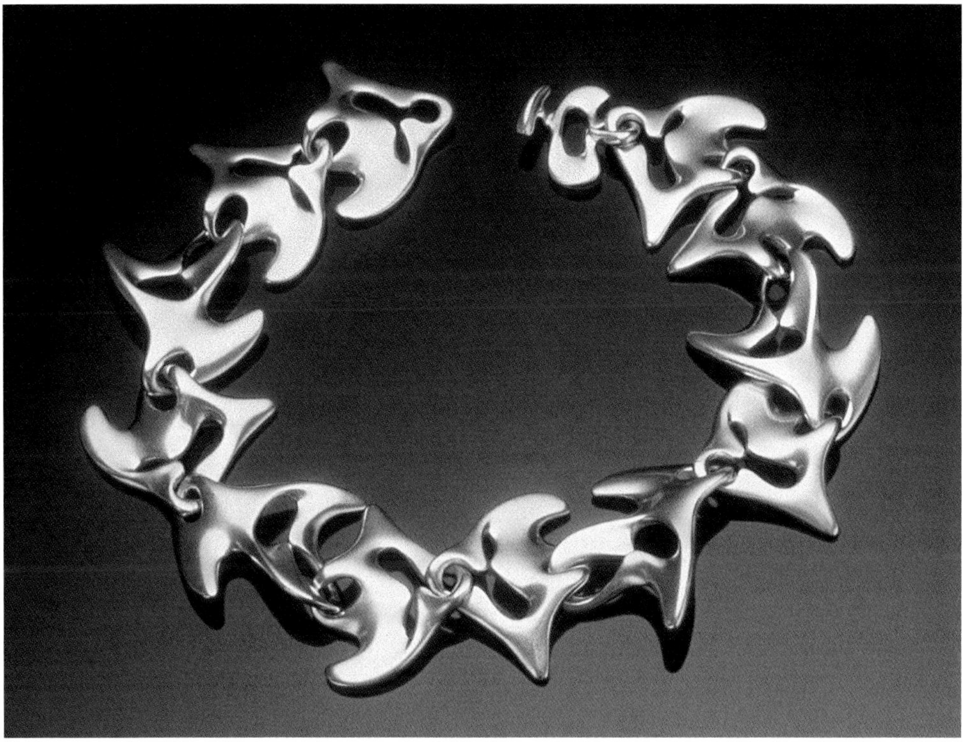

Ci-dessus:
Bracelet en argent *Modèle n° 89* pour Georg Jensen, 1946

Ci-dessous:
Broche en argent et émail *Modèle n° 307* pour Georg Jensen, 1947

Broche en argent et émail *Modèle n° 323* pour Georg Jensen, 1956

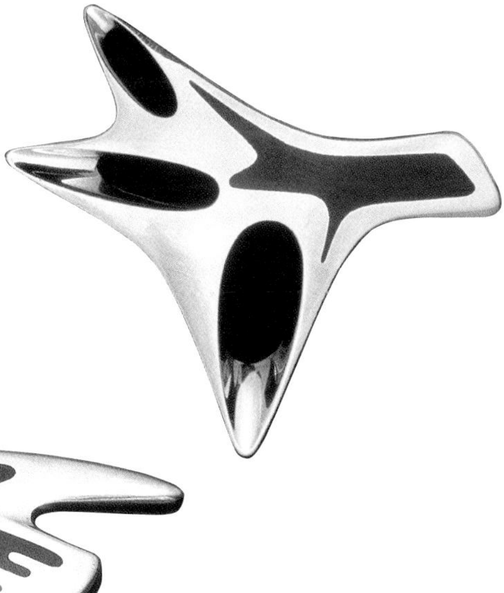

Georg Jensen dans les années 1950 – présentant la coupe en argent *Modèle n° 980* (1950) et la carafe en argent *Modèle n° 978* (1948), dessinées par Henning Koppel

Ci-dessous : Coupe en argent *Modèle n° 980* pour Georg Jensen, 1950

Ci-contre : Carafe en argent *Modèle n° 978* pour Georg Jensen, 1948

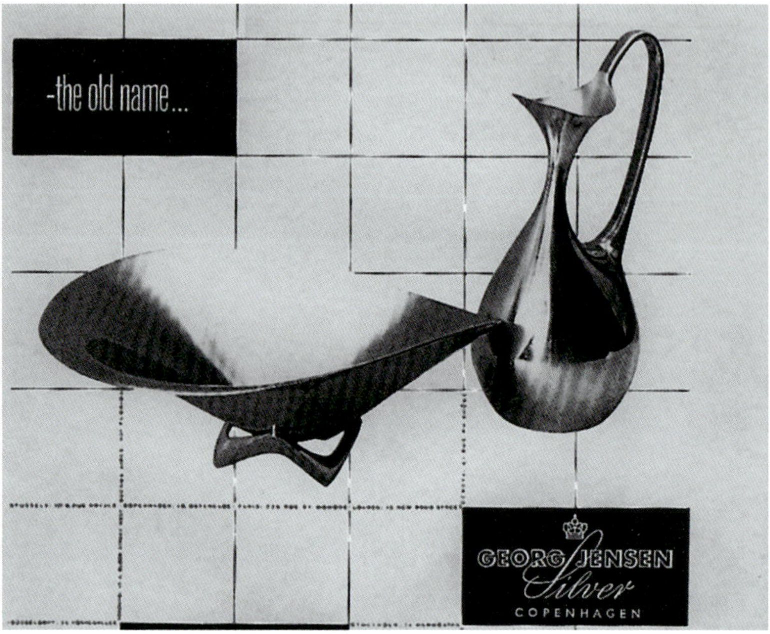

Couverts en argent *Modèle n° 111 Caravel* pour Georg Jensen, 1957

Ci-contre : Couverts à poisson en plaqué argent *Modèle n° 1026* pour Georg Jensen, 1954

et hydromètre. Entre 1961 et 1981, Koppel dessine aussi plusieurs céramiques pour **Bing & Grøndahl**, dont son service en porcelaine unie *Form 21* (1962), appelé aussi le service *Blanc de Koppel*, où figure une théière insolite dotée d'un curieux manche en teck. À partir de 1971, Koppel travaille à nouveau en indépendant pour Orrefors. Il dessine aussi des horloges et des luminaires pour **Louis Poulsen**, et des timbres pour les postes danoises. Au cours de son illustre carrière, il reçoit trois médailles d'or aux IXe (1951), X^{e} (1954) et XIe (1957) Triennales de Milan, le prix Lunning (1953) et le prix du design international de l'American Institute of Designers (1963). Aidé par une magistrale connaissance de la nature des matériaux, il a créé de superbes objets en métal aux formes organiques sensuelles et d'une remarquable plasticité sculpturale, dont les surfaces polies et les lignes asymétriques ont fini par symboliser le « new-look » du design scandinave d'après-guerre.

Arne Korsmo & Grete Prytz, théière en argent et Perspex pour Jacob Tostrup, 1947–1948

arne korsmo & grete prytz

1900, Oslo, Norvège – 1968 Cusco, Pérou / 1917 Oslo – 2010 Oslo, Norvège

Arne Korsmo étudie à l'École polytechnique de Trondheim et ouvre son agence de design en 1929. Il dessine des objets en métal pour la maison d'orfèvrerie-joaillerie Jacob Tostrup (fondée en 1832), dirigée alors par Jacob Tostrup Prytz (1886–1962) qui deviendra son beau-père. En 1937, Korsmo est chargé de dessiner le stand de la Norvège à l'Exposition internationale des arts et techniques dans la vie moderne. Il va ensuite se faire un nom avec ses couverts en argent en 1949 (fabriqués par J. Tostrup à partir de 1953). Ces petits chefs-d'œuvre d'ergonomie et d'élégance lui vaudront une médaille d'or en 1954 à la Xe Triennale de Milan. De 1936 à 1956, Korsmo est directeur de l'École nationale des métiers d'art et des arts appliqués d'Oslo puis devient professeur à l'École polytechnique. Outre des objets en métal, il dessine aussi des meubles en bois et tubes d'acier. Dans les années d'après-guerre, Arne et Grete Korsmo forment le couple de designers le plus célèbre de la Norvège – un peu comme Charles et Ray Eames aux États-Unis ou Robin et Lucienne Day en Grande-Bretagne – et ont une influence considérable dans tout le milieu du design norvégien. Issue d'une célèbre famille d'orfèvres, Grete Prytz est la fille de Jacob Tostrup Prytz, quatrième génération à la tête de l'entreprise familiale d'Oslo, l'orfèvrerie Jacob Tostrup. De 1936 à 1941, elle étudie à l'École nationale des métiers d'art et des arts appliqués, où enseigne son père, qui fut du reste l'un des plus ardents défenseurs du fonctionnalisme en Norvège dans les années 1920 et 1930 (Tostrup père deviendra recteur de l'école en 1945). Après ses études, Grete dessine des bijoux et des objets en métal pour l'entreprise familiale, en ayant souvent recours à l'émaillage, devenu une spécialité norvégienne au début du XXe siècle et pour lequel la maison Jacob Tostrup était spécialement réputée. Puisant dans la longue expérience de sa famille dans ce domaine, Grete relance la technique en l'utilisant pour une décoration de motifs abstraits contemporains aux couleurs

éclatantes. Entre 1949 et 1950, elle bénéficie d'une bourse Fulbright au Chicago Institute of Design, et à son retour en Norvège, elle collabore avec l'Institut central d'études en recherche industrielle sur la mise au point de techniques permettant d'émailler l'argent sur de grandes surfaces. Les résultats de ces recherches, dont ses imposantes bagues *Domino* (1952), sont présentés à l'exposition « Norsk Emaljekunst i Lyset » (« L'art de l'émail norvégien en lumière »), à Oslo en 1952. Devenue Grete Korsmo après son mariage avec Arne Korsmo, elle reçoit le prix Lunning pour sa contribution aux progrès des techniques d'émaillage, en particulier l'introduction de la gravure à main levée de la surface à émailler au moyen d'un outil de ciselage semblable à une fraise de dentiste. Ce nouveau procédé lui donne une liberté artistique encore plus grande. Après la mort d'Arne Korsmo, elle se remarie et prend le nom de Grete Prytz Kittelsen. Au cours des années 1970, elle dessine un certain nombre de récipients en inox émaillé, édités par Cathrineholm, qui révèlent son intérêt pour le design et la fabrication de produits de qualité, mais relativement bon marché. De 1975 à 1978, elle préside l'Association norvégienne des arts appliqués, et en 1984, elle est élue membre honoraire du World Crafts Council.

Arne Korsmo, couverts *Korsmo* pour Jacob Tostrup, 1947–1952 – fabriqués à partir de 1953

Arne Korsmo, service à thé en argent, poignées en Perspex pour Jacob Tostrup, vers 1950

Ci-dessous : Grete Prytz, tissu *Tøy* pour Sissi Bjønnes, 1955

Ci-contre : Arne Korsmo & Grete Prytz, chandelier en argent et émail pour Jacob Tostrup, vers 1950

Elis Bergh, verres *Östergyllen*, 1929

Ci-dessous : Une des premières publicités pour Kosta

kosta boda

création : 1742, Kosta, Suède

Kosta Boda est issu de trois verreries suédoises, Kosta, Boda et Åfors, mais le nom n'est utilisé comme marque commerciale que depuis 1976. Les débuts de Kosta, la plus ancienne verrerie suédoise encore en activité, remontent à 1742, quand deux gouverneurs provinciaux, généraux dans l'armée du roi Charles XII, Anders Koskull (1677–1746) et Georg Bogislaus Staël von Holstein (1685–1763), unissent leurs forces pour créer une verrerie à la frontière de leurs provinces respectives de Kronoberg et de Kalmar, dans la région forestière du Småland, désignée parfois de nos jours comme le royaume du cristal. Le nom de la manufacture, qui est celui du village dans lequel elle est située, est aussi une sorte d'acronyme de leurs noms. La verrerie fait venir des maîtres-souffleurs d'Allemagne, et se lance dans la production d'articles ménagers de qualité, dont des verres de style allemand classique. Elle se fait aussi connaître avec sa production de lustres (de style anglais) et de verre pour le bâtiment, et devient le principal fournisseur de vitres pour le Palais Royal, construit par Carl Gustav Tessin à Stockholm et achevé en 1753. En 1756, Kosta passe sous le contrôle financier de la famille Wickenberg, puis devient une entreprise d'État en 1875. Au tournant du siècle, l'usine commence à fabriquer des pièces plus artistiques, en particulier du verre en camée de style Art nouveau inspiré par le travail d'Émile Gallé (1846–1904), orné de motifs floraux naturalistes dessinés par d'éminents designers suédois tels que **Gunnar Wennerberg** et Alf Wallander (1862–1914). En 1915, l'Association suédoise des métiers d'art et du design ouvre une agence dont la vocation est de convaincre les industriels d'employer des artistes. Répondant à son slogan, *Vackrare Vardagsvara !* (De beaux objets pour tous les jours !), la verrerie Kosta engage plusieurs artistes pour relancer sa ligne de produits, dont Edvin Ollers (1888–1959), membre du groupe artistique des Optimistes, et Edvard Strömberg. Les créations d'Ollers pour Kosta se distinguent par des formes simples aux motifs

Elis Bergh, vase en verre taillé, 1937

Ci-dessous : Elis Bergh, verres et carafes, vers 1936

décoratifs, qui rappellent sur le plan stylistique la production de la verrerie Daum en France à la même époque. Les créations de Strömberg se caractérisent, elles aussi, par leurs formes à la fois sobres et bien proportionnées. Dans les années 1920 et 1930, plusieurs designers réputés travailleront pour Kosta, dont **Ewald Dahlskog** de 1926 à 1929, Sven Erik Skawonius (1908–1981) de 1933 à 1935, et Elis Bergh (1881–1954) de 1929 à 1950. À son poste de directeur artistique de la maison, Bergh est à l'origine du design à la fois élégant et moderne qui va caractériser la production de Kosta entre les deux guerres. C'est à cette époque que Kosta fabrique des objets sobres en verre blanc taillé, gravés de motifs figuratifs stylisés ou de dessins géométriques. Dans les années 1930, le style Art déco devient très à la mode : le verre de Kosta devient plus géométrique, massif et découpé, comme on le voit dans les créations de Skawonius et Tyra Lundgren (1897–1979), ornées de motifs de poissons et d'oiseaux hautement stylisés. La production de Kosta dans l'entre-deux-guerres est certes généralement d'excellente qualité, mais elle ne peut rivaliser avec les innovations artistiques et techniques d'**Orrefors**. Kosta ne redevient vraiment créative que vers 1950, quand **Vicke Lindstrand** est nommé directeur artistique. Ayant précédemment travaillé pour Orrefors, Lindstrand y a mis au point des techniques qu'il va apporter avec lui, en particulier la technique dite « Ariel », qui consiste à piéger une couche d'air entre une paroi ornée d'un décor sablé et l'enveloppe finale en verre blanc. Chez Kosta, Lindstrand produit quelques-uns des objets les plus sculpturaux de sa carrière, des pièces aux formes asymétriques et aux lignes douces et ondulantes striées de spirales de rayures colorées et de motifs abstraits sablés. Sous sa direction, Kosta joue la diversité, avec la vaisselle « rustique » en verre au carbonate coloré et à bulles d'Erik Höglund, les séries à facettes polychromes *Ventana* de Mona Morales-Schildt, et la verrerie d'art hautement expressive d'Ann

Ann Wåhlström, vases *Hot Pink* de la gamme *Artist Collection*, 2000

Ci-dessous : Vicke Lindstrand, vase *Negress*, 1953

Ci-contre : Vicke Lindstrand, *Träd i dimma* (Arbres dans le brouillard), vase, 1957

(née en 1937) et Göran (1933–2022) Wärff, souvent rehaussée d'une décoration humoristique en camée. En 1972, Kosta absorbe la verrerie Johansfors, et en 1976 prend le nom de Kosta Boda. En 1990, la société est rachetée par son concurrent de longue date Orrefors, et va dès lors construire sa réputation sur le verre artistique très coloré. Pendant les années 2000, Kosta avait une écurie de huit designers – Monica Backström (1939–2020), Anna Ehrner (née en 1948), Kjell Engman (né en 1946), Ulrica Hydman-Vallien (1938–2018), Bertil Vallien (né en 1938), Ann Wåhlström (née en 1957), Gunnel Sahlin (née en 1954) et Göran Wärff – qui ont créé nombre de nouveaux produits ajoutés aux collections existantes, communiquant « leurs messages artistiques avec chaleur et allégresse ». Aujourd'hui, Kosta Boda (qui fait désormais partie du groupe nouvelle vague AB) se veut un trait d'union entre ses racines culturelles et le « présent en perpétuelle mutation ». Sa production reste largement saluée en tant que telle pour sa qualité artistique et son savoir-faire.

Saladier, bol et couverts à salade *Krenit* en acier émaillé pour Torben Ørskov, 1953

herbert krenchel

1922, Frederiksberg – 2014, Hellerup, Danemark

Le designer danois Herbert Krenchel a fait des études d'ingénieur à l'École nationale polytechnique à Copenhague. En 1953, il ouvre une agence de design et commence à travailler en free-lance pour le fabricant d'ustensiles en métal Torben Ørskov & Co. La même année, il dessine ses célèbres récipients *Krenit*, qui lui valent une médaille d'or à la Xe Triennale de Milan (1954). Fabriquée à partir de feuilles d'acier épaisses de quelques millimètres et embouties en machine, cette vaisselle émaillée hautement fonctionnelle marque une nouvelle étape dans les progrès de la production industrielle d'objets ménagers. Au milieu des années 1950, Krenchel dessine aussi des objets pour la table dans les plastiques durs qui viennent d'être mis au point, dont ses saladiers en mélamine noire (vers 1956), également fabriqués par Torben Ørskov. Peu après, il dessine la révolutionnaire poêle à frire *Krenit* en acier émaillé (1957), proposée en trois diamètres (15, 20 et 25 cm) d'une couleur différente pour chaque taille. Avec son manche détachable en bakélite, elle peut passer directement du fourneau à la salle à manger. Comme beaucoup d'autres designers danois, Krenchel a voulu créer pour la maison des objets de bonne qualité qui font honneur au mot d'ordre de l'Association suédoise de métiers d'art et du design : des meilleurs objets pour tous les jours.

Coupes et bols *Krenit* en acier émaillé pour Torben Ørskov, 1953

Vase en faïence *Kobra* pour Royal Copenhagen, 1914

Ci-contre : Vase en porcelaine pour Royal Copenhagen, 1907 – Krog a décoré ce vase à plusieurs reprises avec divers motifs de style oriental

arnold krog

1856, Frederiksværk – 1931, Tisvilde, Danemark

Le céramiste danois Arnold Krog étudie l'architecture à l'Académie royale danoise des beaux-arts de Copenhague de 1874 à 1880. Encore étudiant, il travaille comme assistant à la rénovation et à l'aménagement intérieur du château de Frederiksborg, à l'ouest de Copenhague (1878–1881), puis brièvement en 1883, dans le bureau de création de l'architecte Henrik Hageman. En 1884, il commence à dessiner des céramiques pour **Royal Copenhagen** et un an plus tard, il est nommé directeur artistique de la firme. Son travail est présenté à l'Exposition scandinave d'industrie, d'agriculture et d'art de 1888, où il est très remarqué. L'année suivante, Krog se rend à Paris pour faire partie du jury de l'Exposition universelle de 1889. C'est là qu'il découvre l'importante collection d'art oriental de l'industriel et marchand d'art Siegfried Bing (1838–1905). Il dessinera par la suite de nombreuses pièces sans décoration influencées par des modèles japonais, avec des vernis cristallins de style oriental inventés par Valdemar Engelhardt. L'une de ses meilleures créations pour Royal Copenhagen est le service *Marguerite* (1897), aux anses en forme de libellules et d'abeilles. En 1900, Krog est présent à l'Exposition universelle de Paris, où il remporte un grand prix. Dans les années 1910, il délaisse le style délicat de sa production japonisante et se met à dessiner des objets de style Art déco, dont son vase *Kobra* (Cobra) de 1914 dont les serpents entortillés et les motifs en zigzag trahissent l'influence du primitivisme et des terres cuites traditionnelles. Krog a été l'un des designers les plus influents de Royal Copenhagen, avec qui il a collaboré jusqu'en 1916. Comme tant d'autres designers, il a été très influencé par l'art japonais et a cherché, tout au long de sa carrière, à reproduire des formes idéales – une préoccupation typiquement scandinave.

yrjö kukkapuro *né en 1933 à Yiipuri, Finlande*

Le grand designer de meubles finlandais Yrjö Kukkapuro a étudié l'architecture intérieure à l'École supérieure d'art et de design d'Helsinki. Il termine ses études en 1958 et, un an plus tard, il ouvre un atelier de design à Kauniainen. Ses premiers meubles, d'esprit fonctionnaliste, portent l'influence d'**Ilmari Tapiovaara**, le pionnier des meubles en kit, qui enseignait dans son école. À la fin des années 1950, Kukkapuro se met à dessiner des chaises à assise en contreplaqué moulé et châssis en tubes d'acier, non pas parce que c'étaient ses matériaux de prédilection, mais parce qu'ils étaient immédiatement disponibles. Il s'en expliquera plus tard : « Je rêvais déjà de fabriquer des sièges en fibre de verre, mais ce rêve tenait quand même un peu de l'utopie dans la Finlande d'alors. » Il va cependant avoir l'occasion de mener des expériences sur le plastique grâce à l'avènement du frittage en 1961. Cette technique relativement simple consiste à tremper dans du plastique en poudre un moule en acier chauffé, afin de former une couche de matière fondue qui se détache facilement de ce moule une fois qu'il a suffisamment refroidi. Kukkapuro réalise quelques prototypes à partir de cette technique, mais ne réussit pas à trouver de fabricant ni le soutien financier nécessaire à la mise en production. Au début de 1964, il tente de nouveau l'expérience et construit un prototype à partir d'un treillis métallique moulé pour épouser la forme de son propre corps en position assise. Cette pièce ainsi façonnée est fixée à un châssis de tubes en métal, couverte d'une toile épaisse enduite de plâtre, qu'il faut gratter et poncer pour obtenir la forme requise. Kukkapuro passe près d'un an à peaufiner son prototype. Le résultat, le fauteuil en fibre de verre et cuir *Karuselli* (Carrousel, 1965), est une confortable coquille – sorte de variation sur le thème du berceau –, nous signifie qu'un siège peut bel et bien s'adapter à la forme du corps humain, et en avoir la souplesse, les courbes et autant que faire se peut la beauté. En 1966, le fauteuil *Karuselli* fait

la couverture du magazine *Domus*, bel hommage à son créateur mais aussi signe du rayonnement du design finlandais en général. À la fin des années 1960 et au début des années 1970, Kukkapuro dessine d'autres sièges et tables en plastique moulé, dont les tables *Saturnus* (1987). Cependant, après la crise pétrolière du milieu des années 1970, l'ère du plastique aux formes expérimentales et expressives cède la place à l'âge d'or de l'ergonomie et de l'écologie. Kukkapuro va donc se livrer à diverses « mesures physiométriques » du corps humain afin de réunir les données anthropométriques nécessaires à la mise au point d'un fauteuil de bureau en contreplaqué moulé. Le fruit de ses recherches, *Fysio* (1978), est révolutionnaire. C'est en effet l'un des tout premiers sièges de bureau presque entièrement construit sur des paramètres ergonomiques. Kukkapuro est professeur à l'École supérieure d'art et de design d'Helsinki de 1974 à 1980, et recteur de cette même institution de 1978 à 1980. Dans les années 1980, avec l'ascension du post-modernisme, son style se fait plus expressif, comme en témoignent les chaises *Experiment* (1982–1983). « Le post-modernisme nous a rendus à cet élément vital que les Français appellent joie de vivre », explique-t-il. Ses meubles, d'abord édités par Haimi, seront fabriqués à partir de 1980 par la nouvelle société Avarte. Puissance des lignes, innovation technique, expérimentation, qualité du matériau : le travail de Kukkapuro illustre à la perfection l'esprit du design finlandais.

Ci-dessus :
Fauteuils *Karuselli* (Carrousel) pour Haimi (futur Avarte), 1964–1965

Ci-contre :
Photo publicitaire originale des fauteuils *Karuselli* (Carrousel) de Yrjö Kukkapuro, vers 1964

Verres *Tulpan* (Tulipe) pour Orrefors, 1957

Ci-contre : Verres *Tulpan* (Tulipe) pour Orrefors, 1954

nils landberg

1907, Västra Vingaker – 1991, Nybro, Suède

De 1923 à 1925, le designer de verre suédois Nils Landberg étudie à l'École des arts appliqués de Göteborg, puis, de 1925 à 1927, il suit une formation à la nouvelle école de gravure de la verrerie **Orrefors**, comme son compatriote Sven Palmqvist. Il part ensuite étudier en France et en Italie avant de retourner en Suède où il travaille chez Orrefors comme assistant et graveur auprès d'Edward Hald. Vers 1935, il commence à dessiner ses propres créations pour l'entreprise dont il intègre l'équipe de design, réalisant d'élégants motifs décoratifs classiques pour des pièces en verre de **Simon Gate**. Ses propres travaux de verrerie de cette période seront présentés à Paris en 1937, à l'Exposition internationale des arts et techniques dans la vie moderne et à l'Exposition de New York en 1939. Dans les années 1950, Landberg s'essaie aux formes abstraites et imprécises avec du verre blanc ou délicatement teinté. Ces créations possèdent une tension propre du fait qu'il pousse la résistance à l'élasticité de ses matériaux. Son célèbre *Tulpanglas* (verre Tulipe) de 1957 et son pied à l'étranglement très fin sont soufflés d'une seule pièce ; il recevra une médaille d'or à la XIe Triennale de Milan en 1957. Sa ligne raffinée incarne l'élégance du design organique scandinave d'après-guerre. Il annonce aussi la vigueur et le goût des couleurs qui caractériseront la verrerie suédoise dans les années 1960. Vénérée comme un classique d'Orrefors (elle restera au catalogue jusqu'en 1981), la gamme *Tulpanglas* témoigne par sa grâce fragile de la virtuosité technique des souffleurs de verre suédois. De même, les verres de Landberg *Illusion* (1957) accentuent la pureté et la douceur inhérentes au verre. Landberg dessine des éclairages, des portes et des fenêtres ouvragées. Il quitte Orrefors en 1972, et en 1986 le musée d'Orrefors présente une rétrospective de ses créations. Le travail de Landberg a perpétué la grâce de la verrerie suédoise, mais il a aussi incarné le « new-look » du design scandinave d'après-guerre avec ses formes résolument organiques.

Mobilier de salle de séjour, 1939

Ci-contre : Chaise et classeur de revues pour Svenska Möbelfabrikerna, 1933

axel larsson *1898, Medelpad – 1975, Suède*

Figure éminente du modernisme suédois de l'entre-deux-guerres, Axel Larsson étudie à l'École supérieure des beaux-arts, des métiers d'art et du design de Stockholm. En 1925, il commence par dessiner pour l'Union des fabricants de meubles suédois des meubles pour la production en série. Il ouvre aussi à cette époque son atelier à Stockholm et dessine pour l'Exposition de Stockholm en 1930 un intérieur de salle à manger qui révèle l'influence du fonctionnalisme allemand, mais l'effet est tempéré par l'adjonction de plantes en pot et d'un tapis géométrique aux motifs vigoureux. Au début, comme son compatriote **Sven Markelius**, Larsson dessine des meubles aux formes simples et dépouillées essentiellement dictées par des considérations fonctionnelles. Au milieu des années 1930 cependant, son travail devient plus doux et organique. En 1939, il dessine pour le pavillon suédois à l'Exposition universelle de New York un salon dont le mobilier est conforme aux principes du mouvement moderne, mais affiche une préoccupation scandinave pour l'excellence artisanale et l'ergonomie. Des années 1930 à 1956, Larsson est le principal designer de l'Union des fabricants de meubles suédois à Bodafors, l'une des premières entreprises scandinaves de meubles produits en série. Son travail, par exemple sa chaise de salle à manger et son armoire à étagères en frêne légèrement teinté (vers 1934), illustre le sens du détail du design suédois moderne et affiche un fonctionnalisme élégant. Comme d'autres designers scandinaves, Larsson a aussi conçu des meubles luxueux fabriqués à la main. Au cours de sa carrière, il a reçu commande de nombreux aménagements d'intérieurs publics et privés, dont la salle de concert de Göteborg (avec Nils Einar Eriksson) et le ministère des Affaires étrangères à Stockholm. Son mobilier est essentiellement moderne, mais se garde de toute adhésion dogmatique au fonctionnalisme. Il annonce le style de design empreint de douceur qui s'épanouira dans la Scandinavie d'après-guerre.

La bibliothèque à Lilla Hyttnäs avec une nappe tissée par Karin Larsson

Ci-contre : Le cabinet de travail à Lilla Hyttnäs

carl & karin larsson

1853, Stockholm – 1919, Falun, Suède / 1859, Örebro – 1928, Valnäs, Suède

Carl et Karin Larsson ont été d'importants pionniers du concept de design comme style de vie. Ensemble, ils ont créé un style éclectique et informel centré sur les joies de la vie de famille, qui aura une énorme influence en particulier en Scandinavie et en Allemagne. Les talents artistiques du jeune Carl lui valent d'être accepté à l'Académie des beaux-arts de Stockholm où il va étudier l'art classique et le dessin d'après modèle. À la même époque, il dessine des caricatures pour la revue *Kasper* et des illustrations pour le quotidien *Ny Illustrerad Tidning*. En 1877, il s'installe à Paris, puis en 1882, à Grez, avec quelques autres peintres suédois. Durant ce séjour, il peint des aquarelles empreintes de réalisme poétique et d'une grande puissance narrative. En 1879, il rencontre l'artiste suédoise Karin Bergöö, qu'il épouse en 1883. Dans les années 1880, Larsson rejoint le groupe d'artistes suédois Opponents et travaille comme illustrateur. En 1888, le père de Karin offre à la famille Larsson, qui s'agrandit, une petite maison, Lilla Hyttnäs à Sundborn, qu'ils utilisent comme résidence d'été jusqu'en 1901, date à laquelle elle devient leur résidence permanente et le centre de leurs vies. Karin la décore dans un style simple de tradition populaire, avec meubles peints en blanc ou encastrés, parquets, tissus brodés et pots de géraniums rouges, tandis que Carl dépeint leur vie quotidienne et leurs six enfants dans ses aquarelles. Ses études stylisées aux couleurs vives, qui restituent l'atmosphère idyllique, rurale, autarcique et insouciante de ce mode de vie, sont largement reproduites dans l'album *Ett Hem* (Notre Maison, publié en 1899), en vue de « réformer le goût et la vie de famille ». La maison était située dans le village pittoresque de Sundborn dans la province de Dalécarlie – le cœur mystique de la Suède – et allait être remodelée et embellie par les Larsson avec une simplicité reposante et une chaleur pleine de caractère, afin de proposer une nouvelle conception de la maison de famille suédoise. Convaincus de l'importance de « l'art dans la maison »,

les Larsson décorent pratiquement toutes les surfaces de leur intérieur, y compris le moindre panneau de porte qu'ils ornent de portraits de leurs enfants et les murs sur lesquels ils inscrivent des maximes réconfortantes telles que : « Aimez-vous les uns les autres, les enfants, car l'amour est tout. » La maison des Larsson accomplissait pleinement l'ambition du mouvement Arts & Crafts d'un « idéal rural », et représentait une intense et influente manifestation du concept suédois de *mysa*, un sentiment de joie et de chaleur domestique très proche de la notion danoise de *hygge*. Le style de vie simple et intégré promu par Carl et Karin Larsson a constitué un élémentclé à l'origine du design suédois moderne, et on peut le considérer comme un ancêtre spirituel de l'esthétique **IKEA**.

Ci-dessus : Carl Larsson, étude à l'aquarelle pour *La Vieille Anna*, vers 1896

Ci-contre : La salle à manger à Lilla Hyttnäs – où figurent les plus remarquables lampes en papier dessinées par Karin Larsson

Ci-contre en haut: Carl Larsson, étude à l'aquarelle pour la *Chambre de Papa*, vers 1895

Ci-contre en bas: Carl Larsson, étude à l'aquarelle pour le *Coin Repos dans le salon*, vers 1895

Ci-dessus: Carl Larsson, illustration montrant le salon à Lilla Hyttnäs, vers 1900

Ci-dessous: Le salon à Lilla Hyttnäs – cette pièce claire, lumineuse et spacieuse contrastait notoirement avec l'atmosphère confinée des intérieurs bourgeois de la fin du XIXe siècle

Poul Christiansen, suspension *Modèle n° 172 Sinus* pour Le Klint, vers 1972

Ci-dessous : Peder Vilhelm Jensen-Klint, fondateur de Le Klint

le klint

création : 1943, Odense, Danemark

En 1901, l'architecte, ingénieur et artisan danois de renom Peder Vilhelm Jensen-Klint (1853–1913) dessine pour lui-même une lampe à huile en grès de style rustique, qu'il veut pouvoir assortir à un simple abat-jour en papier plié. Ne trouvant aucun abat-jour tout fait à son goût, il décide de s'en fabriquer un en parchemin. En repliant le papier en petits plis le long de son pourtour, il invente une « collerette » qui non seulement permet de conserver la forme de l'abat-jour mais aussi de le maintenir à bonne distance de la chaleur dégagée par la cheminée en verre de la lampe. Bientôt, confectionner des abat-jour en papier plié sera un passe-temps apprécié des autres membres de la famille, et va devenir avec le temps une petite entreprise familiale. Au cours de cette période, Tage, le fils aîné des Klint (1884–1953), imagine un dispositif pour attacher les abat-jour en papier plié sur des armatures ordinaires sans monture supplémentaire, et en 1943, il fonde la société Le Klint pour exploiter le *hobby* familial. L'année suivante, son frère, l'architecte **Kaare Klint**, crée la lampe suspendue *Fruit*, dont l'un des dessins est encore utilisé de nos jours dans le logo de l'entreprise. Les créations en « plis croisés » de Kaare Klint conviennent particulièrement aux intérieurs modernes : elles sont simples et sculpturales, mais aussi relativement bon marché à fabriquer. Puis son fils, Esben Klint (1915–1969), va concevoir lui aussi plusieurs lampes célèbres. D'autres designers vont être engagés pour enrichir le catalogue, dont **Peter Hvidt** et **Orla Mølgaard-Nielsen**. Encore étudiant à l'Académie royale danoise des beaux-arts, Poul Christiansen (né en 1947) imagine un abat-jour plié à la main et à courbes sinusoïdales, et le présente à Le Klint en 1967. Le directeur, Jan Klint, séduit par la beauté et le potentiel commercial de ce nouveau modèle, décide de l'éditer sous le nom de *Modèle n° 167*. Les créations de Christiansen s'enchaînent ensuite chaque année, toujours autour du thème des formes sinusoïdales. Avec leurs sculpturales courbes mathématiques, les lampes

de Christiansen savent capturer l'esprit de la fin des années 1960 et du début des années 1970, et du coup, les abat-jour classiques en « plis croisés » semblent singulièrement datés. Aujourd'hui, les lampes de Le Klint sont toujours fabriquées à la main dans les ateliers d'Odense, et sont reconnues partout dans le monde comme « de parfaits exemples de la stature internationale des arts appliqués danois ».

Ci-dessus : Esben Klint, suspension *Modèle n° 107*, et Andreas Hansen, suspension *Modèle n° 157*, années 1950

Peder Vilhelm Jensen-Klint, lampes en grès avec abat-jour en papier plié, 1901 – la première lampe Le Klint

Tissu *Bregner* pour Dansk Kattuntrykkeri, 1937

Ci-contre : Tissu *Kirsebær*, imprimé dans son propre atelier, 1946

marie gudme leth

1895, Århus – 1997, Copenhague, Danemark

La dessinatrice de tissus danoise Marie Gudme Leth a fait ses études dans une École d'arts appliqués pour jeunes filles, puis à l'Académie royale danoise des beaux-arts de Copenhague. Ensuite, elle poursuit sa formation à l'École des beaux-arts et des métiers d'art de Francfort. En 1931, elle est nommée à la tête du département textile de l'École des métiers d'art de Copenhague, poste qu'elle occupera jusqu'en 1948. En 1935, elle participe à la création de l'entreprise textile Dansk Kattuntrykkeri, dont elle sera la directrice pendant cinq ans, avant d'ouvrir en 1940 son atelier de création textile, spécialisé dans les tissus sérigraphiés. L'une de ses premières créations, *Jagten* (1932), est très influencée par l'art oriental alors qu'à peine plus tard les tissus *Landsby I* (1935) et *Landsby II* (1936), avec leurs motifs de maisons, de moulins et d'arbres, s'inspirent des arts populaires traditionnels. À ceci près qu'à côté des paysages, il y a aussi des usines, allusion discrète à l'industrialisation croissante des campagnes danoises. Avec le tissu *Bregner* (1937) aux somptueuses fougères déployées, Marie Gudme Leth s'éloigne des scènes picturales « animées ». Elle va continuer à dessiner de nombreux tissus à motif floral de plus en plus stylisés et complexes. Son superbe tissu *Kirsebær* de 1946, par exemple, aurait été difficile à imprimer en très grande quantité avec son dessin en six couleurs. Dans les années 1950, le travail de Gudme Leth va tendre à devenir plus abstrait et plus brut, avec des tissus comme *Bølger* (1955) et *Izmir* (1955–1960), qui annoncent le style coloré et vigoureux des tissus **Marimekko** dans les années 1960. Marie Gudme Leth obtient une médaille d'or à la IXe Triennale de Milan (1951) et ses tissus sont présentés dans le cadre de l'exposition itinérante « Design in Scandinavia », dont la tournée triomphale aux États-Unis et au Canada durera trois ans, de 1954 à 1957. En 1995, le Musée danois des arts appliqués de Copenhague a monté une grande rétrospective de son œuvre.

Théière *Berså* pour Gustavsberg, 1960

Ci-contre : *Pottery* pour Nordiska Kompaniet, vers 1947

stig lindberg

1916, Umeå, Suède – 1982, San Felice Circeo, Italie

Le designer suédois Frederick Stigurd (Stig) Lindberg étudie à Jönköping, puis à l'École supérieure des beaux-arts, des métiers d'art et du design et à l'Institut royal de technologie de Stockholm de 1935 à 1937. Entre 1937 et 1940, il se forme auprès de **Wilhelm Kåge** à la manufacture de céramique **Gustavsberg** et réalise un certain nombre de pièces de style Art déco, dont au moins une, de forme asymétrique, laisse présager une approche plus organique de son travail à venir. Au cours de cette période, Lindberg va suivre des cours au Danemark et à l'Académie Colarossi à Paris, dont il tiendra à souligner l'importance cruciale pour sa formation artistique. Ses céramiques sont présentées publiquement pour la première fois à Stockholm en 1941, et durant les années d'après-guerre elles seront largement considérées comme l'exemple même du modernisme scandinave. En 1942, Lindberg présente sa première collection de terres cuites peintes à l'exposition « Fajanser målade i vår » (Faïences peintes au printemps). Dans des pièces ultérieures, il introduira des formes elliptiques pleines de fantaisie et des rayures colorées. De 1947 à 1949, il dessine des objets en verre pour la verrerie Målerås et des tissus pour Nordiska Kompaniet, tout en travaillant comme illustrateur. En 1949, il succède à Wilhelm Kåge au poste de directeur artistique de Gustavsberg. Dans les années qui suivent, il lance de nouvelles collections de céramiques, dont le très beau vase *Pungo* (Bourse) de 1953. Incarnant à l'extrême ces formes organiques qui allaient caractériser le design scandinave d'après-guerre, l'élégant et sophistiqué *Pungo* est aux antipodes des modestes et parfois humoristiques créations en terre cuite des débuts de l'artiste. Lindberg va aussi dessiner des faïences décorées de scènes inspirées des peintures de Marc Chagall (1887–1985). Elles seront éditées par Gustavsberg. Son travail dans d'autres domaines du design a les mêmes qualités picturales, en particulier des tissus

Vase *Pungo* (Bourse) pour Gustavsberg, vers 1953

Ci-contre : Photographie publicitaire originale des vases *Veckla*, *Modèles n°s 243 & 236*, et de la coupe *Veckla, Modèle n° 245*, pour Gustavsberg, vers 1949

comme *Pottery* (vers 1947). En 1957, Lindberg quitte la maison Gustavsberg et devient professeur à l'École supérieure des beaux-arts, des métiers d'art et du design de Stockholm, poste qu'il occupera jusqu'en 1970. Il dessine aussi des objets en verre pour les verreries **Holmegaard** (1959–1960) et **Kosta** (1965). De 1971 à 1980, il reprend la direction artistique de Gustavsberg, puis ouvre son atelier en Italie. Comme beaucoup de designers scandinaves, Lindberg a su adapter son style à la nature de son matériau. Son œuvre a une personnalité et un charme typiquement scandinaves, qui émanent principalement de son usage de formes asymétriques élégantes et de motifs décoratifs d'inspiration populaire.

Vase *Fishing Net* pour Kosta, 1951

Ci-contre : Vase pour Kosta, vers 1954

vicke lindstrand

1904, Göteborg – 1983, Kosta, Suède

Le designer de verre suédois Victor Emmanuel (Vicke) Lindstrand étudie les arts graphiques à l'École des arts appliqués de Göteborg de 1924 à 1927. De 1922 à 1928, il réalise des dessins humoristiques et des illustrations pour deux journaux locaux, et étudie brièvement en France et en Italie. En 1928, il commence à travailler pour **Orrefors**, dessinant des pièces en verre classiques par la forme mais souvent gravées de motifs figuratifs stylisés, présentées à l'exposition de Stockholm de 1930 où ils sont extrêmement bien accueillis par la critique. Ils révèlent l'influence du cubisme. Lindstrand dessine ensuite une fenêtre pour le pavillon suédois de l'Exposition internationale des arts et techniques dans la vie moderne (1937) et une fontaine en verre pour l'Exposition de New York en 1939. À cette époque, il s'oriente vers un style plus souple et plus fluide, plus naturaliste. Tout en collaborant avec Orrefors (qu'il quitte en 1941), Lindstrand travaille pour la Karlskrona Porslinsfabrik de 1935 à 1936 et, de 1936 à 1950, pour l'Upsala-Ekeby. Entre 1950 et 1970, alors qu'il est directeur du design de la verrerie **Kosta Boda**, il ouvre son propre atelier à Århus. Dans les années 1950, il dessine des pièces en verre qui annoncent les formes vigoureuses si en vogue dans la décennie suivante. C'est chez Kosta qu'il produit ses pièces les plus sculpturales, influencées par les travaux de verriers vénitiens contemporains comme Fulvio Bianconi. Cependant, ses créations se distinguent par des formes organiques moins expressives. Au début des années 1960, Lindstrand s'essaie à la gravure sur des déchets de verre polis. Passant du verre gravé classique aux pièces sculpturales de formes libres puis aux sculptures en verre « d'art », il a témoigné de sa maîtrise du matériau. Il faut aussi saluer son travail de pionnier de cette verrerie aux formes organiques qui incarnera le « new-look » du design scandinave d'après-guerre.

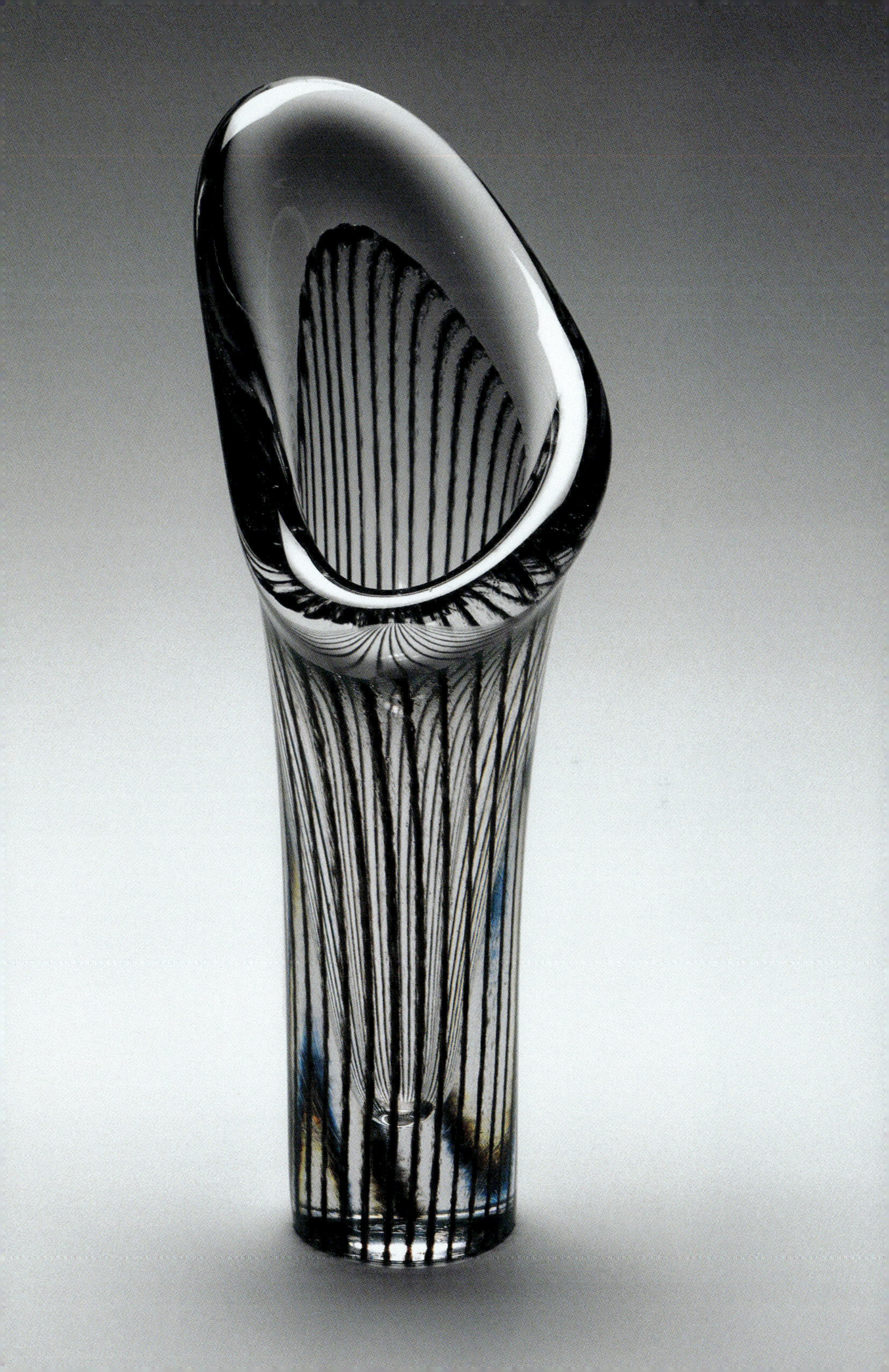

Poul Henningsen dans la «salle de démonstration» qu'il a dessinée pour Louis Poulsen à Nyhavn en 1939

Ci-contre : Poul Henningsen, suspension *PH*, vers 1927

louis poulsen

création : 1874, Copenhague, Danemark

La célèbre marque de luminaires danoise Louis Poulsen est née d'un négoce de liège et d'une entreprise de quincaillerie, avec l'ouverture en 1892 d'un «département électricité» spécalisé dans les lampes à arc de carbone. Louis Poulsen (1871–1934), neveu du fondateur Ludwig R. Poulsen (1846–1896), prend les rênes de l'affaire en 1906 et s'installe deux ans après à Nyhavn (Copenhague). Le tournant, pour cette entreprise qui fait alors du commerce de gros, va avoir lieu en 1911, quand Sophus Kaastrup-Olsen (1884–1938) acquiert 50% des parts de la division électrique de Poulsen. Olsen, homme aux idées politiques très avancées, est fermement convaincu que l'électricité a un grand avenir. Louis Poulsen se retire en 1917 et Olsen devient alors le seul propriétaire. Presque immédiatement, il va bénéficier de l'explosion de la demande due à la fin de la Première Guerre mondiale et à la restitution longuement espérée de la partie méridionale du Jutland au Danemark. En 1918, la société Louis Poulsen affiche le chiffre d'affaires phénoménal de 5 millions de couronnes, pour un bénéfice net de 600 000 couronnes. Les années 1920 sont difficiles. Puis un jour, Olsen rencontre le designer de luminaires **Poul Henningsen** («il était aussi fou que moi» confiera plus tard Henningsen), l'engage, et l'entreprise renoue avec la croissance. À partir de 1924, Henningsen dessine pour Louis Poulsen des lustres qui atténuent la luminosité excessive des ampoules à arc de carbone grâce à des superpositions d'abat-jour qui font office de déflecteurs. Comme il le note lui-même : «La lumière électrique est ingrate, et cela ne pardonne pas dès lors qu'il faut éclairer une pièce. Elle est tellement imparfaite que, malgré sa commodité, son prix peu élevé et son abondance, elle est toujours aussi impopulaire. Les gens civilisés la considèrent plutôt comme un mal nécessaire.» Pour résoudre ces problèmes inhérents à la lumière électrique, les lustres de Henningsen diffusent la lumière, mais indirectement. Remarquablement modernes, à la fois beaux et fonctionnels, ils

Catalogue allemand présentant les lampes *PH* de Poul Henningsen pour Louis Poulsen, années 1930

Ci-dessous: Plan du stand de Louis Poulsen pour l'« Exposición Internacional de Barcelona » – présentant la collection complète des lampes de Poul Henningsen

Ci-contre: Poul Henningsen, lampe de table *PH*, 1927

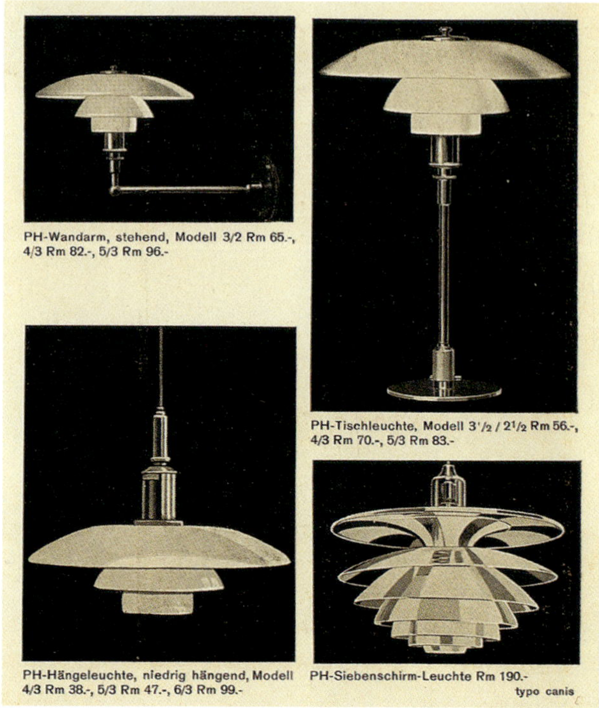
PH-Wandarm, stehend, Modell 3/2 Rm 65.-, 4/3 Rm 82.-, 5/3 Rm 96.-

PH-Tischleuchte, Modell 3½ / 2½ Rm 56.-, 4/3 Rm 70.-, 5/3 Rm 83.-

PH-Hängeleuchte, niedrig hängend, Modell 4/3 Rm 38.-, 5/3 Rm 47.-, 6/3 Rm 99.-

PH-Siebenschirm-Leuchte Rm 190.-

typo canis

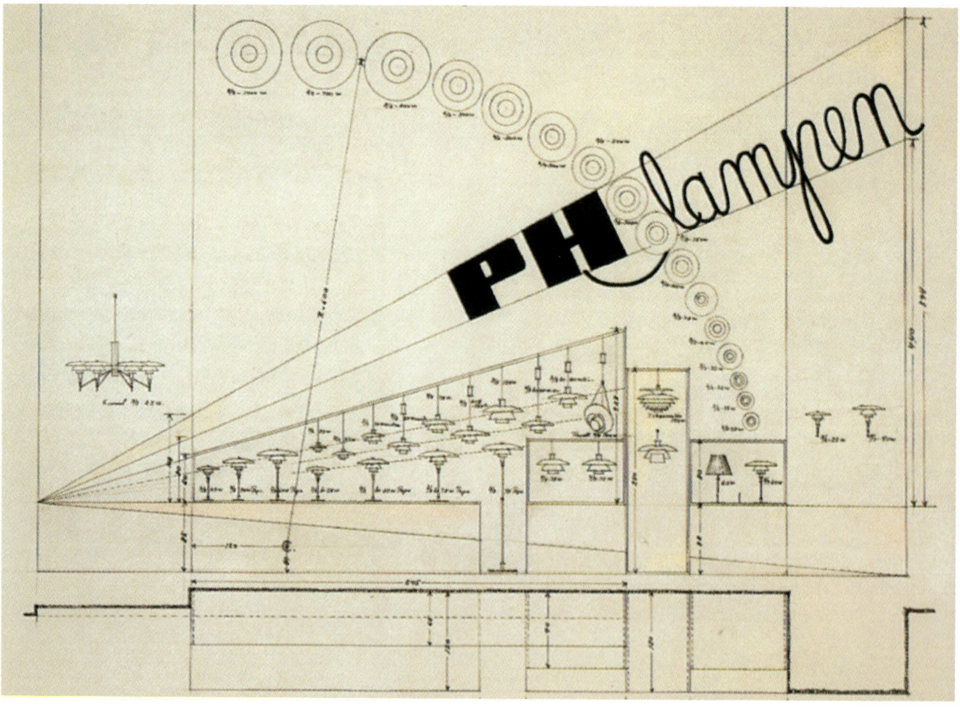

Poul Henningsen, lampe *PH Louvre*, 1957

Ci-dessous à gauche : Couverture du catalogue de Louis Poulsen présentant les grandes lampes *PH Spiral* de Poul Henningsen, 1968

Ci-dessous à droite : Poul Henningsen, projet de suspension *Type II A PH*, 1924

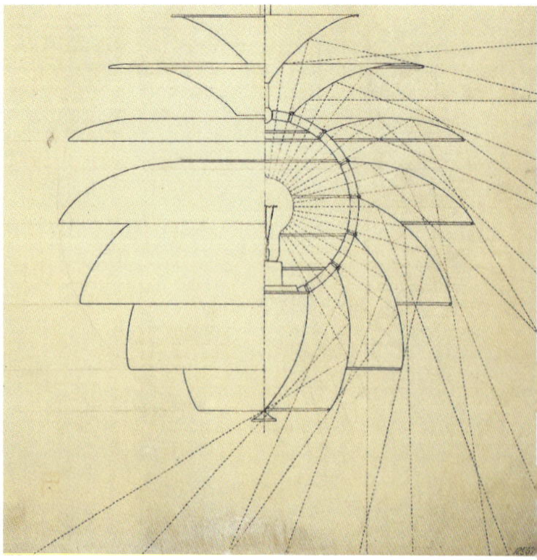

lui vaudront une médaille d'or à l'Exposition internationale des arts décoratifs et industriels modernes Paris en 1925. Un an plus tard, Henningsen dessine la fameuse série *PH*, toujours en production. Les *PH*, d'une modernité saisissante pour leur époque, séduisent les architectes et les architectes d'intérieur – **Alvar Aalto**, par exemple, va les intégrer dans l'aménagement de l'auditorium de Turku en Finlande. Le modèle, très efficace pour répartir la lumière, sera largement utilisé dans les bâtiments publics, par exemple la gare ferroviaire de Cologne en 1929, ou des locaux plus petits à usage commercial ou d'habitation. En 1931, il s'était déjà vendu 30 000 *PH* dans le monde. La maison Louis Poulsen réussit à survivre à la Seconde Guerre mondiale et poursuit son expansion en ouvrant des filiales dans plusieurs pays et en commandant à d'autres designers célèbres (dont **Arne Jacobsen**, King & Miranda et **Alfred Homann)** des lustres et des lampes pour habitations et espaces publics. En 1997, Louis Poulsen comptait 1 090 employés et des filiales en nom propre en Allemagne, Suède, Norvège, Finlande, Grande-Bretagne, Pays-Bas, France, Suisse, Australie, Japon et États-Unis. La croissance se poursuit depuis les années 2000 et la maison Poulsen édite toujours les lustres de Poul Henningsen, les classiques d'Arne Jacobsen et de **Verner Panton**, mais elle n'en oublie pas pour autant les jeunes talents et reste l'une des entreprises les plus créatives de son secteur d'activité.

Publicité pour Louis Poulsen présentant les lampes *PH* et le siège de la firme donnant sur le canal de Nyhavn à Copenhague, années 1960

Coupes pour Holmegaard, 1942 et 1944

per lütken

1916, Copenhague – 1998, Copenhague, Danemark

Le designer de verre danois Per Lütken étudie la peinture et le dessin à l'École des arts appliqués de Copenhague. À la fin de ses études en 1937, il travaille comme designer freelance et présente ses premières pièces en verre à l'exposition « Danske Kunsthåndværk » (Arts appliqués Danois) qui se tient à Stockholm en 1942. Les formes sont classiques, simples, le verre est incolore, et le tout est très réussi. En 1946, Lütken succède à **Jacob Bang** comme directeur artistique et designer en chef des verreries **Holmegaard** et Kastrup, où il commence par suivre l'esthétique moderne classique de son prédécesseur. Cependant, après avoir visité en 1954 la Xe Triennale de Milan au cours d'un voyage d'études en Italie, il va lancer Holmegaard et Kastrup sur une nouvelle voie esthétique en introduisant des couleurs tendres et des formes fluides dans son travail. Les créations qui en résultent, comme les célèbres coupes *Provence* (vers 1956), les vases *Beak* (1951) et la carafe *Martini* (1957), sont toutes conçues dans ces formes douces et organiques qui dominent le design scandinave moderniste des années d'après-guerre. Dans les années 1960, Lütken expérimente des combinaisons de verre clair et coloré afin de parvenir à de spectaculaires tourbillons de couleurs. En 1969, il présente sa collection *Lava*, soufflée dans des moules en argile humide de telle sorte que les impuretés adhèrent aux parois et donnent cette finition rustique alors à la mode. Dans les années 1970, son travail devient de plus en plus expérimental, témoin la sculpture en verre multicolore en forme d'œuf *Form* (1970). En 1978, il propose sa série *Vintergæk*, un mélange de verre blanc moucheté et d'opaline vert et blanch. Lütken estimait que le travail du verre exige « une collaboration intime, impérative et passionnante, fondée sur une reconnaissance mutuelle entre le designer et le verrier… Plus la pièce finie évoque ce processus et en rend compte par la vigueur de sa forme, et mieux c'est ». Durant sa longue carrière chez Holmegaard, il a redéfini l'esthétique

des productions de la maison tout en réalisant de nombreuses pièces expérimentales qui auront une immense influence sur la verrerie produite en série. Cette façon de « mettre la main à la pâte » est typique du design de verre scandinave – aujourd'hui encore, il n'est pas rare que des pièces uniques réalisées en atelier soient reprises, moyennant quelques ajustements, pour la production en grande série.

Ci-dessus : Plat *Selandia*, vase et bol *Beak* soufflé par l'artiste pour Holmegaard, 1952, 1950 et 1955

Ci-dessous : Vases pour Holmegaard, 1956 – la forme douce et ondulante de ce design ne reflète pas seulement une empathie naturelle avec le matériau utilisé mais symbolise aussi le concept scandinave de « verre vivant »

Röda Åttan (Huit rouge), tapis de laine tissé main, 1928

Ci-contre: *Rutmattan* (Tapis à carreaux), petit tapis tissé main laine sur chaîne en lin, 1931

Märta Måås-Fjetterström

1873, Kimstad – 1941, Båstad, Suède

Märta Måås-Fjetterström a redonné vie au tissage en Suède avec ses créations modernes et elle a ouvert un atelier textile encore en activité aujourd'hui. Fille de pasteur, elle a fait pousser des fleurs toute son enfance – et a développé un intérêt qui inspirera ses futures créations textiles. Elle fait ses études à la Tekniska skolan (future Konstfack) de Stockholm et pense d'abord à une carrière d'illustratrice et professeur de dessin. Après ses études, elle ajoute « Måås » à son nom et prend la direction de l'Association d'artisanat du comté de Malmöhus en 1905, elle en est cependant renvoyée après avoir présenté une tapisserie jugée trop radicale à la Konstindustriutställningen (exposition d'art et d'industrie) de Stockholm en 1919. Elle est ensuite embauchée comme directrice d'une nouvelle école de tissage à Vittsjö, sous l'égide de l'artiste Lilli Zickerman. Elle y développe de nouvelles techniques et réalise ses propres motifs très personnels. Elle expose son travail en 1914 à l'Exposition balte de Malmö où elle rencontre Ludvig Nobel – le neveu du chimiste philanthrope Alfred Nobel – qui lui demande de créer des textiles pour son hôtel Skånegården de Båstad et l'invite à y ouvrir un atelier. L'entreprise se développe au point d'employer vingt artistes tisserands qui réalisent les tapis à points noués de type andrölakan (tissés à plat), les tentures murales et les tapisseries créés par Måås-Fjetterström. Ses œuvres sont présentées à l'exposition de Stockholm (1930) et à celle de Liljevalchs (1934) où elles sont saluées unanimement par la critique. Elle créera plus de 700 modèles, mais meurt des suites d'une opération à l'apogée de sa carrière. Carl Malmsten parvient à sauver l'atelier avec l'aide d'Erik Wettergren (directeur du Musée national), du roi Gustave V et du prince héritier Gustave-Adolphe de Suède. Il continue de produire ses créations, ainsi que celles d'autres femmes artistes de talent, notamment **Barbro Nilsson** qui, en tant que directeur artistique, a développé l'héritage exceptionnel de Måås-Fjetterström.

Meuble de rangement en teck, Nordisk Staal & Møbel Central, vers 1945 – attribué à Arnold Madsen

Ci-contre : Fauteuil *Clam*, Nordisk Staal & Møbel Central, 1944

arnold madsen

1907, Danemark – 1989, Danemark

Le design nordique suscite l'intérêt croissant des collectionneurs depuis vingt ans et nombre de « redécouvertes » sont aujourd'hui très recherchées. Le fauteuil *Clam* produit en série dans les années 1950 est l'une des plus connues. D'abord attribué à tort au designer danois Viggo Boesen, le Nasjonalmuseet (Musée national des beaux-arts) de Norvège ajoute à la confusion en le réassignant à un designer norvégien du nom de Martin Olsen. Dans ce contexte, le fauteuil a commencé à faire beaucoup parler de lui dans les ventes aux enchères du monde entier au début des années 2010 lorsque de riches Norvégiens rivalisent pour acquérir un exemplaire de ce « design maison » emblématique. L'un de ces clients émet cependant des doutes en 2013, ce qui incite la maison de ventes aux enchères Bruun Rasmussen à mener une enquête en bonne et due forme sur l'origine de l'objet. On finit par apprendre qu'une licence de production a aussi été délivrée à la société Vik & Blindheim, basée à Sykkylven, en Norvège, ce qui explique le succès du fauteuil en Norvège dans les années 1950. Les experts de Bruun Rasmussen en attribuent alors le design à l'architecte danois Philip Arctander après avoir parlé avec certains de ses amis. Mais l'histoire ne s'arrête pas là, des recherches supplémentaires révèlent finalement que l'objet est en réalité l'œuvre d'un autre designer danois, Arnold Madsen, ce que confirment la fille de Madsen et son ancien partenaire commercial, mais aussi l'agent norvégien, Old Christian Hassing. C'est en fait une version ultérieure du fauteuil *Clam* original de Madsen, réalisée par Schubell, qui a été produite par Nordisk Staal & Möbel Central et par Vik & Blindheim. Arnold Madsen n'en demeure pas moins entouré de mystère et son fauteuil reste très convoité par les collectionneurs pour sa forme organique emblématique.

Bouilloire *Modèle n° 140* pour Stelton, 1988

Ci-contre : Carafe isotherme *Thermal Carafe (Couleur 950 – Orange)* pour Stelton, 1976

erik magnussen

1940, Copenhague, Danemark – 2014, Charlottenlund, Danemark

Le designer danois Erik Magnussen reçoit une formation de céramiste à l'École des métiers d'art de Copenhague jusqu'en 1960. À partir de 1962, il travaille comme designer pour le fabricant de porcelaine **Bing & Grøndahl**, dessinant une vaisselle simple et géométrique comme sa théière en grès à passoire intégrée (1963) ou son service empilable *Form 25 Termo* (1965). En 1967, Magnussen reçoit le prix Lunning pour ses créations en céramique. L'année suivante, il dessine un siège pliant très fonctionnel en toile et tube d'acier, la *Z-chair,* pour Torben Ørskov & Co., qui révèle sa capacité à évoluer dans les domaines les plus divers. En 1969, il dessine une théière novatrice pour Bing & Grøndahl, dont la poignée est intégrée au corps du récipient. Vers 1970, en collaboration avec Per Kragh-Müller, il dessine une gamme de mobilier scolaire qui comprend une chaise empilable avec un châssis construit à partir d'une seule longueur de tube d'acier recourbé auquel viennent se fixer des éléments de siège et de dossier de forme elliptique en contreplaqué moulé – une solution extraordinairement rationnelle qui n'est pas sans rappeler la chaise *Snake* de **Poul Henningsen** (1932).
À partir de 1976, Magnussen va aussi travailler pour **Stelton**, pour qui il dessine plusieurs produits célèbres comme la verseuse isotherme *Thermal Carafe* (1976), extrêmement élégante et pratique, proposée à la fois en acier inoxydable et dans un plastique ABS de couleurs vives. Destiné à compléter la collection d'ustensiles en métal *Cylinda Line* d'**Arne Jacobsen** (1967), ce thermos, qui allait connaître un immense succès, met en lumière les principes du design de Magnussen : durabilité esthétique et fonctionnelle, simplicité des formes, facilité d'utilisation, fabrication rentable. À partir de 1978, Magnussen dessine de la vaisselle pour **Georg Jensen**, le fabricant d'argenterie produisant aussi une version en argent fin de la *Thermal Carafe*. Durant les années 1980 et 1990, il crée notamment la lampe à kérosène *Modèle n° 301* pour Harlang & Dreyer (1988),

une horloge et un baromètre pour Georg Christensen, une table et une chaise pour Paustian (1989), dont le châssis est constitué d'une seule pièce de tube d'acier cintré. Le travail de Magnussen – une quête constante de perfection dans le moindre détail – est parfaitement représentatif de l'honnêteté du design danois face à l'objet, et singulièrement l'objet d'usage courant fabriqué en série.

Ci-dessus : Saladiers, coupelles et couverts à salade pour Stelton, 1986

Ci-contre : Siège *Z-chair* pour Torben Ørskov, 1968

Fauteuil *Inka* (Inca) pour Nyvirki Ltd., 1963

Ci-contre : Fauteuil *Apollo* pour Kristján Siggeirsson, 1967

gunnar magnússon

né en 1933 à Ólafsfjördur, Islande

Le créateur islandais Gunnar Magnússon est diplômé en menuiserie de l'École polytechnique de Reykjavik (1955). Il travaille ensuite comme menuisier à Reykjavik et Copenhague jusqu'en 1959, tout en suivant des cours de design de meuble et de décoration intérieure à l'École des arts appliqués de Copenhague. Diplômé en 1963, il commence à dessiner des meubles pour plusieurs fabricants et architectes. La même année, il dessine un siège en pin couvert de tissu rembourré, *Inka* (Inca), qui, avec sa construction apparente et sa forme quadrangulaire, affiche une franchise et une détermination caractéristiques du design islandais. Avec ses formes géométriques sans concessions, ce meuble annonce les modèles plus rationnels qui prévaudront en Scandinavie dans les années 1970. Au début des années 1960, Magnússon est primé plusieurs fois pour des lits et des tables (1962) dessinés pendant ses études et il est quatrième au premier concours organisé par le *Daily Mirror*, « International Furniture Design Competition » pour une chambre à coucher aux puissantes formes géométriques. En 1964, il retourne à Reykjavik et ouvre sa propre agence, spécialisée dans le design de meubles et d'aménagement intérieur de banques, bureaux, résidences, paquebots, et avions. En 1967, il dessine le fauteuil *Apollo* en contreplaqué moulé, inspiré des éléments de la fusée de la NASA *Saturne V* utilisée pour les missions spatiales Apollo, et se base pour le construire sur le concept « d'une partie centrale et de deux sortes de courbes ». Chef de file du design islandais des années 1970, il va être chargé de dessiner la table où doivent s'affronter Bobby Fischer et Boris Spasski lors du fameux Championnat du monde d'échecs de Reykjavik en 1974. Les meubles de Magnússon, qui reflètent le penchant des Islandais pour les constructions par éléments et une franche fonctionnalité, sont régulièrement exposés, dans son pays comme à l'étranger, et plus particulièrement à la prestigieuse exposition de la Guilde des ébénistes de Copenhague.

Broche en argent *Modèle n° 283 Butterfly* pour Georg Jensen, 1942

arno malinowski

1899, Copenhague – 1976, Copenhague, Danemark

Le sculpteur et designer danois Arno Malinowski a fait son apprentissage chez S. Lindahl, graveur de la Cour royale danoise, de 1914 à 1919, puis étudie à l'Académie royale danoise des beaux-arts de 1919 à 1922. Entre 1921 et 1935, il dessine des céramiques pour **Royal Copenhagen**, des figures en porcelaine plutôt dévêtues, à base de vernis blanc-de-Chine. Ses statuettes produites en séries limitées, comme *De fem verdensdele* (Les cinq continents), *Islandsk pige* (Fille islandaise) et *Bruden* (La fiancée), sont d'une exquise délicatesse. En 1925, il décore aussi un service de table (dont la forme néo-classique est due à Christian Joachim) avec des motifs d'animaux peints et dorés, par exemple un bélier bondissant ou un étrange oiseau évoquant le héron. En 1925, cette vaisselle est présentée à l'Exposition internationale des arts décoratifs et industriels modernes, où elle obtient un grand prix. Malinowski dessine aussi pour Royal Copenhagen des pièces en grès dont la robustesse contraste avec l'extrême délicatesse de ses porcelaines, et qui sont basées sur des formes naturalistes abstraites, cosses ou fruits. En 1933, il reçoit la très convoitée médaille Eckersberg, et trois ans plus tard, il commence à travailler pour la maison **Georg Jensen**. Ses célèbres broches en argent ajouré *Faune* et *Papillon* (1959), de style Art déco, illustrent les qualités graphiques et linéaires de son travail. Malinowski va aussi dessiner le *Kongemærket* en argent et émail frappé à l'occasion du 70e anniversaire du roi Christian X, qui sera porté en signe de patriotisme par des milliers de Danois pendant la Seconde Guerre mondiale. Par leurs formes et leur décoration, les pièces de Malinowski traduisent l'influence grandissante du modernisme dans la Scandinavie des années 1920 et 1930, mais leur raffinement exquis – qu'elles soient en porcelaine, en grès ou en argent – témoigne de son art et de sa faculté à traiter les matériaux de manière magistrale.

Christian Joachim et Arno Malinowski, soupière pour Royal Copenhagen – la forme et la décoration de cette pièce reflètent la forte influence de l'Art déco sur le design danois au milieu des années 1920. Cette soupière a remporté un grand prix en 1925 à l'Exposition internationale des arts décoratifs et industriels modernes à Paris. Sa forme avait été conçue par Christian Joachim et les motifs décoratifs dessinés par Arno Malinowski.

Fauteuil en noyer fabriqué dans l'atelier de Carl Malmsten à Stockholm, 1915 – grâce à ce siège, Malmsten remportera un concours pour l'aménagement intérieur de l'hôtel de ville de Stockholm, s'imposant de la sorte comme un acteur majeur dans le design du meuble suédois

Ci-contre : Projet pour des sièges et un bureau, vers 1912

Ci-contre en bas : Table de salle à manger et chaises, 1943 – faites de pin suédois, l'ensemble devait montrer que les essences locales pouvaient remplacer l'acajou, le chêne et les autres bois durs de plus en plus onéreux pendant la Deuxième Guerre mondiale

carl malmsten

1888, Stockholm – 1972, Öland, Suède

Le grand artiste du meuble suédois du XXe siècle que fut Carl Malmsten étudie au Påhlmanns Institut et à l'École d'études supérieures de Stockholm jusqu'en 1908. Il suit aussi quelques cours d'économie à Lund en 1910. De 1910 à 1912, Malmsten fait un stage d'apprentissage chez l'ébéniste Per Jönsson, et entre 1912 et 1915, il étudie l'architecture et les métiers d'art avec l'architecte Carl Bergsten. En 1916, Malmsten ouvre son atelier à Stockholm et commence à travailler comme créateur de meubles et architecte d'intérieur. La même année, il remporte les premier et deuxième prix d'un concours pour le mobilier de l'hôtel de ville de Stockholm. L'année suivante, ses meubles sont présentés à l'exposition Blanchs Konstsalon à Stockholm. À la fin des années 1910 et dans les années 1920, Malmsten sera l'un des principaux designers d'avant-garde de Suède. Son travail, le plus souvent des versions modernes de meubles gustaviens, se distingue par sa simplicité fonctionnelle et sa clarté formelle. S'il ne nie pas la nécessité d'avoir une vision moderne du design, Malmsten estime tout aussi important de rester fidèle aux racines paysannes de l'art suédois, garantes à ses yeux de chaleur et de personnalité. Alors que l'austérité de son mobilier annonce le mouvement moderne, il critique le modernisme abrupt et déshumanisant des bâtiments et des aménagements intérieurs présentés à l'Exposition de Stockholm en 1930 : « La modération dure. L'extrémisme lasse… de toute façon, il y a toujours de la place pour l'un des deux, et pour toutes les solutions entre les deux », assène-t-il. La même année que cette exposition décisive, il fonde l'atelier-école Malmsten à Stockholm, de toute évidence en réaction au fonctionnalisme pur et dur défendu par des confrères comme **Erik Gunnar Asplund**. Designer et enseignant, il est aussi chef d'entreprise en sa qualité de propriétaire de Firma Carl Malmsten (à partir de 1933) et de Carl Malmsten AB (à partir de 1944). Malmsten a toujours défendu un design centré sur l'humain. À la fin des années 1960 et au

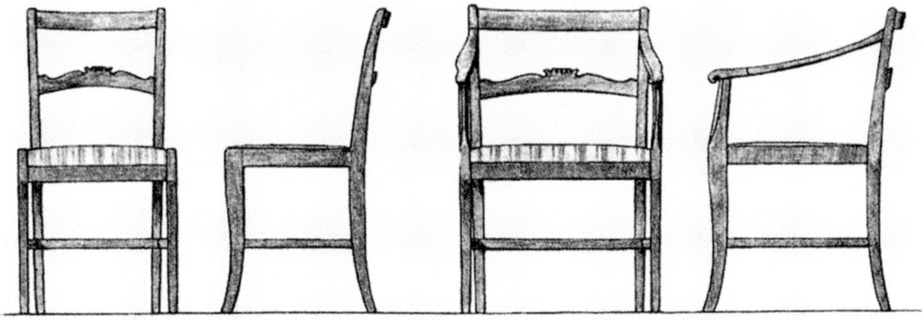

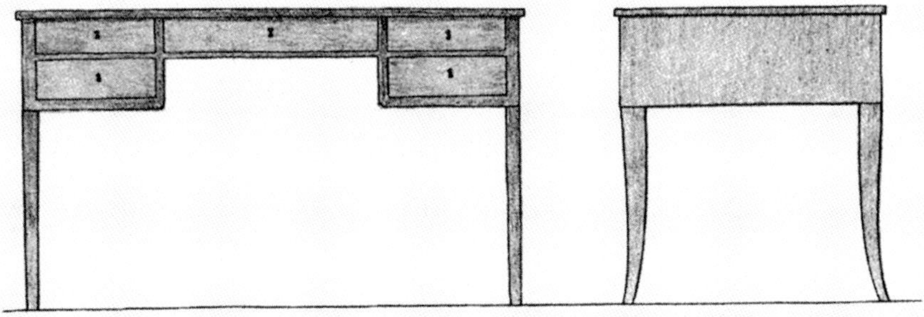

début des années 1970, au crépuscule de sa vie, il dessine en collaboration avec son fils Vidar une collection de meubles répondant aux besoins particuliers des personnes âgées – des fauteuils à assise surélevée, à dossier droit et à accoudoirs qui se règlent, s'inclinent et se lèvent à volonté. Malmsten a réalisé une sorte de synthèse entre les styles européens classiques, les traditions suédoises, et les formes simplifiées et fonctionnelles, en privilégiant toujours la production de qualité, l'élégance des proportions et l'utilité pratique. Il a ainsi développé un langage hybride, sur lequel le design suédois moderne allait s'épanouir. Et on peut dire que son message a été entendu par ses jeunes confrères, dont **Bruno Mathsson**.

La boutique Marimekko au n° 4, Kalevankatu, Helsinki, début des années 1960

marimekko

création : 1951, Helsinki, Finlande

Les origines du célèbre fabricant de tissus Marimekko, remontent à une petite entreprise d'impression de tissus du nom de Printex, fondée en 1949 par Viljo Ratia (1911–2006), en réponse à la grave pénurie de vêtements qui sévissait en Finlande dans l'immédiat après-guerre. Sa femme, Armi Ratia (1912–1979), ex-étudiante de l'école d'art Ateneum, le convainc de fabriquer des tissus différents de l'ordinaire. À l'époque, il consiste en de ternes imprimés à fleurs pour les femmes. Armi dessine alors quelques motifs qui se vendent relativement bien mais, comme elle ne tient pas vraiment à faire ce travail, elle se met à la recherche d'un vrai designer. Elle s'adresse à son vieil ami Arttu Brummer (1891–1951), recteur de son ancienne école, qui lui suggère **Maija Isola**. Bientôt nommée designer en chef de Printex, Isola imagine plusieurs motifs audacieux non figuratifs imprimés en sérigraphie sur une toile de coton bon marché. En mai 1951, Armi et Viljo Ratia créent une nouvelle société, Marimekko, dont le nom signifie « la robe de Marie », ou en d'autres termes, « une robe simple, sans façon, pour tous les jours ». Le but est d'encourager l'utilisation des textiles de Printex dans la décoration intérieure et l'habillement car, si les consommateurs apprécient les tissus Printex, « ils ne savent pas vraiment comment ni où les utiliser ». Selon le registre du commerce, l'objet de la nouvelle société est de fabriquer divers vêtements et accessoires, éventuellement sur commande, de les vendre en gros et au détail, pour les marchés intérieur et extérieur. La première collection de Marimekko, exceptionnellement éclatante et colorée pour l'époque, est lancée au printemps 1951. Elle connaît un grand succès critique, mais il n'en va pas de même sur le plan financier. Et le pire est encore à venir. Quelques années plus tard, la maison mère Printex fait faillite. Marimekko va devoir lutter pour se maintenir à flot, malgré les nombreux articles élogieux de la presse. En 1953, Vuokko Eskolin-Nurmesniemi rejoint l'équipe de design de Marimekko, et définit la politique

Maija Isola, tissu *Melooni* (Melon), 1963

Ci-dessous : Fujiwo Ishimoto, tissu *Korsi*, 1989 – inspiré du tissu à rayures très marquées d'Annika Rimala, *Tasaraita*, devenu le symbole même de Marimekko à la fin des années 1960 et au début des années 1970

Modèles créés par Annika Rimala (dans le sens des aiguilles d'une montre) : *Chickweed* (dans un tissu *Buckwheat* dessiné avec Oiva Toikka), 1961 ; *Plinth* (tissu *Hatch*), 1963 ; *Circus* (tissu *Petrol*), 1963 ; *Glitter* (tissu *Packet*), 1965 ; *Outliner* (tissu *Big Square*), 1965 ; *Line Sign* (tissu *Gallery* dessiné par Vuokko Eskolin-Nurmesniemi en 1954), 1965 ; *Balcony* (tissu *Garden*), 1963 ; *Lupin* (tissu *Garden*), 1963 ; *Seaweed* (tissu *Oasis*), 1966

« anti-mode » de la maison. Les vêtements signés Nurmesniemi lancent la mode au lieu de la suivre. Ils privilégient la forme et son rapport avec les matières. Leur ligne est aussi audacieuse que les tissus créés pour les confectionner. Qui plus est, Marimekko se fait une image de marque tout aussi non conformiste. Sur ses photos publicitaires, les mannequins ont l'air décontracté et naturel, et leurs vêtements semblent passer au second plan. Il faudra cependant attendre 1955 pour que la société puisse acheter ses machines à coudre, qui lui permettront finalement de traverser cette mauvaise passe financière. Marimekko va asseoir sa réputation internationale à l'Exposition universelle de Bruxelles en 1958. Cette manifestation va lui ouvrir des débouchés extérieurs. Ainsi, Benjamin Thompson commence à importer Marimekko aux États-Unis en 1959. Un an après, au cours de la campagne présidentielle de son mari, Jacqueline Kennedy achète sept robes Marimekko dans la boutique de Thompson à Cape Cod, et fait ainsi une énorme publicité à la griffe. Viljo Ratia s'en souvient encore : « Jacqueline était très critiquée pour ses coûteuses toilettes parisiennes. Alors vous pensez bien que ses attachés de presse se sont empressés de clamer sur les toits que l'épouse du Président venait d'acheter quelques robes finlandaises bon marché en coton. » Car Marimekko va carrément à contre-courant en utilisant exclusivement une toile 100 % coton plutôt que la nouvelle matière prodige – le nylon. En 1959, Armi Ratia rencontre la designer Annika Rimala (1936–2014), qui succède à Vuokko Eskolin-Nurmesniemi l'année suivante comme directrice artistique de Marimekko (Nurmesniemi a démissionné pour créer sa propre entreprise, Vuokko Oy). Les premières créations de Rimala sont assez sages, mais elles sont bientôt suivies de tissus plus audacieux, très colorés, pleins de charme juvénile. Les vêtements à la fois simples, chic et sans prétention que Rimala dessine pour Marimekko, dont les insolites salopettes

Annika Rimala, tissu *Petrooli*, 1965

Ci-dessous : Couverture de magazine présentant une robe Marimekko dessinée par Annika Rimala, 1966

Ryppypeppu (1965) avec leur face arrière en ruché, ne sont guère plus conventionnels. Ils plaisent surtout aux femmes qui gravitent dans les milieux de la création, à telle enseigne que l'influent journal américain *Women's Wear Daily* les qualifiera « d'uniformes des intellectuelles ». Juste au moment où les « swinging sixties » touchent à leur fin pour céder la place aux plus sérieuses et conformistes années 1970, Rimala lance en 1969 une collection polyvalente baptisée *Tasaraita*. Fabriquée dans ces tricots à rayures dont Rimala a fait sa marque, cette collection mémorable (comprenant tee-shirts, chemises de nuit, sous-vêtements et chemises) a été pensée pour accompagner un vêtement de plus en plus à la mode, le blue-jean. Facile à porter et décontractée, la collection *Tasaraita*, avec ses rayures élémentaires bleu-et-blanc et rouge-et-blanc, connaît un succès immédiat, qui annonce d'une certaine manière la simplicité bigarrée et sans façon du style « high-tech » qui commence à émerger, illustré entre autres en Scandinavie par des pionniers tels que **Johan Huldt** et **Jan Dranger**. Depuis le milieu des années 1960, Marimekko fabrique aussi les tissus et les vêtements d'autres designers hors norme, comme Liisa Suvanto (1910–1983), Fujiwo Ishimoto (né en 1941), Katsuji Wakisaka (né en 1944), Pentti Rinta (né en 1946), Marja Suna (1934–2022), Ristomatti Ratia (né en 1941), Albert Turick (né en 1953) et plus récemment Antti Eklund (né en 1960). Après la mort d'Armi Ratia en 1979, Marimekko est vendue, mais elle restera fidèle à son credo : « Vous devez être différente » – un principe qui a plutôt réussi à l'entreprise pendant plus de soixante-dix ans. À travers ses textiles et ses vêtements originaux, la maison Marimekko n'a pas seulement contribué au rayonnement international du design finlandais. Elle a également joué un rôle clé dans la définition de certains de ses attributs – lignes vigoureuses, couleurs éclatantes et formes innovantes.

Bureau pour Nordiska Kompaniet, 1930

sven markelius

1889, Stockholm – 1972, Stockholm, Suède

L'architecte et designer suédois Sven Markelius étudie à l'Institut royal de technologie de Stockholm de 1909 à 1913, puis à l'Académie royale des beaux-arts de 1913 à 1915. Il fait ensuite un stage dans le cabinet d'architectes de Ragnar Östberg (1866–1945) où il collabore à la conception de la façade de l'hôtel de ville de Stockholm. À ses débuts, Markelius s'inspire surtout du romantisme puis du néo-classicisme. Après la découverte du travail de Le Corbusier (1887–1965) et des théories du Bauhaus, il se convertit au modernisme. Pour l'Exposition de Stockholm en 1930, il dessine des bâtiments d'exposition ainsi qu'un intérieur meublé notamment d'un secrétaire en hêtre laqué orange et linoléum (1930) qui sera fabriqué par Nordiska Kompaniet. Il expose aussi à la Foire de Stockholm un canapé remarquable par la nouveauté de ses courbes aux formes organiques. En 1932, il dessine la salle de concert de Helsingborg, et la dote de sièges fonctionnalistes empilables spécialement conçus. Il dessine aussi le pavillon suédois de l'Exposition universelle de New York de 1939, ce qui lui vaut une large reconnaissance internationale. De 1938 à 1944, Markelius travaille pour le ministère de la Construction à Stockholm, et après la Seconde Guerre mondiale, il est élu au Conseil de l'urbanisme des Nations unies et devient membre de la Commission d'art et d'architecture de l'Unesco. De 1944 à 1954, il dirige le bureau d'urbanisme de la ville de Stockholm et conçoit un plan d'expansion pour la ville, intégrant des localités périphériques dénommées « sections urbaines ». Au cours de sa carrière, il dessine de nombreux bâtiments en Suède, dont le siège du Syndicat du bâtiment et la Maison du peuple à Stockholm, et participe à la conception de l'immeuble des Nations unies à New York. Dans les années 1950, Markelius dessine une collection de tissus imprimés avec Astrid Sampe, fabriquée par Nordiska Kompaniet et commercialisée par Knoll. Son tissu *Pythagoras* (1952) reflète son intérêt soutenu pour les formes

résolument géométriques. Éminent précurseur du design moderne en Suède, Markelius manifeste cependant dans son travail un rapport moins dogmatique au modernisme et typiquement scandinave – ses meubles en bois, par exemple, délaissent l'esthétique fonctionnaliste du Bauhaus, trop mécaniste, au profit d'un idiome plus humaniste.

Ci-dessus : Salle de séjour aménagée pour Nordiska Kompaniet, présentée à l'Exposition de Stockholm en 1930 – cette exposition de premier plan allait l'imposer comme l'un des plus éminents représentants du fonctionnalisme suédois ou « Funkis » au cours des années 1930

Tissu *Timmer* (bois) pour Nordiska Kompaniet, 1958

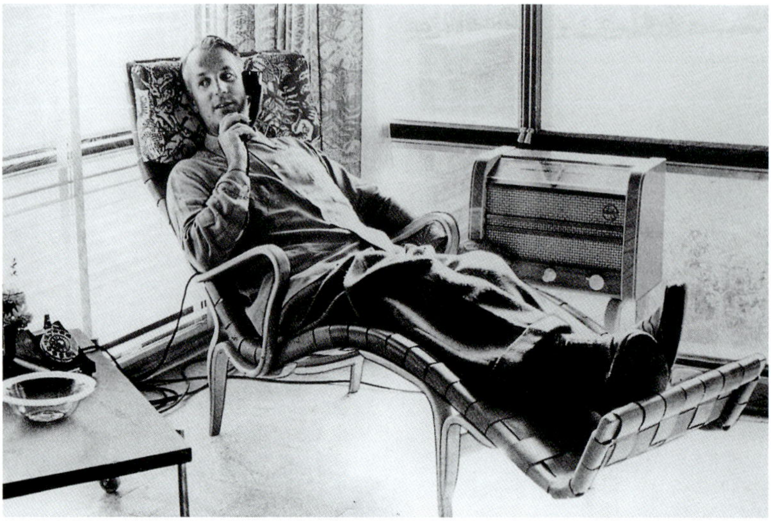

Bruno Mathsson dans sa maison de vacances de Värnamo, 1950

Ci-contre : Fauteuil *Pernilla* pour Karl Mathsson, vers 1934

bruno mathsson

1907, Värnamo – 1988, Värnamo, Suède

De même que **Carl Malmsten** et **Erik Gunnar Asplund**, Bruno Mathsson est considéré comme l'un des pionniers du meuble suédois moderne. Il apprend l'ébénisterie auprès de son père Karl Mathsson, et à partir de 1933, il dessine des meubles essentiellement pour l'entreprise familiale Firma Karl Mathsson à Värnamo. Au début des années 1930, le mouvement « Funkis » domine la pratique du design en Suède, avec des designers tels que **Axel Larsson** et **Sven Markelius**, qui proposent des meubles fonctionnalistes en bois aux formes très géométriques. Par contraste, Mathsson va promouvoir une approche du design privilégiant les formes organiques douces et sinueuses, mieux adaptées à la morphologie de l'utilisateur. Mathsson dessine ses meubles dans une perspective ergonomique, avec des contours qui épousent au plus près la forme du corps humain. Pour plus de souplesse et de confort, il fait aussi un grand usage de sangles de jute ou de chanvre, qui rendent tout rembourrage superflu. Le premier siège que Mathsson va dessiner selon ces principes est son *Arbetsstol* (Chaise de travail). Développée entre 1933 et 1936, l'*Arbetsstol* offre non seulement un plus grand confort, mais sur le plan esthétique et philosophique, elle représente aussi un important changement de génération dans le design suédois – le passage du fonctionnalisme géométrique au modernisme organique. Le mobilier de Mathsson traduit l'émergence d'une nouvelle confiance en soi dans le design scandinave, avec des formes plus sculpturales, même si dans les années d'après-guerre ce trait caractéristique est plus volontiers associé au design danois et finlandais que suédois. On oublie trop souvent que deux œuvres résolument organiques de Mathsson, l'*Arbetsstol* et le fauteuil *Pernilla* (vers 1934) – l'un et l'autre avec un châssis en contreplaqué cintré, des sangles en chanvre tressé et un cadre de siège en hêtre massif – sont antérieurs aux modèles d'**Alvar Aalto** construits selon le même principe – la chaise longue

Eva pour Karl Mathsson, 1935

Modèle n° 43 (1936) et le fauteuil *Modèle n° 406* (1936–1939). Même si les créations de Mathsson sont moins utilitaires que celles d'Aalto, elles sont aussi plus évoluées sur le plan ergonomique et d'une certaine manière, plus en avance. En 1936, Mathsson fait l'objet d'une rétrospective au musée Röhsska de Göteborg, et en 1937, il participe à l'Exposition internationale des arts et techniques dans la vie moderne à Paris. Entre 1945 et 1957, il se consacre essentiellement à l'architecture, dessinant surtout des bâtiments aux structures simples en verre, bois et béton pour des maisons de campagne ou des écoles. Il prend la direction de Firma Karl Mathsson en 1957, et à partir de 1958 il développe des meubles en collaboration avec le mathématicien et designer Piet Hein, dont la fameuse table *Superellipse* (1964), fabriquée plus tard par **Fritz Hansen**. Mathsson va aussi dessiner des meubles pour DUX Industrier à Trelleborg, le plus remarquable étant le fauteuil *Karin* (1968) – au design déjà « high-tech » pour l'époque, avec cadre en tubes d'acier, assise et dossier en toile de chanvre suspendus et coussins rembourrés. Devenu l'une des principales figures du design suédois du milieu du siècle, Mathsson est couronné par le Trophée Gregor Paulsson, et ses meubles sont présentés dans de nombreuses expositions personnelles et de groupe, dont l'Exposition universelle de New York en 1939, « Svenska Form » (Forme suédoise) à Copenhague en 1946, « H55 » à Helsingborg en 1955, « Interbau » à Berlin en 1957, et « Formes scandinaves » à Paris en 1958. Tout au long de sa carrière, Mathsson s'est attaché à perfectionner sans cesse ses modèles idéaux, fondés sur la pureté plastique et les valeurs humanistes. Ses sièges sont encore édités aujourd'hui, preuve du bien-fondé de sa foi en l'efficacité. En 1978, la firme DUX Industrier a repris la Firma Karl Mathsson et sa production des meubles de Mathsson. Elle a changé le nom de l'*Arbetsstol*, qui s'appelle désormais *Eva*.

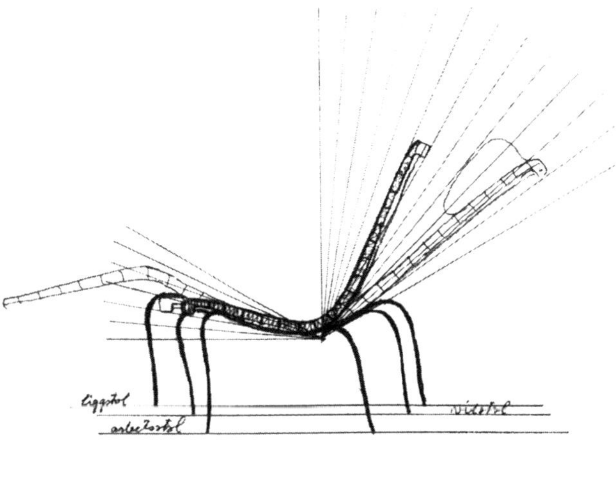

Ci-dessus:
Partie séjour dans la maison d'été de Bruno Mathsson à Frösakull, 1961

Croquis de Bruno Mathsson montrant les profils ergonomiques de trois modèles de sièges différents, fin des années 1930/ début des années 1940

Vaisselle en faïence *Blue Line* pour Royal Copenhagen, 1965 – ce service a reçu le prix du Danish Industrial Design

grethe meyer

1918, Svendborg – 2008, Danemark

L'architecte et designer danoise Grethe Meyer étudie l'architecture à l'Académie royale danoise des beaux-arts. De 1944 à 1955, elle fait partie de l'équipe de rédaction de *Byggebogen* (La revue du bâtiment). Entre 1955 et 1960, elle travaille à l'Institut de recherche du bâtiment, où elle entreprend des recherches avec Paul Kjærgaard et Bent Salicath sur les dimensions standard à utiliser dans la conception des logements et des produits de consommation. Durant cette période, elle dessine aussi avec **Børge Mogensen** les systèmes de rangement *Boligens Byggeskabe*, pour C. Danel (1956), et *Öresund* (1957), pour Karl Andersson & Söner Möbelfabrik, et collabore avec Ibi Trier Mørch à la création de verres empilables (1959) pour la verrerie Kastrup. Les formes simples et pratiques de ses premiers verres utilitaires vont se nourrir de ses recherches sur la standardisation de la taille des produits. C'est en 1960 qu'elle commence à dessiner de la vaisselle pour la manufacture de porcelaine **Royal Copenhagen**, et la même année, elle ouvre sa propre agence de design. Bien qu'elle se consacre plus tard à sa carrière d'architecte, c'est avec ses verres et ses céramiques qu'elle se fait d'abord connaître dans le monde entier. Son service en faïence *Blue Line* (1965) et sa gamme *Ildpot* allant au four (1976) ne démontrent pas seulement son sens de la forme et de la masse, mais aussi sa connaissance des techniques de production industrielle. Les objets de Meyer, conçus pour être accessibles au plus grand nombre, sont à la fois simples, agréables à tenir en main et fonctionnels. La gamme *Firepot*, par exemple, est empilable pour faciliter le rangement. Elle tient compte des dimensions moyennes des fours et de la quantité habituelle d'aliments à cuisiner pour déterminer la gamme de formats, et peut même passer directement du congélateur au four. L'extrême méticulosité qui a présidé à sa fabrication est l'expression du « culte de la domesticité » propre à la Scandinavie, et illustre le credo

du designer, « acheter moins d'objets, mais de meilleure qualité ». Vers 1982, Meyer dessine pour Royal Copenhagen la vaisselle *Picnic*, dont la forme élémentaire remarquablement pure sera quelque peu gâchée par des motifs imprimés aux couleurs vives dus à Ole Kortzau (né en 1939), représentant des bicyclettes, des vagues déferlantes ou des parasols à rayures. Figure respectée du design danois, elle reçoit le prix ID du design industriel danois en 1965, et le Scandinavian Industrial Art and Design Award en 1973. Ses céramiques utilitaires sont la preuve d'une analyse attentive du geste de l'utilisateur. Quoique produites à l'échelle industrielle, elles conservent leur caractère chaleureux et cette esthétique douce et rationnelle si caractéristique du design scandinave.

Gamme *Ildpot* (Terrine à feu) pour Royal Copenhagen, 1976

Fauteuil *Spanish Modèle n° 2226* pour Fredericia Furniture, 1959 – inspiré d'un modèle traditionnel, ce siège exalte les qualités naturelles et humanisantes de ses matériaux

børge mogensen

1914, Ålborg – 1972, Copenhague, Danemark

Le designer de meubles danois étudie d'abord à l'École des métiers d'art de Copenhague de 1936 à 1938. Il suit ensuite l'enseignement de **Kaare Klint** à l'école d'ébénisterie de l'Académie royale danoise des beaux-arts de la même ville de 1938 à 1941. Sous la direction de Klint, il étudie les proportions d'un certain nombre de « modèles idéaux », comme le classique siège anglais *Windsor*, et va être encouragé à en moderniser les formes dans un langage plus contemporain. Les recherches novatrices de Klint en anthropométrie – le recueil et la mise en corrélation systématique des mesures du corps humain – vont aussi exercer une influence formatrice sur le travail de Mogensen. En 1940, il dessine des meubles pour les jeunes – une entreprise tout à fait nouvelle pour l'époque – sous le label « La mansarde de Hansen » puis plus tard, « La chambre de Peter ». Entre 1942 et 1950, Mogensen dirige le département de design du meuble de l'Union des coopératives danoises (FDB) où il dessine des meubles simples et utilitaires. Ainsi, en 1944, il dessine un fauteuil qui s'inspire de très près d'un siège *Windsor* anglais traditionnel et une chaise simple et raffinée, la *J-39 Shaker,* très influencée par la pureté et l'intégrité du mobilier Shaker américain. Détail important, ce modèle comprend des éléments standardisés : c'est l'un des premiers meubles danois à miser sur la production industrielle de masse. Un an plus tard, Mogensen dessine son célèbre canapé *Modèle n° 1789*, inspiré lui aussi de modèles antérieurs. Entre 1945 et 1947, il est l'assistant de Klint à l'Académie royale danoise des beaux-arts. En 1950, il ouvre son propre atelier et dessine ensuite des meubles pour Søborg Møbelfabrik, Fredericia Furniture et Karl Andersson & Söner. Mogensen entreprend aussi des recherches en ergonomie, qui débouchent sur les systèmes d'armoires et de rangement *Öresund* (1957) et *Boligens Byggeskabe* (1956), conçus en collaboration avec **Grethe Meyer**. En matière de design de meubles, la démarche de

Mogensen, comme celle de son mentor Kaare Klint, consiste essentiellement à retravailler des modèles anciens, comme en témoignent remarquablement son fauteuil *Spanish* (1959) et sa chaise *Asserbo* (1964). Son mobilier se distingue par un usage fréquent d'un bois de hêtre clair plein d'attrait, des proportions viriles et une finition parfaite qui porte la marque des ébénistes danois avec lesquels il collabore, notoirement celle d'Erhard Rasmussen. À partir de 1953, il dessine aussi avec **Lis Ahlmann** plusieurs tissus d'ameublement pour C. Olesen. Plus que tout, les meubles bien dessinés et de belle facture de Mogensen symbolisent les vertus du design danois – usage de matériaux naturels, très grande qualité de fabrication et réinterprétation de formes qui ont su résister au passage du temps.

Ci-dessus : Chaises *Asserbo* pour Karl Andersson & Söner, 1964

Chaise *Shaker J-39* pour FDB, 1944

Pièce avec meubles en teck dessinés en 1947 – les canapés sont recouverts d'un tissu dessiné par Lis Ahlmann

Ci-dessous : Dessin du canapé *Modèle n° 1789*, 1947

En bas à gauche : Projet pour chaise en teck, 1949

En bas à droite : Chaise en teck exécutée par Erhard Rasmussen, 1949 – un commentateur contemporain estime qu'avec ce siège « Børge Mogensen a créé un produit qui servira de modèle pour les chaises à venir »

Ci-contre : Canapé *Spindle Back Modèle n° 1789* pour Fritz Hansen, 1945 – comme beaucoup d'autres créations de Mogensen, ce canapé était une réinterprétation moderne d'un modèle de siège traditionnel

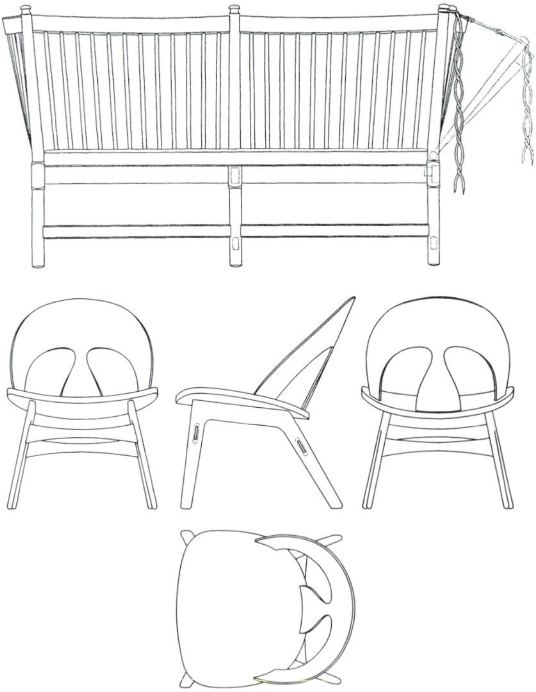

gerhard munthe

1849, Skansehagen – 1929, Bærum, Norvégien

Gerhard Munthe étudie la peinture avec J. F. Eckersberg (1822–1870), Knud Bergslien (1827–1908) et Julius Middlethun à Oslo. Il va aussi étudier à Düsseldorf en 1874 et de 1877 à 1882, il vit et travaille à Munich. En 1886, en compagnie d'amis artistes – Christian Skredsvig (1854–1924), Harriet Backer (1845–1932), Kitty Kielland (1843–1914), Eilif Petersen (1852–1928) et Erik Werenskiold (1855–1938) –, il s'installe en communauté à la ferme de Fleskum près de Dælivannet, à une quinzaine de kilomètres à l'ouest d'Oslo (dénommée alors Christiania). Au cours de ce qu'on a pris l'habitude d'appeler « les étés de Fleskum », le groupe invente un style néo-romantique traduisant le désir de la Norvège d'affirmer son identité culturelle. Le groupe cherche aussi son inspiration dans l'art japonais, grâce à la publication de l'ouvrage de Karl Madsen, *Japansk Malerkunst* (1885), premier livre scandinave à traiter de la peinture japonaise. À la fin des années 1880 et au début des années 1890, Munthe dessine des tissus et des papiers peints (dont beaucoup figurent à présent dans les collections du Nasjonalmuseet d'Oslo) et des céramiques sous couverte – comme son service *Bleu Anémone* fabriqué par le porcelainier **Porsgrund** (1892) – très influencées par l'art japonais. Certaines pièces portent des motifs de style *mon* tandis que d'autres sont peuplées de carpes *koi* et de grues stylisées. Inspiré à la fois par l'art japonais et par la vitalité culturelle de la communauté artistique du Danemark, Munthe va former au cours de l'hiver 1890–1891 le projet de donner un nouvel essor aux arts décoratifs de son pays, en définissant une esthétique norvégienne distincte. Il va pour cela puiser son inspiration dans les vieilles légendes aussi bien que dans la flore et la faune norvégiennes. Il incorpore aussi dans son travail des motifs qu'il va chercher dans des sculptures en bois et des tapisseries populaires médiévales de style « dragon ». Ses vigoureuses tapisseries narratives de style néo-viking sont présentées à l'Exposition universelle de Paris en 1900, et feront l'objet – aux côtés

Service *Bleu Anémone* pour Porsgrund, 1892

Ci-dessous : Siège pour la *Salle des Contes de Fées* au Holmenkollen Tourist Hotel, 1896

Ci-contre : Tapisserie *Den Klogefugl*, 1903

du travail d'autres designers scandinaves – de ce commentaire dans le magazine *Studio* (1901) : « Dans ces contrées éloignées, un puissant mouvement artistique est en train de se frayer un chemin dans le progrès général des arts en Europe. » Munthe estimait que la tradition n'était pas « de l'histoire ancienne ou du roman » mais un élément crucial pour « la capacité de développement de la nation elle-même ». Il s'est efforcé de faire une synthèse dynamique du passé et du présent afin d'insuffler l'esprit vivant de la nation dans les objets qu'il créait. Le travail de ce grand défenseur du *revival* viking que fut Munthe était imprégné d'un puissant symbolisme qui reflétait l'irrésistible aspiration des Norvégiens à l'autonomie culturelle, sociale et politique. La décoration de la salle Håkon médiévale de Bergen, signée par Munthe, est généralement considérée comme le sommet du mouvement national romantique en Norvège. Elle a malheureusement été détruite pendant la Seconde Guerre mondiale.

Théière en argent
Modèle n° 600B
pour Georg
Jensen, 1930

Ci-contre :
Couverts en argent
Modèle n° 15 Pyramid pour Georg
Jensen, 1926

harald nielsen

1892, Bårse – 1977, Hellerup, Danemark

Le designer danois d'objets en métal, Harald Nielsen, était le beau-frère de **Georg Jensen** et l'un de ses plus proches collaborateurs. En 1909, il entre en apprentissage dans l'atelier de Jensen, où il débute comme graveur avant d'être chargé de convertir les esquisses de Georg Jensen et **Johan Rohde** en objets parfaitement finis. Dans l'entre-deux-guerres, il dessine des pièces d'argenterie, de la vaisselle et quelques couverts pour la maison Jensen. Malgré leur décoration plus stylisée que naturaliste, les pièces Art déco de Nielsen ont souvent des formes quasi-classiques où pointe une certaine modernité. Ses couverts en argent *Pyramid* (1927), d'une remarquable simplicité formelle qui n'est pas sans rappeler le travail de Johan Rohde, annoncent une évolution vers une esthétique plus contemporaine. Voyant le service *Pyramid* pour la première fois, Jensen se serait exclamé : « C'est superbe, mais ça ne se vendra pas ! » Il avait tort, puisque les *Pyramid* deviendront des *best-sellers*. Aux côtés de Jensen et Rohde, Nielsen a beaucoup contribué à la définition du style Georg Jensen dans les années 1920 et 1930 (des surfaces polies et des formes certes géométriques, mais sans excès). Après la Seconde Guerre mondiale, Nielsen devient directeur artistique de la maison Jensen et s'entoure de jeunes designers talentueux qui affectionnent les formes sculpturales et organiques. Il a dessiné un grand nombre de bijoux et de pièces de vaisselle – coupes, plateaux, plats, chandeliers, services à thé et à café – qui expriment l'audace et la fluidité plastique du style Art déco danois.

GEORG JENSEN
DENMARK
STAINLESS
STEEL

Park röd, Korsnäs (Parc rouge, croisement), tapis tissé au point plat pour AB Märta Måås-Fjetterström, 1957

Ci-contre : *Snäckorna* (Escargots) tapis tissé au point plat pour AB Märta Måås-Fjetter, 1943

barbro nilsson

1899, Malmö – 1983, Höganäs, Suède

Barbro Nilsson (née Lundberg) est issue d'une famille très tournée vers l'art et le design – sa mère est artiste, tandis que son père est nommé à la tête de Nordiska Kompaniet, le célèbre grand magasin design de Stockholm, en 1904. À l'âge de quatorze ans, elle entre à l'école technique de tissage artistique de Johanna Brunsson, à Stockholm, et y passe quatre ans à apprendre les techniques de tissage manuel, tout en bénéficiant d'une inestimable formation théorique. Elle reste ensuite à l'école où elle enseigne de 1918 à 1920 avant de perfectionner sa connaissance du tissage à la Tekniska skolan (future Konstfack) de Stockholm. Dans les années 1920, elle ouvre un studio de tissage Mäster Samuelsgatan à Stockholm. Elle reçoit alors plusieurs commandes de Konfektionsaktiebolag Salén. En 1928, elle épouse l'artiste Robert Nilsson et une bourse leur permet de passer trois ans à l'étranger. De retour en Suède, elle reprend son activité textile. Le tournant se produit avec la commande d'une tapisserie pour la salle de concert de Göteborg conçue par Sven X: et Erixson (1899–1970). C'est la première de plusieurs collaborations fructueuses avec des artistes, dont l'une avec Bertil Damm (1887–1942) pour le paquebot MS Kungsholm. En 1942, elle devient membre du conseil d'administration d'AB Märta Måås-Fjetterström, le célèbre atelier de tissage de Båstad, mais aussi son directeur artistique. Elle y crée avec beaucoup de succès de nouvelles compositions qui, sans rompre avec les créations antérieures de **Måås-Fjetterström**, contribuent à remettre l'œuvre du studio au goût du jour. Elle est aussi l'auteur pour l'atelier de tapis tissés au point plat selon la technique des Gobelins pour plus d'effet, parmi lesquels le célèbre *Snäckorna* de 1943. Nilsson fait appel à plusieurs nouveaux designers pour créer de nouveaux motifs et contribue de manière décisive au développement de l'atelier qui emploie soixante artistes tisserands dans les années 1960, tandis que trente autres travaillent à domicile, et du patrimoine exceptionnel qu'il a laissé.

Suspensions en opaline acrylique blanche *Lokki* (Mouette) pour Stockmann-Orno, vers 1963

yki nummi

1925, Hunan, Chine – 1984, Helsinki, Finlande

Yki Nummi a été l'un des principaux designers de luminaires scandinaves du milieu du XXe siècle. Dans l'immédiat après-guerre, on le retrouve à Helsinki et à Turku, où il fait des études de mathématiques et de physique (1945–1947). Il suit des cours de peinture « décorative » à l'École supérieure d'art et de design d'Helsinki de 1946 à 1950. Entre 1950 et 1975, il dessine de nombreuses lampes et appareils d'éclairage pour Stockmann, grand magasin très connu d'Helsinki et numéro Un de son secteur en Scandinavie. Ses lampes éditées par Stockmann-Orno sont souvent faites dans de nouvelles matières – résines acryliques, opaline et aluminium –, et la plus célèbre, la *Modern Art* (1955), se compose d'un cylindre en acrylique transparent servant de support « invisible » à un abat-jour translucide. Leurs formes sont en général très originales, comme le montrent les suspensions d'opaline acrylique blanche de style « ère spatiale » *Lokki* dessinées vers 1963. Nummi est également un spécialiste reconnu de la couleur, et c'est à ce titre qu'en 1958, il est recruté par le fabricant de peintures Schildt & Hallberg. C'est lui qui choisira la palette de couleurs de la cathédrale d'Helsinki et de la nouvelle cité-jardin de Tapiola-Ouest, lui encore qui sélectionne les couleurs Stockmann-Orno à Kerava, en collaboration avec la créatrice de luminaires **Lisa Johansson-Pape**. Son travail lui vaut des médailles d'or aux Xe (1954) et XIe (1957) Triennales de Milan, et il est présenté dans de nombreuses manifestations internationales de design, dont la retentissante exposition « Design in Scandinavia » qui tourne aux États-Unis et au Canada pendant trois ans (de 1954 à 1957), et l'exposition « H55 » d'Helsingborg en 1955. Designer et dessinateur extrêmement doué, Nummi a dessiné les produits les plus divers, car il était aussi à l'aise dans l'argenterie que dans les revêtements de sol, le mobilier ou les meubles-radio. Il a aussi écrit des articles sur le design des appareils d'éclairage, la théorie des couleurs et la philosophie du design. Ses appareils d'éclairage aux formes futuristes,

nventifs par leur utilisation des nouvelles matières et des technologies de pointe, llustrent le modernisme alternatif et relaivement élitiste qui prévalait en Finlande dans les années 1950 et au début des années 1960.

Lampe de table en acrylique *Modern Art* pour Stockmann-Orno, 1955

Tabourets *Sauna* pour G. Söderström, 1952 – ce tabouret en teck et bouleau en forme de fer à cheval a été spécialement dessiné pour le Palace Hotel à Helsinki

antti nurmesniemi

1927, Hämeenlinna – 2003, Helsinki, Finlande

Enfant, le célèbre designer finlandais Antti Aarre Nurmesniemi dessinait et construisait des modèles réduits d'avion. Plus tard, il apprendra le vol à voile à l'école d'aviation de Jämijärvi. Pendant la Seconde Guerre mondiale, pour soutenir l'effort de guerre, il travaille dans un atelier de métaux et répare des avions dans une usine aéronautique. Cette expérience manuelle précoce, acquise à l'usine d'aviation Kuorivesi, le familiarise avec les propriétés intrinsèques du bois et du métal, et il s'en souviendra dans son travail de designer. À la fin des hostilités, **Alvar Aalto** fait venir à Helsinki l'exposition du musée d'Art moderne de New York « America Builds ». Selon Kaj Kalin, c'est un événement décisif pour Nurmesniemi, qui découvre « une nouvelle vision, moderne, du monde ». En fait, il est tellement impressionné que, dès 1947, il s'inscrit à l'École supérieure d'art et de design d'Helsinki. Détail important pour l'évolution du jeune artiste, l'école défend la « ligne nordique », c'est-à-dire une conception du design soucieuse certes de technique, mais aussi d'humanisme social. Entre 1949 et 1950, Nurmesniemi travaille dans son ancienne école et pour le grand magasin Stockmann, au service création alors dirigé par Werner West. Pour fêter son diplôme en 1950, il fait un premier voyage à l'étranger, à Stockholm et Copenhague, où il va être particulièrement inspiré par le savoir-faire artisanal et les formes organiques du design danois. À son retour, il travaille dans le cabinet d'architectes de Viljo Revell (1910–1964) et Keijö Petäjä (1919–1988) à Helsinki, où ses collègues s'essaient à une démarche rationaliste qui reflète l'influence croissante du mouvement moderne. Nurmesniemi dessine divers intérieurs et meubles, dont son célèbre tabouret *Sauna*, spécialement conçu pour le Palace Hotel d'Helsinki (1951–1952). En 1953, il épouse la créatrice de tissus Vuokko Eskolin-Nurmesniemi, puis travaille pendant six mois dans le bureau de design de Giovanni Romano à Milan, où il remarque les objets à la fois élégants et fonctionnels

de Marco Zanuso (1916–2001) et Roberto Sambonet (1924–1996). En 1956, il ouvre son agence de design à Helsinki, et l'année suivante il dessine pour Wärtsilä sa célèbre cafetière émaillée. Les coloris du modèle (rouge, jaune et bleu clair) ont été choisis par sa femme. Cette nouvelle icône du modernisme finlandais abandonne les formes rebondies d'esprit baroque de la cafetière traditionnelle au profit d'une esthétique industrielle plus contemporaine qui annonce la prédilection du design scandinave pour les couleurs dans les années 1960. Cette cafetière « pour tous les jours » est, selon les propres termes de son créateur, « l'un des rares objets domestiques de l'époque à révéler le fossé croissant entre la ville et la campagne ». Dans les années qui suivent, Nurmesniemi dessine des meubles pour **Artek**, Tecta et Cassina, des ustensiles de cuisine pour **Arabia** et Kymi, des rames pour le métro d'Helsinki et Valmet. Ses créations les plus caractéristiques et les plus appréciées sont les téléphones *Antti* et *Yleispuhelin* (tous deux de 1984) pour Fujitsu. Mais comme il le dit lui-même, « Un objet ne doit pas être dessiné (et encore moins fabriqué) uniquement en fonction d'un objectif, mais pour l'utilisateur… Le dessin a beau être simple, l'objet est raté s'il est trop compliqué à utiliser… Car il n'a pas besoin de refléter son époque, pourvu qu'il nous projette dans l'avenir. » Nurmesniemi a reçu le prix Lunning en 1959. Son style raffiné fait la synthèse entre l'esthétique contemporaine et le savoir-faire artisanal scandinave. Comme son compatriote Alvar Aalto, il a la fibre sociale et écologiste, et défend une approche humaniste du modernisme qui transparaît dans la beauté, la simplicité d'utilisation et l'utilité de ses objets.

Chaise longue *Modèle n° 001* pour Vuokko, 1968 – recouverte d'un tissu dessiné par Vuokko Eskolin-Nurmesniemi

Coupe *Lumikuru* (Ravin neigeux) pour Nuutajärvi, 1985

Ci-contre : Gamme *Lago* pour la collection *Pro Arte* de Nuutajärvi, 2000

kerttu nurminen *née en 1943 à Lahti, Finlande*

L'artiste finlandaise Kerttu Nurminen a étudié à l'École supérieure d'art et de design d'Helsinki de 1966 à 1970. En 1972, elle commence à collaborer avec la verrerie **Nuutajärvi** et reçoit le prix Coburger Glass en 1977. En 1985, elle dessine la série de coupes et de plats *Lumikuru* (Ravin neigeux), ainsi qu'un petit récipient à fondue et un coquetier. Cette collection en verre pressé en partie sablé remplace la gamme *Luna* (1971) dessinée par **Kaj Franck**. Pour la collection *Lumikuru*, destinée à la production en série, Nurminen combine adroitement des formes fonctionnelles simples et un usage du plus subtil de la décoration – une simple bande de verre contrastant avec la finition quasi veloutée du sablage. La gamme est aussi vendue en version non sablée sous le nom de *Kuru* (Ravin). Après la fusion de Nuutajärvi avec **Iittala**, Nurminen travaille pour les deux marques à la fois. Pour la collection *Pro Arte* de Nuutajärvi, elle dessine les célèbres verres et la carafe *Lampi* (1993 et 1995), qui incarnent par leurs subtiles bandes bleues et vertes « la luminosité des paysages nordiques, l'eau, le ciel et les forêts à l'horizon ». Créées peu après, ses sculptures en verre *Milla* et *Poppy* rejoignent l'élégante collection de verre d'atelier *Pro Arte*, mais avec leurs pieds en forme de feuilles et leur coupe en pétale, elles invitent à la méditation sur le charme souriant de la nature, mais aussi sur sa beauté fragile et fugace. En revanche, ses créations pour Iittala sont plus fonctionnelles, sans perdre pour autant leur originalité et leur inventivité. Avec la collection de verres *Mondo* lancée en 1988, Nurminen accède à la notoriété internationale. Les striations flammées du modèle *Mondo* sont dans le droit fil d'une pièce d'atelier plus ancienne baptisée *Lampi*. Avec sa passion et son refus du compromis, Nurminen apporte dans la grande industrie une sensibilité artistique peaufinée par son travail en atelier. On lui doit des objets sans prétention mais de grande qualité, accessibles à tous, intemporels. Mais n'est-ce pas là justement la quintessence du design industriel scandinave ?

nuutajärvi

création : 1793, Urjala, Finlande

Ci-dessus : Kaj Franck, plat soufflé-moulé en verre *Ring*, 1966

Ci-contre : Kerttu Nurminen, gamme *Palazzo* pour la collection *Pro Arte* pour Nuutajärvi, 1998 – cette collection rend hommage au savoir-faire artisanal et aux traditions du verre soufflé italien qui a été une considérable source d'inspiration pour les designers de verre finlandais qui ont travaillé chez Nuutajärvi à partir des années 1950

Nuutajärvi, l'une des plus anciennes verreries de Finlande, a été fondée en 1793 par deux industriels suédois, le capitaine Jakob Wilhelm De Pont et Harald Furuhjelm. Elle portait à l'origine un nom suédois, Notsjö (avant de devenir Nuutajärvi Lasi), et fabriquait du verre de ménage, des bouteilles et des vitres. En 1851, elle est rachetée par Adolf Törngren, qui la modernise et instaure des méthodes de travail plus efficaces. Après avoir visité les principales verreries d'Europe, Törngren introduit la technique du moulage dans son usine et commence à utiliser des matières premières plus raffinées afin d'améliorer la qualité de ses produits. Il recrute aussi le maître souffleur français Charles Bredgem, qui lancera les techniques du verre moulé et du filigrane. Nuutajärvi-Notsjö devient rapidement l'un des principaux fabricants de verre nordiques, et en 1858 ouvre à Helsinki un magasin qui prend le nom de son gérant, G. F. Stockmann, lequel n'est autre que le comptable de la maison (Stockmann est aujourd'hui le plus grand et le plus célèbre grand magasin de Scandinavie). Entre 1862 et 1878, Nuutajärvi fait une brève incursion dans la céramique. Au début des années 1900, la direction décide de se lancer dans la verrerie contemporaine. Elle organise donc deux concours, en 1905 et 1906, et reçoit des soumissions d'un certain nombre de designers Art nouveau, dont Valter Jung (1879–1946), Helena Wilenius, Carl Johan Boman (1883–1969) Gustaf Strengell (1878–1938) et Jussi Paatela. Il faudra pourtant attendre la fin de la Seconde Guerre mondiale pour que l'entreprise se mette véritablement à l'heure de la modernité. Entre 1946 et 1948, **Gunnel Nyman** dessine de nombreuses pièces de verrerie d'art, comme le vase *Calla* (1946), qui annoncent les formes expressives et naturalistes des travaux ultérieurs de **Timo Sarpaneva** et **Tapio Wirkkala**. Nyman aime piéger des bulles d'air ou incorporer des rubans de verre opaque dans les épaisses parois de ses pièces en cristal, par exemple le vase *Serpentiini* (Serpentin) de 1947, ou imaginer de simples formes

Ci-dessus à gauche : Kaj Franck, Verre à pied *Pop*, vers 1974

Ci-dessus à droite : Kaj Franck, récipient à anses évasé en verre, début des années 1970

organiques égayées de bordures à facettes, comme dans le plat *Facett 1* de 1941. Au cours de sa brève carrière, interrompue par une mort précoce en 1948, Nyman instaure une nouvelle tradition chez Nuutajärvi : les designers commencent à travailler en étroite collaboration avec des maîtres verriers dans des petits ateliers. Après un terrible incendie, la verrerie est reconstruite en 1950 et est rachetée par le groupe Wärtsilä, également propriétaire de la manufacture de céramiques **Arabia**. La même année, le directeur du département de design d'Arabia, **Kaj Franck**, est chargé de redessiner la verrerie utilitaire de Nuutajärvi. L'année suivante, il est nommé directeur général du design, et sous sa conduite éclairée, la réputation d'excellence de Nuutajärvi va se confirmer. Franck a travaillé pour **Iittala**, où il s'est senti bridé dans ses rêves d'expérimentation technique. Chez Nuutajärvi, il a carte blanche pour explorer techniques nouvelles et pigments colorés, et peut enfin donner libre cours à sa créativité. Il recrute donc deux maîtres souffleurs de Murano dont le savoir-faire et les connaissances vont grandement influencer la production de la verrerie. Ainsi, les assiettes à rubans « filés » très colorés de Kaj Franck montrent l'influence indiscutable de la verrerie italienne d'après-guerre. Dans les années 1950, Nuutajärvi va se démarquer de ses concurrents finlandais Iittala et **Riihimäki** par une débauche de couleurs vives et des formes expressives simples. En 1952, **Saara Hopea** devient l'assistante de Franck. Peu après, elle dessine les célèbres verres à pied empilables *Modèle n° 1718* et la verseuse *Modèle n° 1716* (1953), hautement fonctionnels, mais colorés et débordants de vitalité joyeuse. Dans les années 1950, Franck relance la production du verre en filigrane et modèle un certain nombre de pièces volontairement brutes dans du verre à bulles. Il explore le potentiel du verre pressé utilitaire tout en profitant de sa liberté pour créer des œuvres plus personnelles, dont ses petites sculptures d'oiseaux. Dans les années 1960, le verre soufflé utilitaire cède peu à peu la place aux produits moulés de qualité, et en 1968

Kaj Franck, vases *Prisma*, 1954

Nuutajärvi s'équipe d'une nouvelle presse ultraperfectionnée. La série *Kastehelmi* (Goutte de rosée) d'Oiva Toikka témoigne éloquemment de ce changement de cap, alors qu'en même temps les curieuses sculptures et chandeliers *Lollipop* montrent que Nuutajärvi s'intéresse toujours à la verrerie d'art très colorée. En 1968, la verrerie recrute Heikki Orvola, qui dessine nombre de beaux objets, dont les élégants verres *Aurora* (1972). À la même époque, **Kerttu Nurminen** entre aussi dans l'écurie de Nuutajärvi, pour qui elle dessine notamment la collection *Lumikuri* (Ravin neigeux) de 1985, véritable exercice de style sur les possibilités esthétiques du sablage. En 1981, Nuutajärvi décide de vendre sa verrerie d'art *Pro Arte*, et entre 1988 à 1990 devient une filiale d'Iittala. Comme Iittala, elle est reprise par le groupe **Hackman** en 1990, et trois ans plus tard, à l'occasion de son bicentenaire, lance une nouvelle collection de verres d'art baptisée *Pro Arte*. Au début des années 2000, Nuutajärvi se consacrait exclusivement à la verrerie d'art très haut de gamme. Sami Lahtinen (né en 1967), Tiina Nordström (née en 1957), Markku Salo (né en 1954), Rolf Svartström (né en 1966), Harri Koskinen et Oiva Tokka (1931–2019) figurent dans son catalogue. Sa production témoignait de cette collaboration fructueuse entre designers de talent et maîtres-artisans très qualifiés qui a caractérisé le design finlandais pendant plusieurs décennies. Cette synergie entre artistes et artisans a permis d'atteindre un haut niveau technique et esthétique, comme le démontre avec éclat la collection *Pro Arte* de Nuutajärvi. En 1993, le nouveau propriétaire de Nuutajärvi, le groupe Fiskars, a annoncé qu'il concentrait ses efforts en matière de verrerie sur l'usine Iittala et la société a malheureusement dû fermer.

Pichet *Modèle n° GN7* et verres *Modèle n° GN23* pour Nuutajärvi, 1947

Ci-contre: Vase *Calla* pour Riihimäki, 1946

gunnel nyman

1909, Turku – 1948, Helsinki, Finlande

La designer de verre Gunnel Gustafsson Nyman étudie le design du meuble avec Arttu Brummer (1891–1951) à l'École supérieure d'art et de design d'Helsinki de 1928 à 1932. En 1932, elle entre dans l'atelier de design de **Riihimäki**. En 1933, elle arrive troisième au concours de verrerie organisé par son employeur. En 1936, elle rafle les deuxième et troisième prix. Dans les années 1930, elle explore le potentiel expressif du verre à bulles – comme de nombreux confrères, en particulier le maître-verrier français Maurice Marinot (1882–1960), dont les créations en verre à bulles vont avoir une très grande influence sur la jeune génération des designers, notamment Nyman. Au début des années 1930, la jeune femme essaie un nouveau procédé : l'idée est de souffler du verre dans un moule hérissé d'épingles, de le retirer du moule puis de l'envelopper d'une autre épaisseur de verre de telle sorte que les empreintes du moule produisent un motif régulier de petites bulles. Ses pièces aux parois épaisses des années 1940 ne se caractérisent pas seulement par cette signature de bulles étroitement groupées, mais aussi par leurs formes douces et parfois très fluides. C'est de ces lignes sinueuses mais énergiques que jaillira l'élan vigoureux qui s'exprimera dans les formes asymétriques tellement en vogue dix ans plus tard. La technique originale et pourtant simple de Nyman – l'incrustation de petites bulles – est relativement peu coûteuse à mettre en œuvre et peut être aussi bien utilisée pour de la vaisselle et des verres très bon marché. Si le procédé a été abondamment pillé, les designers moins doués n'ont jamais pu égaler la maîtrise de celle qui l'a inventé. En 1946, Nyman dessine le célèbre vase *Calla*, qui marque un tournant dans son style mais aussi dans l'évolution générale du design finlandais utilisant des formes organiques plus expressives et abstraites. Son travail pour Riihimäki est bien connu. Mais elle a aussi dessiné des luminaires pour Taito (1932–1936) et de la verrerie de ménage pour Karhula (1935–1937). Après la

Seconde Guerre mondiale, elle travaille brièvement pour **Iittala** (1946–1947) et **Nuutajärvi**-Notsjö (1946–1948) avant de mourir prématurément à l'âge de trente-neuf ans. La carrière de Nyman a malheureusement été beaucoup trop brève. Mais son travail a un profond impact sur ses jeunes confrères scandinaves. En 1951, une médaille d'or lui sera décernée à titre posthume à la IXe Triennale de Milan.

Vase *Serpentiini* pour Nuutajärvi, 1947

Ci-contre : Vases en verre chemisé et vase *Pearl Necklace* pour Nuutajärvi, 1947 et vers 1950

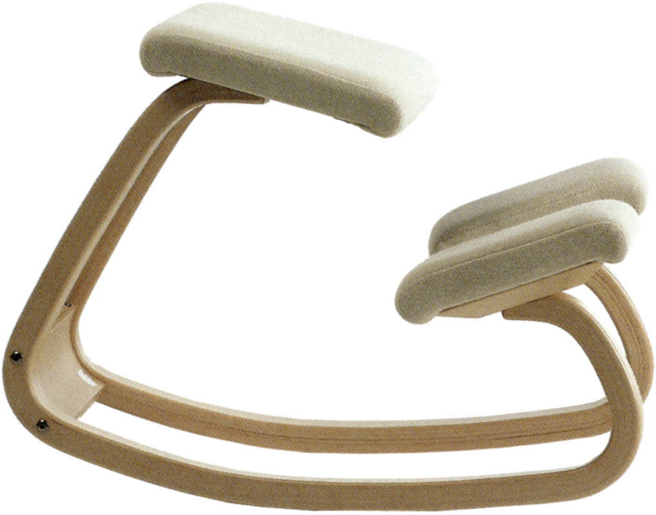

Siège *Balans Variable* pour Stokke, 1979

peter opsvik *né en 1939 à Stranda, Norvège*

Le designer de meubles norvégien Peter Opsvik étudie à l'École des arts appliqués de Bergen de 1959 à 1963, puis à l'École nationale des arts appliqués d'Oslo de 1963 à 1964, avant de faire du design industriel pour le fabricant de radios Tanbdberg à Oslo de 1965 à 1970. En 1967, il reçoit une bourse d'études de la Banque norvégienne de crédit, et deux ans plus tard, une autre bourse du Centre norvégien du design. Il devient créateur de meubles indépendant en 1970 et dessine le bureau et la chaise *Mini Max*, fabriqués par Stokke, deux meubles très pratiques qui pouvaient être réglés en hauteur pour s'adapter aux besoins des adultes aussi bien que des enfants. Reprenant son idée révolutionnaire de *Generationenstuhl* (chaise qui grandit avec l'enfant), Opsvik dessine en 1972 la chaise haute/chaise *Tripp Trapp* qui sera un *best-seller.* Elle rehausse l'enfant à la hauteur d'une table normale et son repose-pieds donne le soutien nécessaire et une liberté de mouvement suffisante « pour explorer le monde sans danger ». En 1974, Opsvik dessine son fauteuil de bureau *Modèle n° 2010* pour Håg, et cinq ans plus tard, au terme d'une collaboration avec Hans Christian Mengshoel (né en 1946) pour la mise au point de solutions ergonomiques, il lance un modèle de siège révolutionnaire, le *Balans Variable*. Avec son socle à bascule équilibré et sa disposition ergonomique en position agenouillée, le *Balans Variable* permet de conserver une posture droite pour travailler à une table ou à un bureau. Dans les années 1980, Opsvik continue de dessiner des sièges ergonomiques pour Stokke et pour Håg, dont les deux très post-modernes *Balans Supporter* (1983), qui est confortable en position semi-assise, et *Garden Seating Sculpture* (1984), qui tient plus de l'exercice de style que du produit véritablement fonctionnel. Depuis le milieu des années 1980, Opsvik dessine aussi bien des sièges ergonomiques conventionnels comme la chaise pour enfants *Sitti* de 1993 et le siège à bascule *Actulum* de 1995, que des

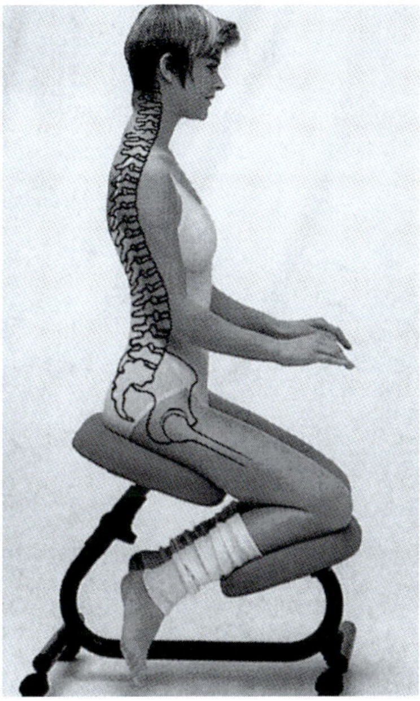

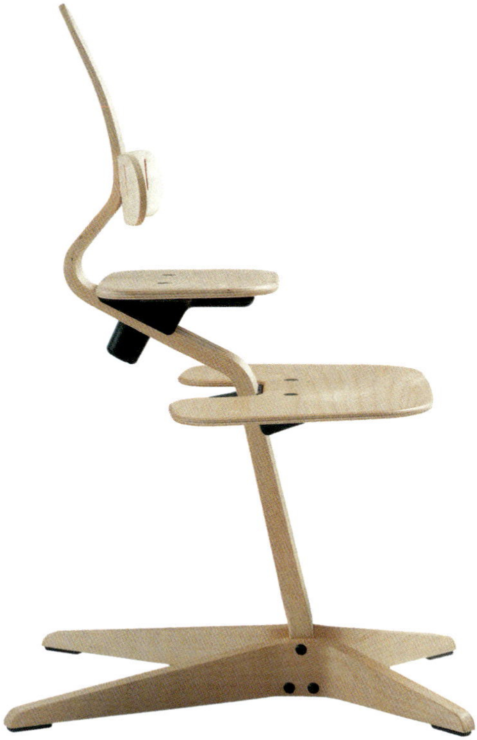

meubles plus expérimentaux et expressifs, par exemple ceux qu'il a présentés à l'exposition « Aspects du bois – Sculpture ou meuble ? » au musée des Arts appliqués d'Oslo en 1986. Quelques-unes de ces créations aux formes étranges et à la fonction ambiguë ont été éditées en série limitée par Cylindra. Si une grande partie du travail d'Opsvik illustre parfaitement les préoccupations d'intégration sociale (meubles pour enfants) et de vie saine (produits ergonomiques) chères aux Scandinaves, il a une autre facette, plus préoccupée par l'expressivité de la forme, et qui reflète peut-être un certain penchant norvégien pour la bizarrerie, du moins dans les arts plastiques.

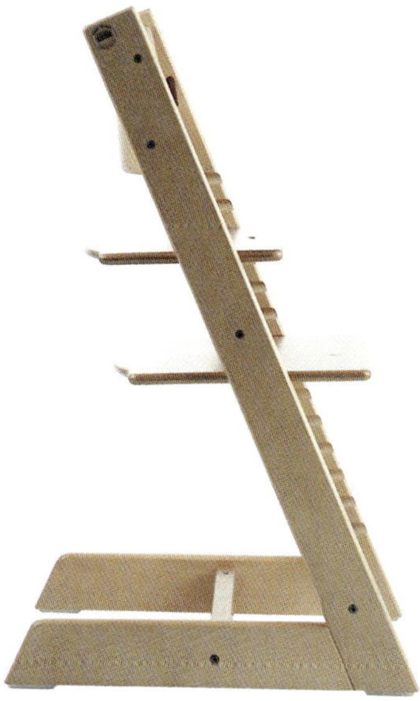

Ci-dessus à gauche : Photo montrant la position ergonomique offerte par le siège *Balans Variable*, 1979 – ce meuble novateur a été développé en collaboration avec Hans Christian Mengshoel et constitue l'archétype des projets ergonomiques ultérieurs de Peter Opsvik

Ci-dessus à droite : Chaise pour enfant réglable *Sitti* pour Stokke, 1993

Chaise haute réglable *Tripp Trapp* pour Stokke, 1972

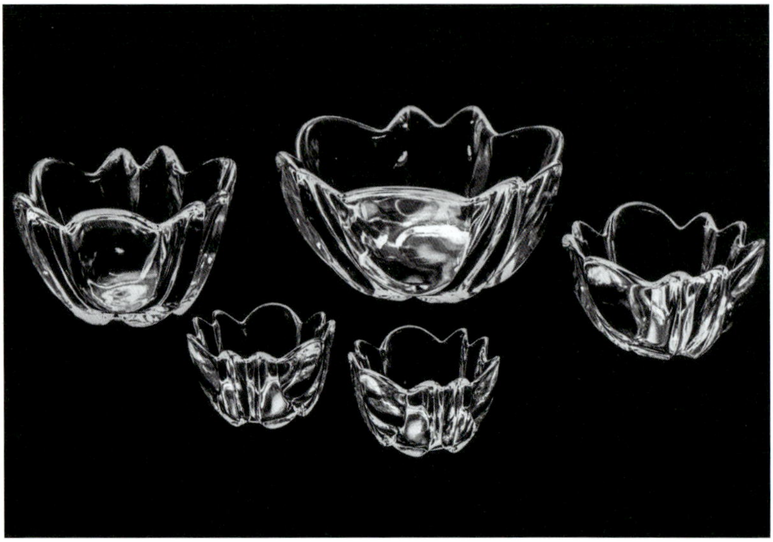

Lars Hellsten, bols *Dala*, 1973

Ci-contre : Simon Gate, *Parispokalen* (Coupe de Paris), 1925 – exposée au pavillon suédois à l'Exposition internationale des arts décoratifs et industriels modernes de Paris, 1925

orrefors

création : 1898, Småland, Suède

La verrerie Orrefors a été fondée en 1898 sur le site d'une forge qui existait depuis 1726. À la fin du XIXe siècle, la forge d'Orrefors était en phase de déclin terminal, ce qui rendait l'économie locale extrêmement tributaire de l'exploitation forestière. À sa fermeture, la verrerie s'installe sur le même site et fabrique d'abord de la verrerie domestique et médicale – pots et bouteilles. En 1913, l'industriel de Göteborg Consul Johan Ekman, rachète la verrerie Orrefors à Johan August Samuelsson et nomme Albert Ahlin au poste de directeur. C'est le début d'une ère nouvelle pour l'entreprise. Un an plus tard, Orrefors commence à fabriquer de la verrerie en cristal, mais va avoir besoin assez vite d'artistes accomplis pour dessiner des formes et des motifs nouveaux. **Simon Gate** et Edward Hald sont donc engagés, respectivement en 1916 et 1917. Gate se met immédiatement à étudier minutieusement les moyens de perfectionner les techniques de couverture et de gravure. Il travaille aussi avec le maître souffleur Knut Bergkvist à la mise au point d'une nouvelle technique qu'il baptise *Graal*, et qui consiste à tailler ou graver à l'eau-forte du verre blanc, puis à le rechauffer et à le recouvrir d'une autre épaisseur de verre avant de le souffler dans sa forme définitive. En 1917, Gate et Hald dessinent des motifs figuratifs à graver sur verre, dont une série de nus pudiquement drapés, qui marque un changement de cap radical par rapport aux dessins gravés traditionnels. Vers le milieu des années 1920, les deux designers ont véritablement perfectionné l'art de la gravure et produisent d'exquises pièces décorées, qu'Orrefors présente à l'Exposition internationale des arts décoratifs et industriels modernes de 1925 à Paris. Pourtant, Gate et Hald ont des idées assez différentes en matière de décoration – le premier étant décrit comme « un artiste généreusement figuratif » alors que le second est un « vigoureux moderniste », inspiré par l'art d'Henri Matisse (1869–1954). Outre les pièces artistiques de cette première période, Orrefors produit de la verrerie de ménage dessinée par Hald

Per B. Sundberg, vases *Move*, vers 1998

et Gate dans l'esprit du slogan de l'Union suédoise des métiers d'art et du design, à savoir créer des objets beaux et pratiques pour tous les jours. Vers la même époque, la verrerie se diversifie dans les éclairages pour bâtiments publics, et plus tard, pour les résidences privées, qui seront l'un et l'autre un succès commercial. En 1928, **Vicke Lindstrand** rejoint Orrefors et présente deux ans plus tard, à l'Exposition de Stockholm de 1930, des pièces Art déco en verre épais, modernes par la forme et décorées de motifs figuratifs et géométriques gravés. Ces nouvelles créations de Lindstrand indiquent une évolution générale vers le modernisme et vers des formes plus sculpturales. Au cours des années 1930, **Sven Palmqvist** et Edvin Öhrström inventent chez Orrefors des techniques innovantes connues respectivement sous le nom de *Kraka* et *Ariel* – la première consistant à intercaler un motif quadrillé en verre blanc ou coloré entre deux épaisseurs de verre clair, alors que la seconde fait appel au sablage de la surface d'un espace vide qui est ensuite enveloppé dans une ou plusieurs épaisseurs de verre de manière à créer des poches d'air entre les différentes couches. Pendant la Seconde Guerre mondiale, la verrerie manque cruellement de matières premières, mais ses designers vont continuer à essayer de nouvelles techniques telles que le *Cut Graal* ou le populaire *Fish Graal* avec ses motifs marins. En 1947, elle recrute Ingeborg Lundin, dont elle expose les nouvelles créations l'année suivante, avec celles de **Nils Landberg** et Edward Hald, dans le grand magasin NK de Stockholm. Ces modèles d'après-guerre se distinguent par leurs formes simples et douces et l'utilisation subtile de belles couleurs. Dans les années 1950, Orrefors expose dans toute l'Europe, entre autres à la Xe Triennale de Milan en 1954 et à l'importante exposition « H55 » à Helsingborg en 1955, où Sven Palmqvist présente sa verrerie de ménage *Fuga*, fabriquée selon un nouveau procédé de centrifugeage. Pour Orrefors, les années 1950 s'incarnent dans les courbes douces

Souffleur de verre à la verrerie Orrefors Glasbruk, 1986

et organiques du vase *Äpple* d'Ingeborg Lundin, mais les audacieux verres *Pop* aux rayures colorées de Gunnar Cyrén (1931–2013) sont tout à fait représentatifs de la production des années 1960. Au début des années 1970, Orrefors privilégie un style plus rustique, mais les années 1980 sont marquées par un regain d'intérêt pour les pièces d'atelier en série limitée. En 1986, Orrefors décide donc de retirer ses anciens modèles de son catalogue et de se concentrer sur la création. Un an après, la production se limite aux créations des designers maison, à savoir Eva Englund (1937–1998), Anne Nilsson (née en 1953), Erika Lagerbielke (née en 1960) et Helén Krantz (née en 1953). Au cours de cette période, les designers d'Orrefors sont plusieurs fois lauréats du nouveau prix de design Utmärkt Svenska Form. Dans les années 1990, le verre de table simple et élégant fait un retour en force, avec les créations de Gunnar Cyrén et Erika Lagerbielke. De nouveaux designers comme Lena Bergström (née en 1961), Martti Rytkönen (né en 1960) et Per B. Sundberg (né en 1964) sont recrutés vers le milieu des années 1990. Ils créent des pièces très sculpturales et techniquement perfectionnées qui rendent hommage aux traditions artistiques d'Orrefors, tout en explorant de nouvelles techniques pour le verre d'art et les objets de la vie quotidienne. En 1999, l'artiste sur verre et céramiste **Ingegerd Råman** rejoint l'entreprise. Il a créé depuis de nombreuses séries en verre techniquement très intéressantes à la forte présence graphique. Depuis plus de 120 ans, Orrefors est « fidèle à son ambition de développer le pouvoir expressif du verre sur le plan à la fois artistique et technique », et se bat « pour faire en sorte que le verre suédois soit toujours élégant, intéressant et d'une superbe qualité de fabrication et de design ».

Chaise empilable *Cado 290* pour Poul Cadovius (Cado), 1968

Ci-contre : Chaise empilable *Cado 290* avec fauteuil *Cado 291*, fauteuil de repos *Cado 265* et fauteuil moulé par injection avec repose-pied pour Poul cadovius (Cado), vers 1970

steen østergaard

né en 1935 à Ageebaek, Danemark

Steen Østergaard suit une formation de compagnon menuisier, reçoit une médaille d'argent en 1957, et obtient le diplôme de l'École des métiers d'art de Copenhague en 1960. La même année, il est Premier prix au concours annuel de la Guilde des selliers et des tapissiers. De 1962 à 1965, il travaille dans le bureau de design de **Finn Juhl**, où il collabore à la mise au point de plusieurs sièges au châssis en bois massif d'une qualité exceptionnelle. En 1965, il ouvre son bureau de design puis, quelques années plus tard, dessine son premier produit en plastique – le siège *Cado 290* (1968), qui sera fabriqué par Paul Cadovius vers 1970. C'est l'un des premiers sièges en plastique réalisés d'un seul bloc et dans un seul matériau, du polyamide moulé par injection. L'élégante forme en porte-à-faux est manifestement inspirée de la chaise empilable de **Verner Panton** (1959–1960), fabriquée initialement en Baydur (une mousse solide de polyuréthane) en 1968, puis à partir de 1970 en Luran-S (polystyrène thermoplastique) moulé par injection. Cependant, à l'inverse du projet de Panton, le *Cado 290* est proposé avec des coussins en option qui se vissent directement sur le cadre du siège. Les chaises d'Østergaard peuvent être assemblées pour former des rangées, et vingt-cinq unités peuvent être empilées sur un chariot spécialement dessiné. Il existe aussi une version fauteuil et à dossier haut. D'une certaine manière, la chaise *Cado 290* est d'un design plus économique que celle de Panton, car la partie inférieure évidée permet d'utiliser moins de matériau. De plus, la coque est plus mince, ce qui diminuait le poids total du siège. Depuis, Østergaard a dessiné de nombreux autres sièges, mais aucun n'est parvenu à égaler le *Cado 290* – un design fonctionnellement et esthétiquement passionnant, déterminé par son procédé de fabrication, et qui exploite à fond la technologie récemment mise au point des plastiques de pointe.

sven palmqvist

1906, Lenhovda – 1984, Orrefors, Suède

Ci-dessus : Coupes *Fuga* pour Orrefors, 1954

Ci-contre : Vase en verre *Kraka* pour Orrefors, 1944

Le designer de verre suédois Sven Ernst Robert Palmqvist entre à l'école de gravure sur verre de la verrerie **Orrefors** en 1928. Il poursuit ses études à l'École supérieure des beaux-arts, des métiers d'art et du design et à l'École polytechnique de Stockholm de 1931 à 1933, puis à l'École royale des beaux-arts de la même ville de 1934 à 1936. À la même époque, il suit des cours à l'Académie Ranson de Paris, où il a pour professeurs Paul Cornet et Aristide Maillol (1861–1944), ainsi qu'en Allemagne, en Tchécoslovaquie, en Italie et aux États-Unis. En 1936, il réintègre Orrefors, où il met au point le procédé *Kraka* – l'intercalation d'un motif quadrillé en verre blanc ou coloré entre deux épaisseurs de verre blanc. Il présente son travail à l'Exposition internationale des arts et techniques dans la vie moderne à Paris en 1937 ainsi qu'à l'Exposition universelle de New York en 1939. En 1954, Palmqvist invente une méthode pour centrifuger du verre en fusion à l'intérieur d'un moule, ce qui rend la finition à la main superflue. Sa collection *Fuga*, réalisée avec ce nouveau procédé, remporte une médaille d'or à la XIe Triennale de Milan en 1957. À la fin des années 1940 et au début des années 1950, il met au point sa série *Ravenna*, dont les beaux effets de mosaïque ont été obtenus en saupoudrant du sable dans les interstices séparant des motifs géométriques en verre coloré. Il utilise le même procédé pour *Light and Dark*, mur en verre auto-portant de 200 briques de verre *Ravenna*, dessiné pour le siège de l'Union internationale des télécommunications à Genève. Palmqvist reste chez Orrefors jusqu'en 1972. Il y crée un magnifique « verre d'atelier industriel », puis décide de se mettre à son compte, tout en travaillant en freelance pour son ancien employeur. Palmqvist est l'exemple même du fonctionnaliste « à la suédoise », et son goût de l'expérimentation a produit des chefs-œuvre d'inventivité et de grâce. Il aimait la poésie visuelle du verre.

« Avec le verre, vous pouvez sculpter la lumière, peindre toutes les couleurs du spectre avec l'aide du soleil », déclarait-il volontiers. « Le verre peut exprimer tellement plus que les autres matières ! Il est pour toujours hors d'atteinte. Il est éternel, intangible. »

Ci-dessus et ci-contre : Pot en verre *Ravenna* pour Orrefors, vers 1948

Pot à confiture *Concept* pour WMF, 1991

Ci-contre : Verseuse *Concept* pour WMF, 1991

Ci-contre en bas : Carafe isotherme *Classic n° 1* pour Alfi, 1985

ole palsby

1935, Copenhague – 2010, Copenhague, Danemark

L'un des designers industriels danois les plus prolifiques, Ole Palsby a fait des études qui le destinaient à la banque et à la finance internationale. En 1960, il se lance d'instinct dans le mobilier contemporain, ralliant à son projet quelques grands noms du design danois. Quatre ans plus tard, il a une galerie, où il expose des meubles, mais aussi des objets, des tableaux, des sculptures et des photos. En 1968, il ouvre un magasin spécialisé dans le matériel de cuisine haut de gamme, et c'est seulement alors qu'il envisage sérieusement de faire carrière dans le design. À la même époque, on lui demande de dessiner une série de barbecues, qui remporte le prestigieux prix Danish ID en 1971. Encouragé par ce premier succès, Palsby décide en 1975 de devenir consultant en design. Il se spécialise alors presque entièrement dans la conception d'objets pour la maison – casseroles en inox, vaisselle en porcelaine, ustensiles de cuisine en nylon, bouteilles Thermos en plastique. Contrairement à la plupart des designers industriels, Palsby n'a ni studio ni équipe d'assistants. Il préfère travailler seul, là où il se trouve. Les dessins préalables font évidemment partie de sa façon de travailler, mais il affirme que « personne ne peut trouver la bonne solution simplement en dessinant ». Par conséquent, il a l'impression que c'est seulement à l'usine, au contact de la matière brute, que le processus créatif se met en branle. « Le design doit être conçu pour l'œil et pour la main », dit-il. Et c'est dans cette optique qu'il a développé des formes essentielles dotées d'une simplicité et d'une beauté intrinsèques. En 1977, il est une nouvelle fois lauréat du prix Danish ID pour sa célèbre série d'ustensiles de cuisine *Eva Trio*. En 1980, Palsby se rend au Japon pour la première fois. Ce voyage aura une immense influence sur son travail ultérieur. Cinq ans plus tard, il dessine son produit le plus connu, la verseuse isotherme *Classic* pour Alfi – dont la forme rappelle celle du pot à crème traditionnel des îles anglo-normandes. Le succès est immédiat. Dans la foulée, il lance la vaisselle blanche *Eva*

Trio. Pourquoi blanche ? Parce qu'il pense que les décorations distraient inutilement l'œil du mets présenté dans l'assiette. Il dessinera encore divers produits pour WMF, dont le plus remarquable est le service de couverts *CombiNation*, composé de cinquante-huit articles différents. Il est particulièrement apprécié en Allemagne, où l'on aime le côté logique et méthodique de son travail, sa volonté de donner à l'objet « un aspect aussi naturel que s'il s'était en quelque sorte conçu tout seul ». Palsby cultive la longue tradition du design scandinave et voit le design comme une déclaration politique qui se doit d'équilibrer le beau et l'utile pour trouver des solutions naturelles et parfaites.

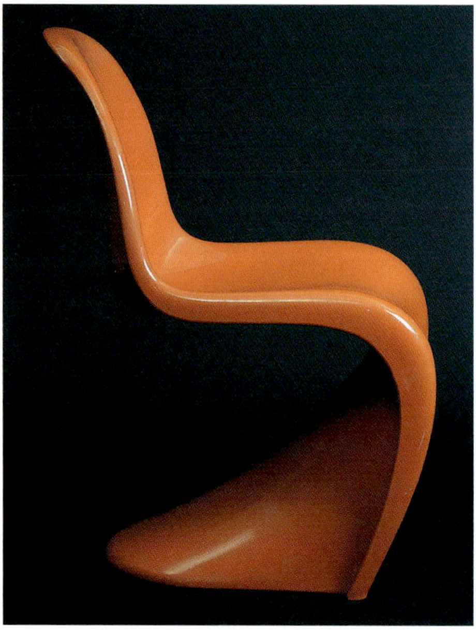

Chaise *Panton*, 1959–1960, fabriquée par Vitra

Ci-contre : Marianne Panton assise sur une chaise *Panton* et table assortie, vers 1970

verner panton

1926, Gamtofte – 1998, Copenhague, Danemark

Verner Panton, ce grand amoureux des couleurs éclatantes et des formes sculpturales, a modernisé le design non seulement en Scandinavie, mais dans tout le monde occidental. Fils d'un aubergiste, il passe son enfance sur l'île danoise de Fionie et fait de premières études à l'École technique. Il s'inscrit ensuite à l'Académie royale danoise des beaux-arts de Copenhague, où il obtient son diplôme d'architecte en 1951. Entre 1950 et 1952, il travaille chez l'illustre architecte et designer danois **Arne Jacobsen**. Il est ainsi appelé à étudier la conception de nombreux meubles expérimentaux, dont la célèbre chaise *Myren* (Fourmi, 1951–1952). Après avoir quitté l'équipe de Jacobsen, Panton se lance lui-même dans la création de meubles et d'équipements automobiles, et dans les aménagements d'expositions. En 1955, il ouvre son agence de design et se fait rapidement une réputation de défricheur en enchaînant les projets tous plus novateurs les uns que les autres, dont la *Maison pliable* (1955), la *Maison en Carton* (1957), la *Maison en Plastique* (1960). Pour Panton, la seconde moitié des années 1950 est une période d'expérimentation joyeuse et débridée. Il dessine des sièges, des appareils d'éclairage, des tissus et des tapis. Il installe des expositions. Et presque toute la critique adore. En 1958, il reçoit sa première grande commande d'architecture et d'aménagement intérieur : le client, le baron Berner Schilden Holsten, le charge de reconstruire et agrandir la Komigen Kro (Auberge revenez-y), tenue par son père, dans la petite ville de Langesø, sur l'île de Fionie. Pour ce projet, Panton rompt avec toutes les conventions et réalise un intérieur entièrement rouge qu'il meuble de son fameux fauteuil *Cone* (1958) – dont la forme de cornet à glace ne passe pas inaperçue. Le *Cone* fait de Panton une célébrité internationale. Le jour où il est exposé dans la vitrine d'un magasin sur une grande avenue de New York, il provoque de tels embouteillages que la police exige qu'il soit retiré pour éviter les carambolages. Le *Cone* et

son petit frère *Heart* (1959) – « un cornet avec des ailes d'ange » – vont être fabriqués par Plus-Linje, la toute nouvelle entreprise de Percy von Halling-Koch. En 1959, Panton fait un nouveau coup d'éclat en concevant pour la foire commerciale Købestævnet une exposition où il met littéralement le monde sens dessus dessous – le plafond est recouvert de moquette, et tous les meubles et luminaires sont posés ou accrochés à l'envers. La raison de ce dispositif extraordinaire ? Il suffit de lever la tête pour voir parfaitement tous les objets, même au milieu de la foule, ce qui n'est évidemment pas le cas s'il faut s'agglutiner autour d'un stand. En 1960, à la Foire du meuble de Cologne, Panton réalise une installation également peu orthodoxe, avec le plafond recouvert de papier d'aluminium. La même année, il est chargé de redécorer le restaurant Astoria à Trondheim. Le résultat fait scandale, non seulement à cause des formes choisies, mais aussi à cause des couleurs criardes. **Poul Henningsen** commente en connaisseur : « Le restaurant Astoria de Verner Panton est une sorte d'OVNI dans le monde du design. Il est le fruit d'une volonté tenace de se tenir à sa propre idée tout en prenant en considération le confort dû aux clients. À mon avis, c'est la première fois qu'on répond à la grande question qui nous tourmente depuis que le fonctionnalisme s'est imposé : comment faire d'un restaurant un endroit agréable pour ses clients ? » Et avec ses revêtements muraux de style Op Art, ses lampes en forme de globe et son décor de science-fiction, l'Astoria déconcerte et finalement séduit. Panton réalise des aménagements intérieurs tout aussi décoiffants, tout en travaillant sur son projet fétiche : le premier siège en plastique d'une seule pièce. Il a déjà dessiné un siège en porte-à-faux en contreplaqué moulé d'une seule pièce, la *S-chair*, réalisée en partenariat avec Thonet GmbH en 1955–1956. Quelques années plus tard, il essaie de faire le même modèle en plastique. De 1957 à 1966, il peaufine ses idées, esquisses et modèles pour atteindre son but

Lampe *VP-Globe* pour Louis Poulsen, 1969

Ci-contre : Hall du restaurant Varna à Århus, 1971

Ci-contre en haut à gauche : Fauteuil *Heart Cone K3* pour Plus-Linje, 1959

Ci-contre en haut à droite : Fauteuil *Peacock T5* pour Plus-Linje, 1960

Ci-contre en bas à gauche : Fauteuil *Pyramid K4* pour Plus-Linje, 1960

Ci-contre en bas à droite : Fauteuil *Cone K1* pour Plus-Linje, 1958

À droite : Fauteuil *Wire Cone K2* pour Plus-Linje, 1960

Ci-dessous : *Series 100 Pantonova*, fauteuil *(Modèle n° 125T)* et ottoman *(Modèle n° 126S)* pour Fritz Hansen, 1971

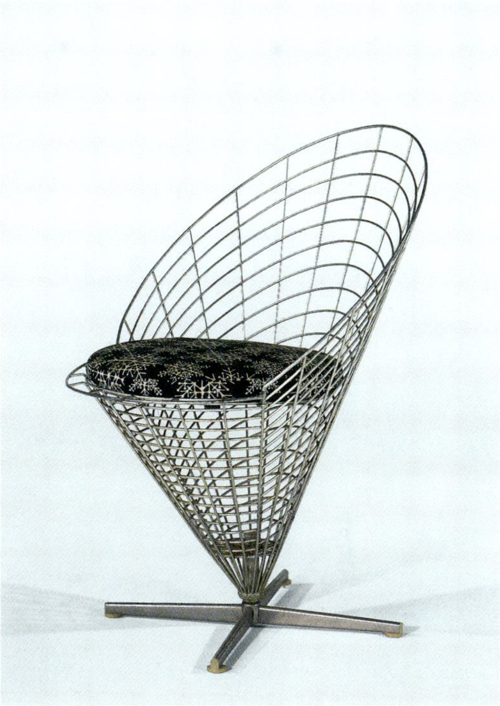

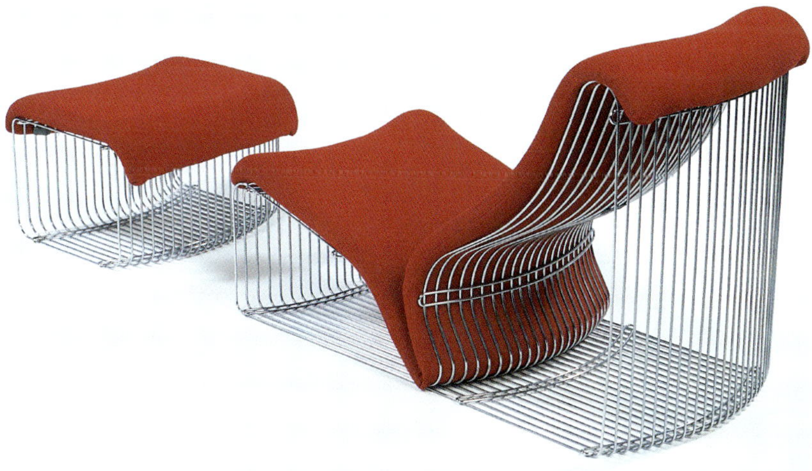

Exposition-vente de la collection Plus-Linje, organisée par l'entreprise d'ameublement Pfister, Zurich, 1960

et en 1962, le projet de la révolutionnaire chaise *Panton* est enfin prêt. La même année, Panton quitte le Danemark et séjourne brièvement à Paris avant d'ouvrir une agence de design à Cannes. Parallèlement, il essaie sans succès de trouver un fabricant pour sa *Panton*, puis finit par rencontrer Willy Fehlbaum, fabricant de meubles bâlois qui édite des produits d'Hermann Miller sous licence. George Nelson, directeur du design chez Herman Miller, ne croit guère en la viabilité du projet. Fehlbaum décide alors de le faire réaliser par sa propre entreprise, Vitra. Panton s'installe à Bâle pour participer à la mise au point technique de la fabrication de la *Panton*, qui prendra cinq ans. En 1967, l'usine sort une petite série de chaises (100 à 150 unités) en polyester renforcé de fibre de verre pressé à froid, et l'année suivante, le siège est présenté à la Foire du meuble de Cologne où il est très remarqué. La même année, on essaie un nouveau plastique, le Baydur (une mousse solide de polyuréthane), et c'est ainsi que la *Panton* devient le premier siège d'un seul bloc moulé par injection. Le Baydur permet certes de fabriquer la *Panton* en une plus grande quantité, mais il exige beaucoup de finitions (dont la peinture). En 1971, il est remplacé par un nouveau plastique, le Luran-S (un polystyrène thermoplastique), à la belle surface polie, mais insuffisamment résistant, tant et si bien que la production s'arrête en 1979 (pour être reprise par Vitra en 1990, en utilisant du polypropylène et une mousse solide de polyuréthane). Panton décide néanmoins de rester à Bâle et d'y cultiver sa vaste clientèle, dont les maisons A. Sommer, Kaufeld, Haiges, Schöner Wohnen, Nordlys, Kill, Wega Radio, Thonet, Knoll International, Lüber et Bayer. Il conçoit aussi des *Paysages imaginaires* psychédéliques pour Bayer, pour les expositions Visiona 0 (1968) et Visiona II (1970), à Cologne, fantasmagories sculpturales et puissamment colorées. Chaque salle de l'installation Visiona 0 montre des meubles différents et des « sièges-sculptures » – dans l'une des grosses boules en mousse couvertes de Dralon orange, dans telle autre des tapis « tridimensionnels » couvrant le plafond. Un visiteur se souvient : « Chaque salle avait ses sons et ses odeurs, et tous les sens étaient sollicités, ce qui aiguisait encore la perception de cet extraordinaire espace. On se promenait dans l'exposition en oubliant le lieu et l'heure. » Les installations conçues pour Visiona II sont encore

plus irréelles, les murs, les plafonds et le mobilier se fondant pour former des sortes de modules pour navire spatial. Avec leur kaléidoscope de formes, de couleurs et de textures, ces espaces déroutants, inventifs et sensuels sont très représentatifs du mouvement psychédélique. Entre 1969 et 1985, Panton crée pour Mira-X des tissus à motifs géométriques dans sa palette habituelle de couleurs vives. À la fin des années 1960 et au début des années 1970, il dessine une série de sièges pour **Fritz Hansen**, et un système de rangements, ainsi que des lampadaires et des lampes pour Lüber. Ces créations inspirées de l'Op Art ne sont pas sans rappeler les sièges en fil métallique des années 1959–1960. En 1973, Panton dessine la gamme de sièges *1-2-3* pour Fritz Hansen – une vingtaine de modèles, réglables en hauteur selon les utilisations – repos, travail ou repas. Son intérêt pour les systèmes le conduit aussi à créer le jeu de construction *Pantonaef* (1975) pour la firme suisse Naef. Dans les années 1970, Panton signe plusieurs luminaires pour **Louis Poulsen**, dont les lampes sphériques *VP-Globe* et *Panto* (1975). Les années 1980 sont celles de la série *Art Chairs Chair Art* (1981), déclinée en seize sièges monobloc en contreplaqué aux formes insolites et hybrides. En 1985, il dessine d'autres sièges, placés cette fois sous le signe des volumes élémentaires – cube, sphère, cône. À l'inverse de beaucoup d'autres designers danois, Panton s'est voulu révolutionnaire plutôt que réformiste. Il a toujours conçu des produits innovants et audacieux, exploité les techniques de pointe, donné libre cours à son optimisme naturel et à son imagination joyeuse. Créateur visionnaire et iconoclaste, il n'a jamais voulu s'inscrire dans la tradition danoise, à savoir réinterpréter les meubles existants et utiliser des matières naturelles, mais il est tout de même resté fidèle aux valeurs de base du design scandinave : longévité, unité et intégrité.

De gauche à droite : suspensions (attribuées à Verner Panton), années 1960 ; suspension *Big Flowerpot* (Grand pot de fleurs) pour Louis Poulsen, vers 1971 et suspension *Moon-Lamp* (Lampe-lune) pour Louis Poulsen, 1960 – toutes témoignent de la forte influence de l'op art sur le travail de Panton

Siège *System 1-2-3* pour Fritz Hansen, 1973

Ci-dessous : La *Living Tower* dans la maison de Panton, vers 1970

Phantasy Landscape, exposition Visiona II de Bayer à la Foire du Meuble de Cologne, 1970 – la crise du logement au cours des années 1960 va pousser les designers et les groupes de design «radicaux» (de Joe Colombo à Archizoom Associati) à explorer l'idée de micro-environnements adaptés à l'ère spatiale. L'extraordinaire installation présentée par Panton à Visiona II illustre cette fascination pour les espaces de vie alternatifs et les formes futuristes. Panton va non seulement jouer avec la forme, la fonction, la couleur et l'espace, mais va aussi s'amuser à brouiller les frontières entre les meubles et l'architecture, avec ses sculpturaux tapis en trois dimensions et son couloir-caverne aux parois ondulantes comme autant de sièges

À gauche et ci-dessous à gauche : Tissus *Curve* en velours de coton pour la *Collection Décor (I)* pour Mira-X, 1969

Ci-dessous : Tissu *Square* en velours de coton pour la *Collection Décor (I)* pour Mira-X, 1969

Ci-dessus : Tissu *Chequers* en velours de coton pour la *Collection Décor (I)*, 1969

Ci-contre : Tissu *Onion* en velours de coton de la *Collection Décor (I)* pour Mira-X, 1976

Henrik Bull, plat à motifs néo-vikings, vers 1900–1905

porsgrund *création : 1885, Porsgrunn, Norvège*

En 1886, Johan Jeremiaessen fonde la fabrique de faïences Porsgrund à Porsgrunn, avec le soutien financier de sa belle-famille, les Knudsen. Dans la foulée, il recrute le céramiste allemand Carl Maria Bauer comme directeur technique et un an plus tard il sort ses premiers produits. Au début, Porsgrund fabrique des objets peints sous couverte ou décorés en décalcomanie de motifs classiques provenant de **Royal Copenhagen** ou de Meissen. À la fin du siècle, cependant, l'usine devient pleinement opérationnelle et fait des bénéfices, de sorte qu'elle peut se permettre de se diversifier dans le style nordique, non seulement pour se distinguer de la concurrence, mais aussi et surtout pour afficher la volonté d'indépendance de la Norvège et affirmer son identité artistique. C'est pourtant un Danois, le nouveau directeur technique Rose Martin, qui introduit en 1901 une forme de peinture sous couverte mise au point au Danemark. Les produits de style nordique fabriqués par Porsgrund en ce début de siècle sont dus entre autres à **Gerhard Munthe** et Henrik Bull (1864–1953), qui privilégie un style néo-viking dominé par des motifs complexes de lanières entrelacées. À la même époque, l'illustrateur Theodor Kittelsen (1857–1914), renommé pour ses représentations de fées et de trolls, dessine pour Porsgrund des faïences décorées de paysages nordiques pittoresques, tout comme Thorolf Holmboe (1866–1935), dont les créations Art nouveau multiplient les motifs floraux peints en bleu sous couverte. Après cette première éclosion d'excellence artistique, la manufacture ne produit rien de vraiment remarquable jusqu'au recrutement du designer danois Hans Flygenring (1881–1958) comme directeur artistique en 1920. Flygenring a étudié avec **Johan Rohde** et **Arnold Krog** à la Royal Copenhagen. Pendant ses sept ans de présence chez Porsgrund, il dessine un grand nombre d'objets décoratifs et fonctionnels qui se distinguent par leurs motifs floraux d'inspiration orientale. Directrice artistique de l'entreprise entre

Hans Flygenring, soupière *Blaaveis*, vers 1921

1928 et 1945, l'artiste sur verre norvégienne Nora Gulbrandsen (1894–1978) modernise à la fois le style et les méthodes de fabrication des faïences utilitaires. Ses produits aux lignes géométriques et assez architecturales reflètent son intérêt pour l'avant-garde internationale, en particulier les constructivistes russes et les fonctionnalistes Allemands. Ses couleurs de prédilection, déclinées dans ses célèbres rayures – des oranges, des ors et des noirs profonds – évoquent celles de l'Art déco. Vers la fin des années 1930, le travail de Gulbrandsen perd ses aspérités et gagne en douceur et en humanité. Après la Seconde Guerre mondiale, Tias Eckhoff dessine plusieurs collections pour Porsgrund, dont la série *Det Riflede* (Le cannelé, 1949) et le service allant au four *Glohane* (1951), médailles d'or aux Xe et XIe Triennales de Milan en 1954 et 1957. L'autre produit emblématique de l'âge d'or de Porsgrund, dans les années d'après-guerre, est la vaisselle *Spire* (1953) de Konrad Galaaen (1923–2004). Dans les années 1960, 1970 et 1980, l'usine fabrique des produits en porcelaine et en grès dessinés par Eckhoff, Eystein Sandnes (1924–2006), Leif Helge Enger (né en 1934) et Grete Rønning (née en 1937) aux formes fonctionnelles adoucies. Porsgrund reste aujourd'hui la plus grande marque de faïences et céramiques norvégienne. Sa production va de la vaisselle aux sanitaires de salles de bain. Et elle est constamment de qualité.

Ci-dessus:
Nora Gulbrandsen,
service à café
Modèle n° 1848,
années 1930

Nora Gulbrandsen,
soupière en porcelaine, 1927

Nora Gulbrandsen, vase en porcelaine émaillée, vers 1931–1933

Ci-dessous: Konrad Galaaen, service en porcelaine *Spire*, 1952

Plats et couvercles allant au feu *Liekki* (Flamme) pour Arabia, 1957

Ci-contre : théière *Kaarna* pour Arabia, vers 1961 – conçue avec Göran Bäck

ulla procopé

1921, Helsinki, Finlande – 1968, Tenerife, Espagne

La céramiste finlandaise Ulla Procopé a été formée à l'École supérieure d'art et de design d'Helsinki. En 1948, elle entre dans l'atelier recherche et design d'**Arabia**, alors dirigé par **Kaj Franck**. Elle a pour collègues **Saara Hopea** et Kaarina Aho (1925–1990). Elle dessine des objets utilitaires en faïence, dont la théière de style oriental *GA* (1953) et un pot à confiture (vers 1957) fabriqué à l'échelle industrielle, mais d'une qualité tout artisanale. En 1957, elle crée sa populaire série de plats de cuisson empilables, multi-fonctionnels et allant au four, *Liekki* (Flamme). Ce service en grès d'un beau brun profond est en outre très astucieux (retournés, les couvercles deviennent des plats de service). Procopé dessine aussi en 1960 la gamme *Ruska*, qui va au lave-vaisselle et peut passer du four à la table. Le décor, un vernis moucheté, semble avoir été posé à la main alors qu'il a été appliqué en usine. À la même époque, Procopé présente aussi son célèbre service de vaisselle en faïence *Valencia* (vers 1960), inspiré de la poterie espagnole artisanale en bleu et blanc. Plus décorative que ses créations antérieures, ce modèle a continué d'être produit pendant plus de quarante ans, et c'est un classique d'Arabia. Après Franck, Procopé est le plus important designer d'Arabia. Ses faïences lui ont valu un diplôme d'honneur à la XIe Triennale de Milan en 1957. Tout au long de sa carrière, Procopé a démontré que la faïence industrielle n'était pas forcément synonyme de banalité et de froideur, et que l'utilisation de couleurs terre, de vernis semi-mats et de formes douces mais malgré tout fonctionnelles pouvait leur donner un aspect agréable, de la personnalité et du caractère. C'est en cela aussi qu'elle a contribué à faire évoluer la perception du design scandinave.

Marmite *Kobenstyle* pour Dansk International Designs, 1954

Ci-contre : Théière en grès pour Palshus Pottery, 1949–1950

jens quistgaard

1919, Copenhague – 2008, Vordingborg, Danemark

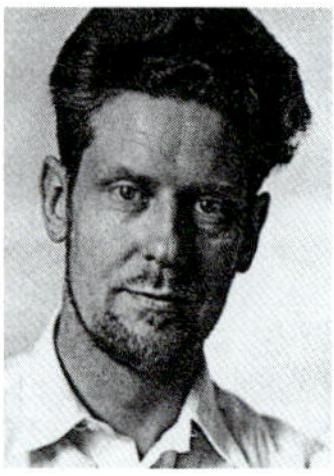

Le grand designer danois Jens H. Quistgaard est le fils du sculpteur Harald Quistgaard, qui enseignait à l'Académie royale danoise des beaux-arts de Copenhague. Dès son plus jeune âge, il apprend la sculpture sur bois. « Je n'arrivais pas à m'éloigner du bois ; le matériau me fascinait », racontera-t-il plus tard. Après ses études, il devient sculpteur, menuisier, céramiste et dessinateur, et s'il exploite les matériaux les plus divers – argile, argent, bronze, fer et acier – le bois reste son médium de prédilection. Quistgaard fait aussi un stage d'apprentissage dans l'atelier d'argenterie de **Georg Jensen**. Après la Seconde Guerre mondiale, il s'installe comme designer indépendant et dessine toutes sortes de produits, dont une théière en grès à anse en jonc et laiton (1949), s'inspirant de modèles antérieurs d'origine orientale. En 1954, Quistgaard reçoit le prix Lunning et avec l'homme d'affaires américain Ted Nierenberg crée l'entreprise Dansk International Designs. Il en assure la direction avec Nierenberg jusqu'en 1984, et pendant ces trente années de collaboration, c'est lui qui dessine la plupart des produits de la marque. Ses créations se caractérisent par de subtiles formes organiques et le beau traitement de la matière. Son travail, comme la batterie de cuisine en acier émaillé *Kobenstyle* (1954) ou les couverts en teck et acier *Fjord* (1954), laisse le matériau exprimer ses qualités propres. La forme sculpturale de son célèbre seau à glace *Congo* (1960), s'inspire de son étude de la coque en bois des navires vikings, tandis que sa poignée en forme de pont rappelle celles des vaisselles japonaises anciennes. Depuis 1984, il dirige une agence à Copenhague et a dessiné des bâtiments, des meubles et des bijoux pour des entreprises européennes et américaines. Les produits de Quistgaard, qui sont aussi remarquablement dessinés que fabriqués, sont typiques du style danois moderne et reflètent son intérêt pour l'artisanat traditionnel et l'histoire des formes. Les lignes douces et fluides de ses créations – souvent copiées, rarement

Ci-dessous : Chandelier en fonte pour Dansk International Designs, vers 1955

Page 400 : Couverts *Fjord* pour Dansk International Designs, 1953

Page 401 : Seau à glace en teck pour Dansk International Designs, 1960

égalées – confirment également ce qu'il se plaît à répéter : « L'artisan d'art qui crée des objets pour la production de masse doit avant tout connaître et apprécier ses matériaux. C'est l'homme qui doit déterminer le résultat, pas la machine… Il doit créer un objet en trois dimensions harmonieux et exact dans ses proportions. »

Service en grès *Domino* pour Gustavsberg, 1998

Ci-contre : Vases en verre *Slowfox* pour Orrefors, 2000

ingegerd råman

née en 1943 à Stockholm, Suède

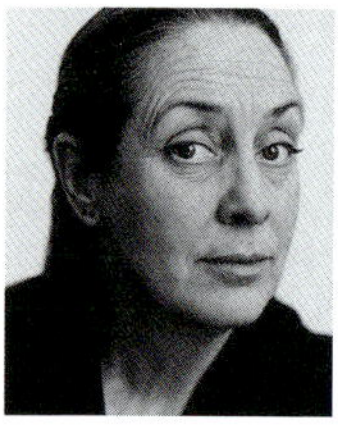

L'une des figures du verre suédois, Ingegerd Råman, étudie à l'École supérieure des beaux-arts, des métiers d'art et du design à Stockholm de 1962 à 1968 et à l'Istituto statale d'Arte per la Ceramica à Faenza, en Italie. Elle entre comme designer à la verrerie Johansfors en 1968, avant d'ouvrir son atelier de céramique en 1972. De 1981 à 1998, elle est designer à la verrerie Skruf, pour laquelle elle dessine de remarquables produits, à commencer par la série *Bellman* (1992), qui va remettre les verres à liqueur au goût du jour ou la carafe *Mamsell* (1990). Ses créations pour Skruf sont d'une remarquable simplicité formelle qui laisse la nature profonde du matériau s'exprimer et dont il émane une sorte de légèreté et de grâce fragile. Comme celui des autres designers de verre scandinaves des années 1930 et 1940, le travail de Råman est sans prétention. Elle pense que le design doit allier « simplicité, fonction et valeur esthétique », un précepte qu'elle a manifestement appliqué dans son flacon à huile *Oil Bottle* de 1990, à bouchon sphérique, légèrement mais imperceptiblement aplati afin d'éviter qu'il ne roule et tombe de la table. Råman élabore constamment des variations à partir de ses produits antérieurs pour créer des « familles » de vases, bouteilles, coupes et carafes. Depuis 1999, elle dessine pour **Orrefors** de la verrerie d'art qui, tout comme son travail pour Skruf, se distingue par la pureté de ses formes. Les différentes pièces, par exemple les vases *Tantarella*, *Skyline* et *Slowfox* (2000), sont ornées de simples motifs gravés non figuratifs qui exaltent les qualités intrinsèques du matériau. Elle a aussi dessiné de la céramique pour **Gustavsberg**, travaillé comme consultante indépendante pour Trussardi à Milan et conseillé le gouvernement portugais en matière d'enseignement du design.

Nancy Still McKinney, carafe et verres, vers 1970

riihimäki

création : 1910, Riihimäki, Finlande

La société Riihimäki a été fondée par M. A. Kolehmainen et H. G. Paloheimo en 1910, pour fabriquer de la verrerie. Elle produit exclusivement du verre de ménage jusqu'en 1911, date de mise en exploitation d'une seconde usine, pour la fabrication cette fois de bouteilles et bocaux. En 1919, Riihimäki se lance dans la fabrication de verre à vitrage, et dans les années 1920, devient la plus importante verrerie industrielle de Finlande. La direction commence alors à commander des articles de verrerie domestique à des designers comme Tyra Lundgren (1897–1979) et Eva Gyldén (1885–1973). En 1928, Riihimäki organise un concours de création, dont le lauréat est Henry Ericsson (1898–1933), un ami intime d'**Alvar Aalto** (dont il a partagé l'atelier). Ericsson est donc engagé. Il dessine des objets en verre gravé qui seront présentés à l'Exposition internationale de Barcelone en 1929–1930 et à l'Exposition internationale, coloniale, maritime et d'art flamand à Anvers en 1930. En 1932, sur l'insistance d'Ericsson, Riihimäki recrute **Gunnel Nyman**, qui va rester dans la maison jusqu'en 1947, dessinant aussi bien du verre courant que de la verrerie d'art. Riihimäki organise d'autres concours en 1933 et 1936, auxquels participent Alvar Aalto et Arttu Brummer (1891–1951), qui feront tous deux partie plus tard de la liste des designers de la maison. Après sa modernisation au milieu des années 1930, l'entreprise prend le nom de Riihimäki Lasi Oy en 1937. Deux ans plus tard, elle commence à produire du cristal et en 1941, elle fusionne avec les verreries Kauklahti et Ryttylä. En 1945, Brummer dessine son vase *Finlandia*, dont la forme évoquant la glace brisée annonce la manière plus expressive qui va s'épanouir dans le design du verre finlandais dans les années d'après-guerre. L'année suivante, Helena Tynell (1918–2016) rejoint l'entreprise, qui va pareillement explorer les qualités optiques et expressives du verre dans de sculpturales formes asymétriques. En 1949, **Nanny Still McKinney** commence aussi à dessiner pour Riihimäki, aussi bien

Aino et Alvar Aalto, bols *Fleur Riihimäki*, 1933

Ci-dessous : Arttu Brummer, vase *Finlandia*, 1945

du verre d'art soufflé que de la verrerie utilitaire moulée aux formes, aux textures et aux décors assez inhabituels. McKinney reste chez Riihimäki jusqu'en 1976, date à laquelle la direction décide d'interrompre sa production de verre soufflé et de se recentrer sur la production de verre commercial, à savoir bouteilles et bocaux. Numéro un de la verrerie de ménage en Finlande entre les années 1920 et les années 1960, première entreprise aussi à fabriquer des bouteilles légères en 1983, Riihimäki est rachetée par le fabricant de verres Karhula en 1988, pour être en fin de compte fermée en 1995. En hommage au précieux héritage légué par Riihimäki, le musée du Verre finlandais est à présent installé dans l'une de ses anciennes usines, aménagée par **Tapio Wirkkala**.

Couverts *Modèle n° 62 Acorn* pour Georg Jensen, 1915

Ci-contre : Canapé fabriqué par H.P. & Larsen, vers 1900

johan rohde

1856, Randers – 1935, Hellerup, Danemark

Ci-contre : Service à thé en argent *Modèle n° 45* pour Georg Jensen, 1915

Après des études de médecine, Johan Rohde se découvre un grand intérêt pour les arts, et en 1881, il s'inscrit à l'Académie royale danoise des beaux-arts de Copenhague, pour étudier la peinture et les arts graphiques. L'année suivante, il fonde l'École d'études artistiques, où il enseigne l'anatomie. Six ans plus tard, ses peintures sont exposées pour la première fois à l'Académie danoise des beaux-arts. Au milieu des années 1890, il rencontre **Georg Jensen**, alors encore contremaître dans l'atelier d'orfèvrerie de Mogens Ballin (1871–1914). En 1903, Rohde demande à Jensen de lui fabriquer un certain nombre d'objets qu'il a dessinés pour son usage personnel. Peu à peu, une amitié va se nouer entre les deux hommes, et vers 1906, Jensen va persuader Rohde d'imaginer des modèles pour l'atelier d'argenterie qu'il vient de créer. L'année suivante, le musée des Arts appliqués de Copenhague présente une exposition personnelle de son travail, et de 1908 à 1912 il prend la direction de l'École d'études artistiques. En 1915, Georg Jensen lance le modèle *Acorn*, qui deviendra le plus célèbre service de couverts de Rohde et qui reste aujourd'hui encore un *best-seller*. Le dessin très stylisé d'*Acorn* se démarque du style Arts & Crafts plus naturaliste de Jensen. Rohde est le plus proche collaborateur de Jensen, mais il faudra attendre 1917 pour qu'il signe un contrat qui le lie formellement à son employeur et ami. Dans les années 1920 et 1930, l'argenterie de Rohde, notamment son exquise carafe de 1925 ou sa théière en argent filé et poignée en ivoire de 1933–1936, a des formes de plus en plus simples et organiques. Outre ses créations en argenterie bien connues, Rohde a aussi dessiné des textiles et des meubles qui reflètent son style hautement personnel et inimitable. La plupart de ses premiers meubles, dont le somptueux canapé des années 1897–1898, se distinguent par un vocabulaire de formes géométriques simplifiées. Comme beaucoup de designers scandinaves de la fin du siècle, Rohde maîtrisait de nombreux

matériaux, car il créait d'abord des objets pour sa propre résidence. Son travail ne signale pas seulement la transition du style Arts & Crafts au modernisme scandinave, mais préfigure aussi les formes organiques et douces qui allaient caractériser celui de la génération suivante des designers danois.

Ci-dessus : Service à thé en argent *Modèle n° 787* pour Georg Jensen, vers 1933–1936

Ci-contre : Carafe en argent *Modèle n° 432* pour Georg Jensen, 1920

Boîte de rangement pour jetons et cartes à jouer en argent *Modèle n° 478* pour Georg Jensen, 1926

Inger Persson, théière *Pop* en grès, 1969

rörstrand

création : 1726, Stockholm, Suède

Ci-contre : Louise Adelborg, vaisselle *Swedish Grace*, 1930 – cette vaisselle ménagère avec son simple motif en relief d'épis de blé répétés (un symbole de nourriture) a été présentée pour la première fois à la grande Exposition de Stockholm de 1930. Simple mais élégant, ce modèle allait représenter l'exemple même de la « Grâce Suédoise », une expression due à un critique anglais de l'*Architectural Review* sur l'exposition de 1925

En 1726, la Chambre de commerce suédoise crée Rörstrand, premier fabricant de céramiques scandinave à bénéficier du soutien décisif des pouvoirs publics. Le premier directeur de l'usine est Johann Wolff, qui a travaillé dans diverses poteries de Copenhague. Pendant ses deux années de règne, Wolff fait fabriquer de la faïence blanc et bleu cobalt. Dans la première partie du XVIIIe siècle, Rörstrand se fait remarquer pour ses décors *bianco sopra bianco* (blanc sur blanc). À partir de 1790, la manufacture va produire de la faïence vernissée de style anglais, dans les tons crème, connue sous le nom de *Flint-porslin*. En 1782, elle rachète son principal concurrent, Mariebergs Porslinfabrik, et en 1873, elle fonde l'usine **Arabia** en Finlande, afin de profiter du marché russe alors en pleine expansion. Pendant une grande partie du XIXe siècle, Rörstrand fabrique des céramiques reprenant des modèles existants lancés avec succès par des concurrents, tel son célèbre service *Blå Blom* (1870) qui imite un modèle anglais antérieur. Il faudra attendre 1895, quand Alf Wallander (1862–1914) est nommé directeur artistique de la maison, pour que celle-ci se mette à produire des céramiques réellement originales et inventives. Avant tout responsable de l'introduction de l'Art nouveau chez Rörstrand, Wallander dessine de nombreux vases décorés de motifs de fleurs et de plantes ou de figures féminines très stylisées peints sous couverte dans de subtiles tonalités sombres où dominent le bleu et le brun. Ces créations Art nouveau au modelé suave et aux formes fluides et organiques sont extrêmement séduisantes. Wallander dessine aussi des vases à décor en haut-relief qui rappellent la céramique japonaise, tel le vase de 1897 *Pie sur un arbre* (aujourd'hui au Musée national de Stockholm). Ses créations pour Rörstrand lui valent un grand prix à l'Exposition internationale de Paris en 1900, et elles seront diffusées par Siegfried Bing dans son prestigieux magasin parisien, La Maison de l'art moderne. D'autres designers, dont Anna Katarina Boberg (1864–1935),

Karl Lindström (1865–1936) et Nils Erik Lundström (1865–1960) dessinent des vases Art nouveau pour Rörstrand. Au cours de cette période, la production se diversifie, et la maison sort des céramiques d'art, dont des figurines d'oiseaux et d'animaux. Entre 1917 et 1927, Edward Hald, recruté comme designer free-lance, dessine de nombreux modèles en faïence qui associent des motifs rustiques à des formes classiques. En 1926, Rörstrand déménage à Göteborg, et quatre ans plus tard, participe à la grande Exposition de Stockholm de 1930. Sa présentation la plus remarquable est le service de vaisselle dessiné par Louise Adelborg (1885–1971), simplement décoré d'un motif d'épi de blé en relief indéfiniment répété. En 1931, Gunnar Nylund (1904–1989) est nommé directeur artistique de Rörstrand, et l'année suivante, la maison crée une nouvelle unité de production à Lidköping, où l'ensemble des activités seront regroupées cinq ans plus tard. Après la guerre, Rörstrand produit des objets simples en grès, dessinés entre autres par Gunnar Nylund et Hertha Bengtson (1921–1995), qui reflètent le goût de l'époque pour des

Ci-dessous :
Vaisselle *Ostindia*,
1931

Alf Wallander,
vase en porcelaine,
1901

Ci-contre :
Per Algot Eriksson,
vase *Cyclamen*,
vers 1900

formes organiques abstraites. Dans les années 1950, la manufacture produit en grand nombre des services « pour tous les jours » signés Marianne Westman (1928–2017), dont *Mon Amie* (1951), *Pomona* (1956) et *Picknick* (1956), qui incorporent des motifs en impression très colorés de fleurs, légumes et poissons hautement stylisés. Dans les années 1960, Rörstrand sort le service en porcelaine *Pop* (1968), dessiné par Inger Persson (1936–2021), décliné en nombreux coloris, dont le plus vendu sera un rouge orangé vif. Persson va remporter un prix Design Plus pour sa gamme *Spisa* (vers 1978–1980) en faïence, dont le vernis marron couleur terre et la décoration simplement cannelée sont tout à fait caractéristiques de l'esthétique à la fois fonctionnelle et familière, mais un peu morne, qui affadissait la céramique industrielle scandinave de cette époque. En 1985, Rörstrand édite une série limitée de théières qui seront commercialisées dans les boutiques de Rosenthal Studio House. Cette collection propose quatre-vingts modèles signés par quatre designers différents, dont Signe Persson-Melin (1925–2022), qui travaillera pour Rörstrand de 1980 à 1987. En 1983, Rörstrand est racheté par **Arabia**, puis fusionne quatre ans plus tard avec **Gustavsberg**, pour être finalement repris en 1993 par le Groupe **Hackman**. Depuis lors, la maison continue à fabriquer des céramiques originales créées par divers designers scandinaves – plus particulièrement Jonas Bohlin (né en 1953) et Pia Törnell (née en 1963) – qui témoignent de l'attrait soutenu des Suédois pour la simplicité fonctionnelle et la beauté des formes. Rörstrand fait aujourd'hui partie du groupe Fiskars et continue de produire bon nombre de ses « classiques » du milieu du siècle, en plus de créations plus récentes avec lesquelles il partage cependant le langage pratique, mais séduisant, du design nordique.

Pot à tabac en grès, 1925

Ci-contre : Détail d'un siège dessiné spécialement pour le Palace Hotel, vers 1909–1910

anton rosen

1859, Horsens – 1928, Copenhague, Danemark

L'architecte et designer danois Anton Rosen était le principal architecte de l'Exposition nationale, organisée à Århus en 1909, et sera responsable de la conception du Palace Hotel de Copenhague (1907–1910), prévu pour offrir un hébergement luxueux aux invités officiels en visite à Rådhuset, l'hôtel de ville étant situé en face. Pour ce dernier projet, il dessine un mobilier spécial, dont un fauteuil en acajou (à présent dans la collection du Musée danois du design) à garnitures métalliques décoratives, dont l'esthétique n'ést pas sans rappeler celle des motifs floraux stylisés de **Johan Rohde** pour **Georg Jensen**. Rosen aurait de toute façon découvert le travail d'argenterie réalisé par Georg Jensen, puisque par la suite, en 1917, il lui demandera de fabriquer une coupe de cérémonie qu'il avait dessinée pour la Guilde des bouchers. Cette pièce unique était richement incrustée d'éléments figuratifs sculptés à la main et comportait des sceaux décoratifs suspendus à des têtes de bélier stylisées et une rangée de galions de style Arts & Crafts, toutes voiles dehors. Vers la même époque, Rosen dessine aussi pour Georg Jensen d'autres objets en argent, incrustrés de corail, malachite, ambre et autres pierres semi-précieuses. Dans les années 1920, son style se fait moins orné, comme en témoigne le pot à tabac au vernis vert céladon dessiné en 1925. Comme d'autres designers danois de cette époque, Rosen est influencé à la fois par le modernisme européen et par les arts du Japon. À travers son travail d'excellente facture et soucieux du détail, qui se situe à la charnière de l'Art nouveau du début du XXe siècle et du mouvement moderne, Rosen a cherché à rendre la vie quotidienne plus belle tout en ravivant une identité nationale danoise en matière d'artisanat d'art et de design.

royal copenhagen

création : 1775, Copenhague, Danemark

Ci-dessus :
Service *Blå Blomst* (Fleur Bleue), 1779

Ci-contre :
Service *Flora Danica*, vers 1790

Les origines de Royal Copenhagen remontent à 1775, lorsqu'est créée la première manufacture de porcelaine danoise à bénéficier du parrainage royal. Au cours des quatre premières années d'exploitation, le chimiste Frantz Henrich Müller (1732–1820) multiplie les essais avec du kaolin de l'île de Bornholm pour essayer de produire des biscuits de qualité supérieure, mais sans résultats. À la même époque, les dettes de l'entreprise atteignent de tels sommets qu'en 1779, le roi Frederik V intervient pour en assumer personnellement la responsabilité financière. La logique qui préside à ce sauvetage tient à sa volonté de faire du Danemark l'un des principaux centres culturels de l'Europe, et la production de porcelaine fine – appelée alors « l'or blanc » – est l'un des moyens le plus sûr de parvenir à ce but. La manufacture est rebaptisée Den Kongelige Danske Porcelains Fabrik, et un embargo va être imposé sur toutes les importations de porcelaine. Dans les années 1780 et 1790, Royal Copenhagen fabrique des services de vaisselle ordinaire à décor bleu, souvent copiés ou adaptés de modèles de Meissen ou d'autres fabricants européens. Elle produit aussi des pièces multicolores et des modèles de style rococo plus audacieuses sur les plans technique et artistique. Le modèle le plus remarquable sorti par Royal Copenhagen à cette époque est le service très raffiné *Flora Danica* (Flore Danoise), commandé par la Cour royale du Danemark vers 1789, comme présent pour l'impératrice Catherine de Russie. Ce célèbre service, qui sera en fin de compte conservé par le roi du Danemark, est minutieusement décoré de fleurs et de plantes reproduites à partir des gravures botaniques qui illustrent l'ouvrage de G. C. Oeder, *Flore du Royaume de Danemark*. Les gravures avaient été conçues par un artiste de Nuremberg vivant à Copenhague, J. C. Bayer, qui travaillait pour Royal Copenhagen depuis 1776. Bayer peint pratiquement tous les motifs floraux très détaillés qui décorent les pièces du service, dont les formes ont été dessinées par F. L. Bradt. Quand en 1802, la Cour du Danemark

arrête la production du service, on en est au nombre à peine croyable de 1802 pièces (dont 1503 ont pu être conservées jusqu'à ce jour), ce qui en fait l'un des plus grands services du monde. Au début du XIXe siècle, l'ornementation de la porcelaine peinte en bleu va être simplifiée afin de la rendre plus facile et moins chère à produire. En 1813, le Danemark doit faire face à une grave crise économique, et l'année suivante le pays va voir sa confiance en soi un peu plus entamée par la perte de la Norvège. Au cours de cette période, la manufacture mettra au point de nouveaux produits qu'elle n'exploitera pas dans un premier temps car elle continuera à produire ses services à dîner, à café, à thé et à chocolat de style rococo avec les fameux motifs *Blue Fluted* et *Blue Flower*. Il faudra attendre les années 1820 pour qu'à l'initiative de l'architecte et décorateur G. F. Hetsch (1788–1864), Royal Copenhagen se mette à fabriquer des

Ci-dessus : Service *Blue Fluted*, motif introduit vers 1775 – ce modèle s'inspirait de motifs orientaux anciens mais plus spécifiquement d'un dessin de Meissen. Il a été redessiné par Arnold Krog dans les années 1880

Ci-contre : Assiette décorative, décorée par Bertha Nathanielsen, 1903

pièces néo-classiques dans le récent style Empire. Dans les années 1830 et 1840, la manufacture produit un certain nombre de figurines et de reliefs en biscuit qui reproduisent les œuvres du sculpteur néo-classique danois Bertel Thorvaldsen (1770–1844). L'exceptionnelle qualité de ses articles en biscuit vont lui permettre de devenir l'un des fabricants de porcelaine les plus respectés d'Europe. En 1868, la maison passe sous le contrôle d'intérêts privés et dans les années qui suivent, après avoir été si longtemps subventionnée par l'État, elle devient très rentable. En 1882, la société Royal Copenhagen est rachetée par l'ingénieur Philip Schou, fondateur de la florissante manufacture de faïence Aluminia en 1863. Deux ans plus tard, Royal Copenhagen quitte ses locaux de Købmagergade pour un plus grand bâtiment, construit spécialement à Frederiksberg, qui est alors un faubourg de Copenhague. Après avoir traité des questions de production, Schou entreprend de raffiner les choix esthétiques de la maison. Il engage pour ce faire le designer **Arnold Krog** en 1884, et l'année suivante le nomme directeur artistique. La même année, Krog et Schou font un voyage d'études en Hollande, en Belgique, en Angleterre et en France, et durant leur séjour à Paris, ils font la connaissance de Siegfried Bing (1838–1905), propriétaire d'un magasin d'articles orientaux très couru par une cliente avide d'objets d'art. Dès son retour à Copenhague, Krog supervise le renouvellement du motif *Blue Fluted* et introduit une nouvelle technique de décoration, à savoir l'application d'un mélange de vernis et de pigment bleu cobalt sur les ébauches en porcelaine crue, le pigment étant ensuite gratté au couteau afin de faire apparaître les surfaces blanches du fond. Cette technique de peinture sous couverte est surtout utilisée pour des pièces décorées de motifs inspirés des gravures et estampes japonaises, telles celles qui figurent dans la revue illustrée de Siegfried Bing, *Le Japon artistique*. On doit aussi à Krog l'introduction

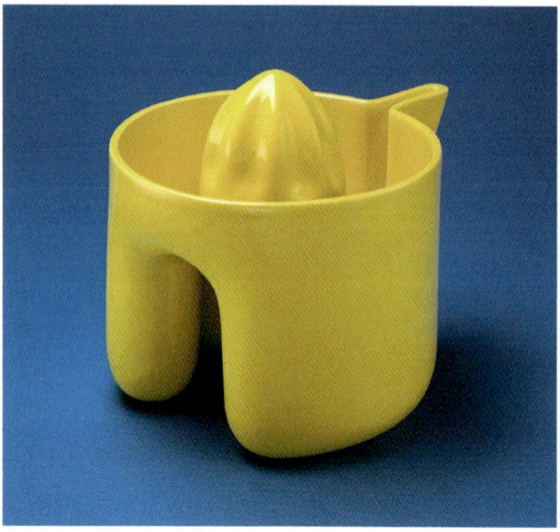

Ci-dessus : Patrick Nordström, pot en grès, vers 1915

Ci-dessus à droite : Ole Jensen, presse-agrumes/ carafe *Ole*, 1995

Ci-contre : Ursula Munch-Petersen, service *Ursula*, 1993

d'autres styles éclectiques et traditionnels – styles rococo, renaissance, viking, perse, chinois et russe. Ce seront pourtant la simplicité des formes et la délicatesse des décorations abstraites de ses pièces de style japonais des années 1880 qui auront la plus grande influence artistique. Outre le bleu cobalt, d'autres pigments colorés dans des tons sourds, comprenant un rose mat, un vert sombre et un gris vaporeux, vont être mis au point pour pouvoir résister aux hautes températures de cuisson exigées par les nouvelles techniques de peinture sous couverte inventées par Krog. Ce dernier engage de nombreux artistes novateurs, entre autres Carl Frederick Liisberg (1860–1909), Carl Mortensen (1866–1945), Marianne Høst (1865–1943), V. T. Fischer (1857–1928), Gotfred Rode (1830–1878) et Bertha Nathanielsen (1869–1914). Dans les premières décennies du XXe siècle, Royal Copenhagen se dote d'ateliers de design et de fabrication de pièces en grès, dont le vase *Cobra* de Krog (1914), et de mise au point de vernis spéciaux. Entre les deux guerres, la manufacture se taille une belle réputation pour ses figurines sculpturales dessinées entre autres par **Arno Malinowski**, Jais Nielsen (1895–1961), Gerhard Henning (1880–1967) et Knud Kyhn (1880–1969). En 1933, **Axel Salto** rejoint l'équipe de Royal Copenhagen et réalise de nombreuses pièces d'art en grès dans des formes sculpturales expressives qui annoncent la fascination scandinave pour les formes organiques dans les années d'après-guerre. Au cours de cette période, Nils Thorsson (1898–1975) dessine aussi pour la maison un certain nombre d'objets en grès ainsi que de la vaisselle simple et pratique. Aujourd'hui encore, Royal Copenhagen conserve dans son catalogue les modèles historiques qui l'ont rendu célèbre, par exemple les inusables *Flora Danica* et *Blue Fluted*, des créations plus contemporaines comme le service *Blåkant* (Bord bleu, 1965) de **Grethe Meyer**, le service en forme de coquille *Konkylle* (1977) d'Arje Griegst (1938–2016), et le service à dîner en faïence *Ursula* (1993) d'Ursula Munch-Petersen (née en 1937). Royal Copenhagen a fusionné avec la verrerie **Holmegaard** en 1975, l'orfèvrerie **Georg Jensen** (1986), et la manufacture de porcelaine **Bing & Grøndahl** (1987), et fait aujourd'hui partie du Royal Scandinavia Group, détenu en partie par Carlsberg – la brasserie danoise par excellence depuis plus de 170 ans. Comme tant d'autres entreprises scandinaves soucieuses de design, Royal Copenhagen a fabriqué à l'échelle industrielle des objets de grande qualité, comme le presse-agrumes/carafe *Ole* (1997) d'Ole Jensen (né en 1958) ou la série Blue Fluted Mega (2000) de Karen Kjældgård-Larsen, ainsi que des éditions limitées exclusives. Depuis plus de 250 ans, l'entreprise tient son rang dans le peloton de tête des grands industriels scandinaves, et elle a joué un rôle éminent dans la définition et la promotion d'une identité danoise en matière d'arts appliqués.

Étude à l'aquarelle pour la bibliothèque de Suur-Merijoki, 1903

Ci-contre : Projet pour le tapis *Ruusu* (Rose), 1904

eliel saarinen

1873, Rantasalmi, Finlande – 1950, Bloomfield Hills, Michigan, États-Unis

Gottlieb Eliel Saarinen, l'une des grandes figures du design finlandais, étudie d'abord les Beaux-Arts à l'université d'Helsinki, puis l'architecture à l'École polytechnique de la même ville, où il a pour amis et condisciples Herman Gesellius (1874–1916) et Armas Lindgren (1874–1929). Après l'obtention de leur diplôme en 1898, les trois jeunes gens s'associent et reçoivent la commande du pavillon finlandais pour l'Exposition universelle de Paris en 1900. Avec sa toiture de style carélien et son plafond peint par Akseli Gallén-Kallela (1865–1931), le bâtiment traduit les aspirations du jeune mouvement romantique national. En réaction à la répression politique exercée par la Russie et à la « russification » à outrance de la culture finlandaise, Saarinen et d'autres jeunes militants du romantisme national entendent définir et promouvoir la « finlanditude » dans tous les arts. Voulant trouver dans la culture carélienne ancienne les éléments d'une identité finlandaise pure, ils embellissent et enjolivent les faits historiques pour créer la mythologie du carélianisme, dans laquelle ils projettent leurs rêves nationalistes. Gesellius, Lindgren et Saarinen sont aussi très influencés par l'École de Glasgow et la Sécession viennoise, comme en témoigne le luxe de détails qui caractérise leurs réalisations, entre autres le Musée national finlandais (1902–1912) et la Gare centrale d'Helsinki (1904–1919), dessinée par le seul Saarinen. Après quelques années seulement d'exercice, les trois associés sont submergés de commandes. Ils décident alors d'aller s'installer à la campagne. Ils choisissent un site de 24 hectares sur des hauteurs boisées du lac Hvitträsk, où ils vont chacun construire une maison autour d'une cour centrale gazonnée et d'un grand studio commun qui relie la maison des Saarinen à celle des Lindgren. Chaque maison est une *Gesamtkunstwerk* très personnelle – c'est Saarinen en personne qui a dessiné les meubles, les luminaires, les textiles, le papier peint et les tapis de son habitation. En 1905, Saarinen rachète les parts de

Gruppe I No 46 "Ruusu"
Eliel Saarinen.

Siège en bois avec motifs de cœurs, 1909 – ce meuble montre une forte influence du mouvement anglais Arts & Crafts, en particulier de travail de Charles Rennie Mackintosh et Charles Voysey

Ci-dessous : Le studio à Hvitträsk – Eliel Saarinen estimait que : « Le travail est la clé du développement créatif de l'esprit. »

Ci-contre en haut : Aile sud (Maison Saarinen) de la résidence Hvitträsk, vue depuis l'ouest au bord du lac, 1906–1907

Ci-contre en bas : Salle de séjour de la Maison Saarinen à Hvitträsk

Ci-dessus:
Projet à l'aquarelle pour l'aménagement d'une maison de campagne à Kirkkonummi, 1902

Ci-contre:
Chaise de la collection *Koti* (Maison), 1903 – cette forme inhabituelle fait allusion à la tradition artistique carélienne, et de ce fait, elle peut être considérée comme une expression du patriotisme finlandais

Lindgren, puis celles de Geselius en 1916. Il continue à défendre le mouvement romantique national et, en 1912, il rejoint le Deutscher Werkbund. En 1922, il arrive en deuxième position au concours pour le projet d'immeuble du *Chicago Tribune*, et un an plus tard, toute la famille Saarinen émigre aux États-Unis (ils retourneront presque chaque été à Hvitträsk jusqu'en 1949). Elle s'installe d'abord à Evanston, Illinois, car Saarinen travaille alors au projet d'aménagement du bord de lac à Chicago. Elle déménage ensuite à Ann Arbor, où Saarinen est professeur associé d'architecture à l'Université du Michigan. En 1923, Saarinen fait la connaissance du magnat de la presse et philanthrope George C. Booth, qui lui demande de dessiner les plans d'un complexe éducatif, la Cranbrook Educational Community. En 1925, Saarinen s'installe à Bloomfield Hills et en 1932, la Cranbrook Academy of Art est officiellement créée. Saarinen en est le président. Sous sa direction, l'académie devient la plus prestigieuse école de design des États-Unis. Elle formera toute une brochette de designers talentueux, dont Charles et Ray Eames. À la tête de la Cranbrook Academy, Saarinen va promouvoir les principes humanistes du design scandinave et avoir une grande influence sur l'évolution du design moderne aux États-Unis. Son fils unique, Eero, est devenu à son tour architecte et l'une des figures les plus originales du design américain d'après-guerre.

Récipients en grès non verni avec incrustations en argile chamotté de diverses couleurs pour Royal Copenhagen, vers 1950

axel salto

1889, Copenhague – 1961, Frederiksberg, Danemark

Le céramiste danois Axel Salto étudie la peinture à l'Académie royale danoise des beaux-arts de Copenhague, puis devient cofondateur de la revue d'art *Klingen* en 1917. De 1923 à 1925, il travaille comme designer pour **Bing & Grøndahl** aux côtés de Jean Gauguin, fils du célèbre peintre français. Il réalise pour cette maison des biscuits décorés à l'émail qui présentés à l'Exposition internationale des arts décoratifs et industriels modernes à Paris en 1925. La critique, notamment française, est très favorablement impressionnée. Vers la même époque, il commence à collaborer avec la céramiste Nathalie Krebs (1895–1978) pour des pièces en grès éditées par Saxbo – un petit atelier de poterie indépendant fondé par Krebs en 1930. Ces réalisations marquent l'évolution de Saxbo vers un style classique, où prédominent les formes simples et les vernis mouchetés de style oriental. Comme d'autres designers danois, Salto est profondément influencé par les qualités formelles et esthétiques de la céramique chinoise ancienne. En 1933, il rejoint l'équipe de design de **Royal Copenhagen** et travaille aux côtés du maître potier Carl Halier. Au cours des années suivantes, il dessine de nombreux objets en grès fort expressifs qui possèdent à la fois des qualités décoratives et formelles. Ses audacieuses pièces en céramique se distinguent par des formes simples, sculpturales et souvent organiques. Certaines rappellent les formes abstraites des pommes de pin ou des épis, et leurs surfaces – des vernis tachetés *Solfatara* façon lichen – évoquent la terre humide et les mousses. D'autres ont des formes « idéales » douces, décorées de motifs cannelés incisés qui se répètent. Non content d'être l'un des plus importants céramistes danois de l'entre-deux-guerres, Salto va aussi dessiner des papiers de reliure (1934), concevoir un certain nombre de tissus imprimés pour L. F. Foght (1944), et superviser la restauration de la frise (dessinée par Jørgen Sonne en 1846) qui orne le musée Thorvaldsen à Copenhague. Son travail a été largement

exposé et plusieurs fois primé – un grand prix à l'Exposition internationale des arts décoratifs et industriels modernes à Paris en 1925, un grand prix à l'Exposition internationale des arts et techniques dans la vie moderne de Paris en 1937, et un grand prix de la IXe Triennale de Milan en 1951. Salto a en outre écrit et illustré plusieurs livres, dont *Axel Salto's Keramik* (1930), et illustré les ouvrages d'autres auteurs. Très évocatrices avec leurs formes organiques et leurs vernis tachetés, les pièces en grès de Salto ont su exprimer avec force l'essence abstraite de la nature et signaler le renouveau de la poterie d'atelier dans la céramique scandinave.

Vase en grès avec vernis *Solfatara* pour Royal Copenhagen, 1943

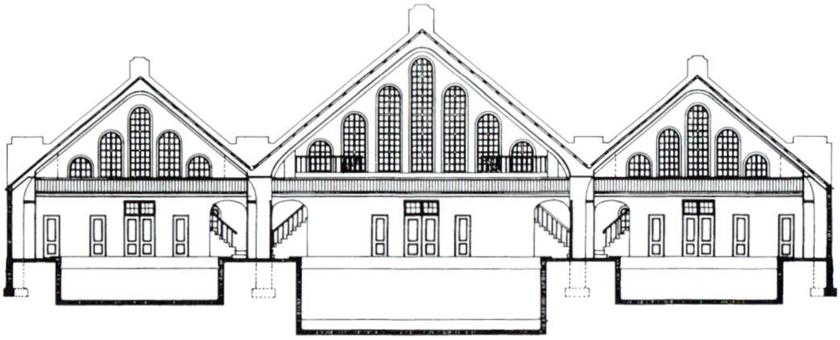

Projet d'architecture pour Yfirbygd Sundlang à Reykjavik, 1925

Ci-contre : Chaise peinte en blanc, 1926–1930

gudjón samúelsson

1887, Reykjavik – 1950, Reykjavik, Iselande

Principal représentant du modernisme en Islande, Gudjón Samúelsson étudie l'architecture à l'Académie royale danoise des beaux-arts de Copenhague avec Martin Nyrop (1849–1921), figure dominante du mouvement national romantique au Danemark. En 1919, Samúelsson est nommé architecte en chef de d'État islandais, et dessine à ce titre un certain nombre de grands bâtiments publics. Il s'agit surtout de constructions en béton armé – un matériau importé en Islande depuis les années 1900, faute de matières premières locales. Les bâtiments de Samúelsson sont d'un style moderne appelé en Islande *Steinsteypuklassik* (classicisme en béton armé). Dans le cadre de certains projets, notamment la Landsbankinn (Banque Nationale, 1922–1924) et le Landspitalinn (Hôpital national, 1925–1930), Samúelsson se charge aussi de dessiner des meubles, par exemple des chaises en pin importé peintes en blanc (1930), qui opèrent une curieuse synthèse entre des formes néo-classiques et le fonctionnalisme du mouvement moderne. Au milieu des années 1930, Samúelsson dessine du mobilier pour le siège du Parlement islandais, notamment des fauteuils de forme plutôt austère mais égayés par des motifs folkloriques qui évoquent les traditions islandaises du travail du bois. Comme les meubles de Samúelsson sont fabriqués localement, la rareté des matériaux impose une certaine sobriété stylistique. Les bâtiments et les meubles de cet architecte épris de rationalité représentent une sorte de version nationale des principes du mouvement moderne. Inspiré par l'esprit fonctionnaliste, Samúelsson a ouvert la voie, tout comme l'architecte Sigurdur Gudmundsson (1885–1958), à l'identité moderne du design islandais, fidèle à la fois à la tradition nationale et au classicisme scandinave.

Bougeoirs *Festivo* pour Iittala, 1966

Ci-contre : Carafes *Modèle n° i-401* et *Modèle n° i-403* de la collection *i-Glass* pour Iittala, vers 1955 et vers 1956

timo sarpaneva

1926, Helsinki – 2006, Helsinki, Finlande

Timo Sarpaneva, l'une des figures majeures du design finlandais, a fait ses études à l'École supérieure des arts et du design d'Helsinki de 1941 à 1948. En 1949, il arrive en deuxième position au concours organisé par la verrerie **Riihimäki**, et l'année suivante, il devient designer et responsable du département expositions des verreries Karhula-**Iittala**. Au début des années 1950, Sarpaneva crée aussi des tissus, ce qui lui vaut une médaille d'argent à la IXe Triennale de Milan en 1951. Il enseigne la création et l'impression de tissus à l'École supérieure des arts et du design de 1953 à 1957, et travaille brièvement comme directeur artistique chez le fabricant de coton Porin Puuvilla (1955–1956). Mais ce sont ses pièces en verre, très originales, qui font sa réputation internationale. L'une de ses premières innovations techniques pour Iittala est le soufflage à la vapeur, qu'il utilise dans ses premiers travaux, entre autres *Kajakki* (1953), *Maailmankaunein* (1954), et *Linnunsilmä* (1953), ainsi que pour les assiettes en verre fin aux teintes délicates de la série *Aquarelles*. Ces véritables œuvres d'art témoignent d'une remarquable maîtrise des formes et de la matière, ainsi que de la vigoureuse créativité du design finlandais. Au milieu des années 1950, Sarpaneva présente *i-Glass*, série « milieu de gamme » entre la coûteuse verrerie d'art et le verre de ménage, fabriquée en usine, et se déclinant en dix-sept modèles assortis proposés dans un camaïeu de gris (lilas, bleuté, fumé, vert). Dans les années 1950 et 1960, Sarpaneva et **Tapio Wirkkala**, en pleine effervescence et émulation créatrice, dessinent pour Iittala des collections qui feront date. La création majeure de Sarpaneva à cette époque reste sans conteste la série *Finlandia* (vers 1964), réalisée par moulage dans des morceaux de bois d'aulne grossièrement creusés et taillés, que le verre chauffé au rouge va calciner. L'empreinte du grain du bois laissée sur les verres fait immanquablement penser à de la glace à l'état brut. La nature même de ce procédé

Marmite en fonte émaillée avec poignée en teck pour W. Rosenlew & Co., 1960

implique que chaque pièce est légèrement différente, puisque les moules se consument lentement à chaque moulage, faisant apparaître de nouvelles couches de bois. Comme le note Leena Kattunen dans le catalogue qui accompagne l'exposition de 1992 du musée du Verre finlandais, intitulée « Make glass, not war » (Faites du verre, pas la guerre) : « Dans les vases de la série *Finlandia,* Sarpaneva s'est affranchi de la stricte discipline du design pour aller à la découverte de son moi profond. » Sarpaneva a aussi utilisé la technique du bois calciné pour ses célèbres chandeliers *Festivo* (1966), mais le remplacement des moules en bois coûte cher, et on optera finalement pour des moules en métal. Les séries *Finlandia* et *Festivo* font sensation. Elles annoncent la mode du verre givré, qui sera utilisé pour d'innombrables séries de verres dans les années 1970. Sarpaneva met au point un autre procédé pour la série *Archipelago* (1978) : le piégeage de bulles de différentes tailles dans l'épaisseur du verre, un peu comme dans un bloc de glace. Pour la série *Claritas* (1984), il piège de grosses bulles en suspension dans une enveloppe en verre transparent, et pour l'élégante série *Marcel* (1990) il utilise un procédé de soufflage-moulage qui exploite la matière jusqu'à ses extrêmes limites. Il affectionne particulièrement les formes closes « rond-carré » proches des galets polis du tantrisme hindou, comme le montrent les vases *Claritas* pour littala et la marmite en fonte à poignée en bois (1960) pour W. Rosenlew & Co. D'autres créations, comme les grandes sculptures en verre *Lasiaika*, ont des formes plus ouvertes et expressives. En 1963, Sarpaneva est nommé Honorary Royal Designer for Industry à Londres, et en 1967 il est fait docteur honoris causa du Royal College of Art de Londres. Le prix de l'État finlandais lui est décerné en 1985 pour l'ensemble de son œuvre. Il a aussi créé des céramiques pour Rosenthal, des ustensiles en métal pour W. Rosenlew & Co. et Opa, des tissus pour Kinnasand, Finlayson Forssa et Tampella, des objets en plastique pour

Ensto, de la verrerie pour Corning et Venini, des couvertures de livres et des décors de théâtre. Comme bien d'autres designers finlandais, Sarpaneva est aussi à l'aise dans le travail d'atelier que dans la production industrielle. Sarpaneva poursuit une œuvre d'une belle maîtrise technique et d'une grande sensibilité, qui exalte la spiritualité et la beauté rude de la nature. Il est le chef de file du design du verre finlandais depuis plus d'un demi-siècle.

Théière *Suomi* pour Rosenthal, 1974

Vase *Finlandia* pour Iittala, 1964

Ci-dessous : Vases *Finlandia* pour Iittala, 1964 – ces remarquables vases étaient fabriqués dans des moules en bois qui étaient carbonisés par le verre en fusion. Fondamentalement moulés d'après « nature », ces objets retenaient l'essence spirituelle du monde vivant et auront une énorme influence sur la fabrication courante du verre dans les années 1970

Ci-contre : Vase *Orkidea* (Orchidée) pour Iittala, 1953

Ci-dessous : Sculpture de verre *Kajakki* (Kayak) pour Iittala, 1953

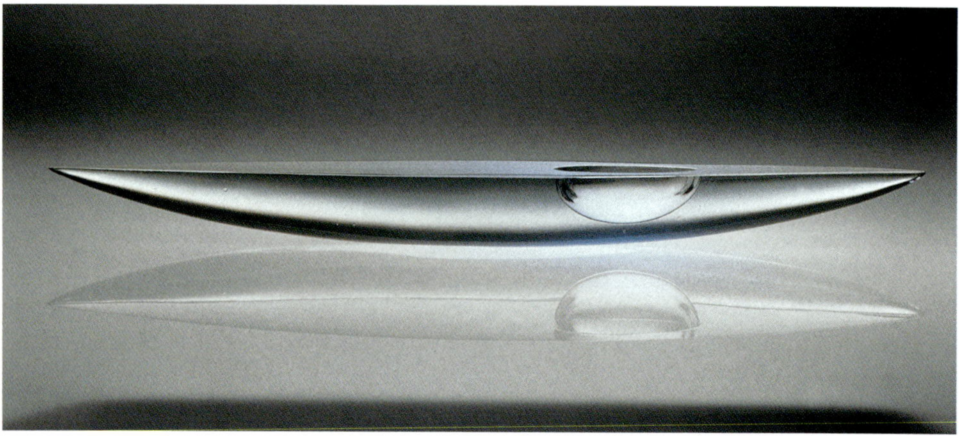

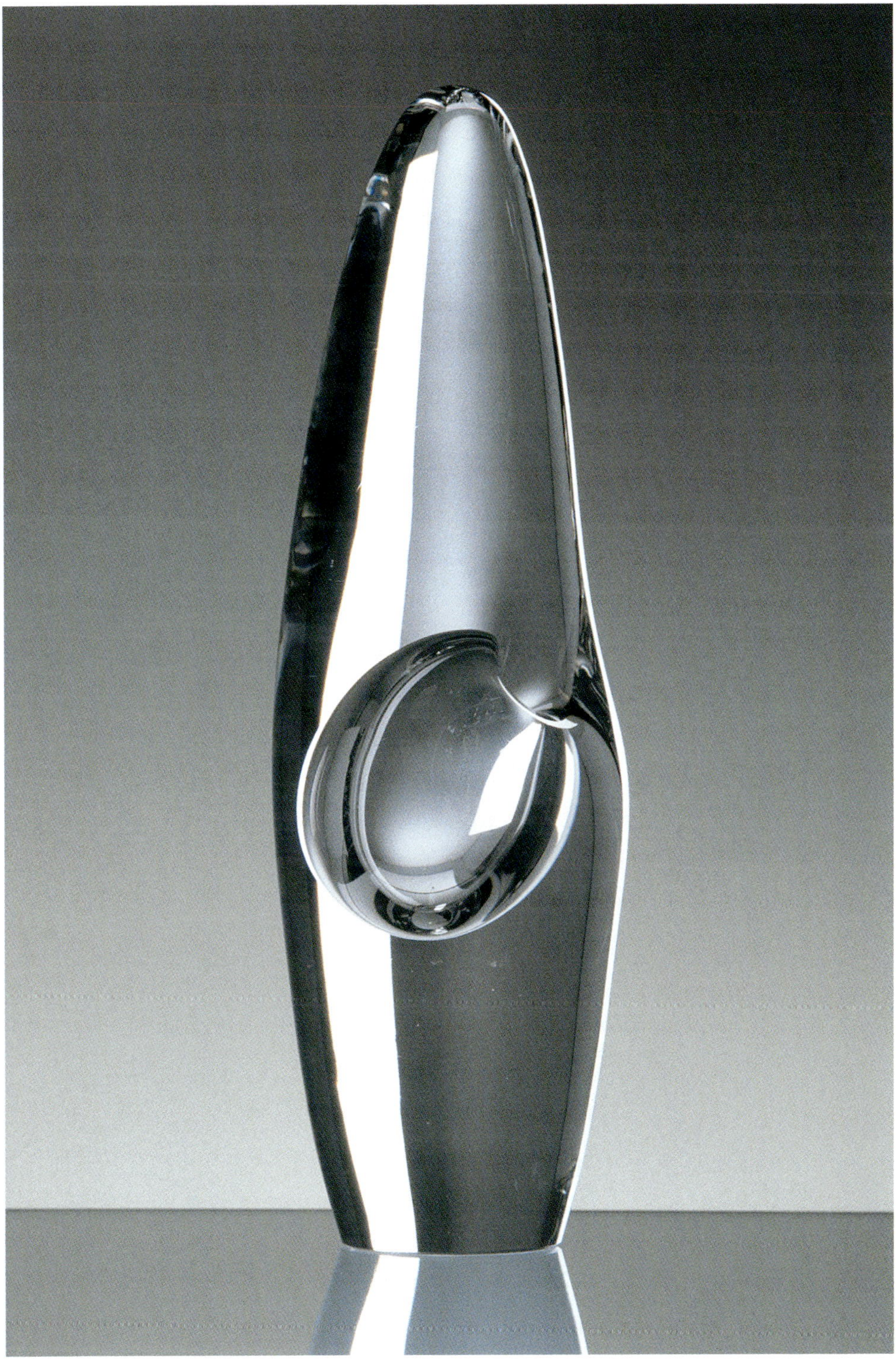

Vase en pierre brute vernie pour Rörstrand, vers 1948

Ci-contre : Vases en pierre brute vernie *Unic* pour Rörstrand, vers 1950

carl-harry stålhane

1920, Mariestad – 1990, Lidköping, Suède

Le céramiste suédois Carl-Harry Stålhane apprend la sculpture avec Ossip Zadkine (1890–1967) à l'Académie Colarossi à Paris. Ses études le mènent également en Espagne, en Grèce, en Turquie, en Égypte, au Mexique et aux États-Unis. En 1939, il commence à travailler à l'usine de céramique Rörstrand, d'abord comme assistant d'Isaac Grünewald (1889–1946), avec qui il produit des poteries colorées, polies à l'étain, décorées dans le style fauve. Vers 1948, il crée ses propres céramiques, qui s'inspirent de l'art oriental, et explore, comme d'autres céramistes de l'époque, dont **Berndt Friberg**, les formes « classiques ». Ses récipients aux bords arrondis, lustrés de mats chinés, marquent un nouveau départ stylistique pour Rörstrand. Ils annoncent la sobriété qui commence à apparaître dans l'art de la céramique en Scandinavie après la guerre. En 1951, Stålhane reçoit une médaille d'or à la IXe Triennale de Milan pour l'ensemble de son œuvre. Au début des années 1950, il conçoit également des pièces à motifs géométriques, comme sa série *Abstrakt*, qui reflète l'influence de l'art abstrait français et italien, ainsi que celle de la poterie *raku* et de la calligraphie japonaises. À côté de son travail d'atelier, Stålhane dessine pour l'industrie ses services de table *SB*, *Blanca* et *Vieta*. Dans les années 1960, son travail se fait de plus en plus sculptural et monumental et tient plus de la sculpture que de la poterie domestique. Entre 1963 et 1971, il enseigne à l'École des arts et métiers de Göteborg, et en 1973, il ouvre son propre atelier, le Designhuset, à Lidköping, où il a pour assistant Kent Ericsson. Outre son travail pour Rörstrand, Stålhane a créé un motif décoratif simple, peint à la main, pour la ligne d'articles de table *Delfi* de **Bing & Grøndahl**, dont les formes sont dessinées par Martin Hunt (1942-2018). Comme tant d'autres créateurs scandinaves, Stålhane travaille à la fois pour la fabrication artisanale et industrielle, toujours à la poursuite de formes « idéales ».

Arne Jacobsen, théière en acier inoxydable de *Cylinda Line*, 1967

stelton

création : 1960, Hellerup, Danemark

Renommé pour ses élégants produits en métal et en plastique, Stelton, le fabricant d'articles pour la maison, ouvre ses portes en 1960 pour vendre des récipients en acier inoxydable – saucières, plats, saladiers, etc. – fabriqués par l'entreprise Dansk Rustfrit, basée à Fårevejle, petite ville au nord-ouest du Zélande. Les produits, de design fort médiocre, sont censés former la base d'une série d'ustensiles ménagers et sont principalement destinés au marché danois. Le commercial Peter Holmblad (né en 1934) est recruté pour les lancer en 1964. Conscient de la piètre image de l'entreprise, il persuade **Arne Jacobsen**, architecte et créateur réputé, de dessiner une nouvelle collection de récipients pour Stelton. Jacobsen produit alors quelques croquis de formes cylindriques « brutales, logiques et fonctionnelles ». Mais la technologie requise pour traduire ses idées en termes tridimensionnels n'existe pas encore : l'inox est extrêmement difficile à travailler, car sa surface se déforme facilement s'il n'est pas manipulé exactement comme il convient. En conséquence, Stelton se voit forcé d'inventer de nouvelles machines et des techniques de soudure pour pouvoir fabriquer la série *Cylinda Line* signée Jacobsen, finalement présentée en 1967, et immédiatement couronnée par le prix ID 1967 de la Société danoise du design industriel, puis en 1968, par le prix international du design de l'American Institute of Interior Designers. Le service *Cylinda Line* compte à l'origine dix-huit pièces, mais Jacobsen en ajoute de nouvelles jusqu'en 1971, et d'autres encore seront introduites à partir de dessins posthumes. Aujourd'hui, il comprend au total trente-quatre pièces. Décrite comme « un ensemble de produits qui répondent à la demande du beau, du fonctionnel et du pratique en matière de design contemporain », la série *Cylinda Line* doit en grande partie son succès à la capacité de Jacobsen d'exprimer les qualités inhérentes de l'acier inoxydable par des formes à la fois très rationnelles, parfaitement esthétiques, et intemporelles.

Seau à glace et cendrier en acier inoxydable de *Cylinda Line*, 1967

Ci-dessous : Couteau à gâteaux *Modèle n° 460*, pelle à pizza *Modèle n° 462,* et pelle à poisson *Modèle n° 463*, 1980, 1990, et 1990

En 1976, **Erik Magnussen** commence à son tour à travailler pour Stelton. Il dessine un certain nombre d'objets de tables célèbres, en inox et en plastique dont, en 1977, un ensemble de trois thermos, devenu un classique. L'élégance sobre et intègre des objets de Magnussen, comme ceux de Jacobsen, les rend tout à fait imperméables aux caprices de la mode. Aujourd'hui, Stelton propose également des créations de Peter Holmblad (directeur général et propriétaire de la société de la fin des années 1970 à 2004), comme son arrosoir pour plantes d'appartement *Modèle n° 100-15*, dont l'esthétique rationnelle n'est pas sans rappeler la *Cylinda Line*. Les produits Stelton, d'une extrême qualité, sont devenus des symboles du design danois et figurent dans les collections permanentes des musées du monde entier, y compris le musée d'Art moderne et le Cooper-Hewitt Museum à New York, le Victoria & Albert Museum à Londres, le Neue Sammlung à Munich et le Kunstindustrimuseet à Copenhague.

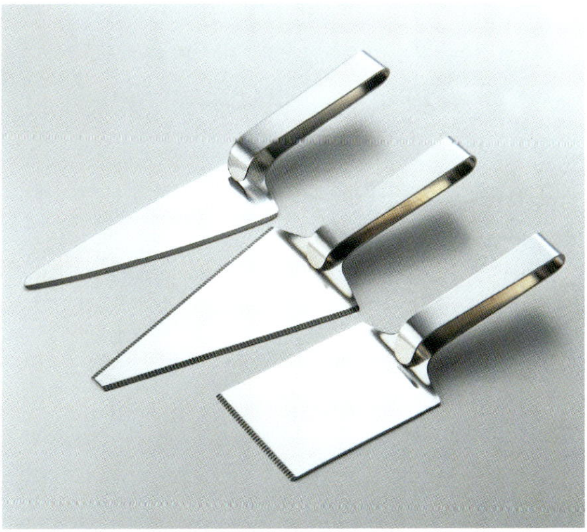

Fauteuil pour Fritz Hansen, 1932

magnus stephensen

1903, Holte –
1984, Helsingør, Danemark

Magnus Stephensen fait ses études à l'École technique de Copenhague jusqu'en 1924, puis à l'Académie royale des beaux-arts de Copenhague, où il obtient son diplôme d'architecte en 1931. Il étudie aussi brièvement l'architecture à l'École française d'Athènes. Il entre dans la carrière en dessinant un certain nombre de bâtiments, mais se concentre surtout sur l'architecture d'intérieur, où il montre une prédilection pour les lignes précises et dépouillées. Entre 1938 et 1952, il dessine des articles de table, dont des plats et des assiettes, ainsi qu'une théière, pour l'atelier de **Kay Bojesen**. L'ensemble est remarqué pour son élégante sophistication et sa « maniabilité ». Stephensen commence également à travailler le métal pour **Georg Jensen** et, en 1950, il propose ses modèles de couverts *Tanaquil* et *Frégate*. En 1954, il crée un plat de hors-d'œuvres exquis en argent fin, dont les poignées sont d'une remarquable ergonomie. La même année, il dessine également un service à café, ainsi qu'une batterie de casseroles en inox de belle qualité pour Georg Jensen. Pour réaliser ces objets admirablement travaillés, le plat en acier est dessiné sur des plaques en rotation, puis les formes sont polies à la main, afin d'obtenir la meilleure finition. Comme les plaques sont en acier relativement épais, le bord des pièces ne nécessite pas de renforcement et peut être laissé en l'état. Plus tard, Stephensen dessine la gamme *Patella*, des ustensiles « du four à la table » (1957) pour la **Royal Copenhagen**, qui présente un vernis brun, tacheté, inspiré par la couleur d'une feuille de chêne desséchée. Le vernis offre aussi l'avantage de couvrir parfaitement toutes les taches ferrugineuses de la poterie en terre, réduisant de ce fait le nombre de « rejets » dans la fabrication. Si elle rappelle les récipients en inox dessinés pour Georg Jensen, la collection *Patella* se distingue cependant par ses formes douces mais rationnelles. Elle annonce aussi l'évolution vers des articles de table multi-fonctionnels plus éclectiques et décontractés. Comme beaucoup d'autres créateurs danois de son

Plat en argent et cafetière à poignées habillées en osier pour l'atelier de Kay Bojesen, 1938

Ci-dessous : Théière en argent avec poignée en osier pour l'atelier de Kay Bojesen, 1938

époque, Stephensen est très influencé par l'art japonais (à telle enseigne qu'il va écrire un livre sur le sujet), ce qui explique sans doute la beauté à la fois sobre et sereine qui caractérise nombre de ses créations. Impeccablement conçus, d'une précision technique et d'une parfaite maniabilité, ses ustensiles sont autant de symboles de la tradition danoise. Au cours de sa longue carrière, Stephensen a remporté de nombreux prix, y compris trois médailles d'or et deux premiers prix aux Xe et XIe Triennales de Milan, en 1954 et 1957.

Couverts à salade en teck et rotin (produits par l'artiste), 1954

Ci-dessus : Collection *Harlekiini* pour Riihimäki, 1958

nanny still mckinney

1926, Helsinki, Finlande – 2009, Bruxelles, Belgique

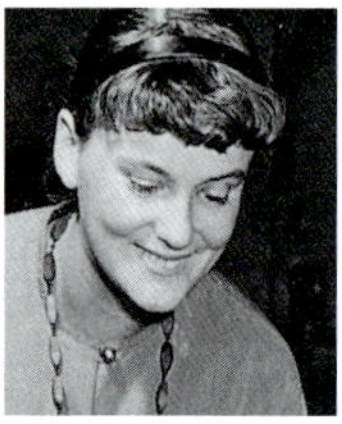

La styliste finlandaise Nanny Still McKinney fait ses études à l'Université des beaux-arts et du design d'Helsinki de 1945 à 1949. Elle rejoint ensuite l'équipe de design de la verrerie **Riihimäki**. Là, elle s'intéresse particulièrement au verre soufflé pour la verrerie d'art et au verre moulé, en privilégiant les formes peu communes, les effets de texture et le fonctionnalisme. Comme elle le note elle-même : « La maniabilité a toujours été pour moi d'une extrême importance. Je ne peux pas faire des objets qui ne soient pas pratiques. Il faut pouvoir les laver, et un verre de bière doit pouvoir se loger confortablement dans la main. » Chez Riihimäki, McKinney ressent aussi un « besoin pressant de créer la couleur ». Donc, en collaboration avec le laboratoire de chimie local, elle met au point un extraordinaire nuancier, dont un turquoise brillant inspiré par un tesson de verre trouvé sur une plage lors de vacances à Capri. La collection *Harlekiini* de 1958 est turquoise. Elle se compose de bocaux à couvercle, de pots et de verres. Les chandeliers *Ambra* (1961), couleur ambre profond, présentés dans l'exposition « Finlandia » qui circule à travers toute l'Europe (1961–1962), signalent une nouvelle phase, brillamment colorée, dans la verrerie finlandaise. Des pièces en verre soufflé réalisées ultérieurement, comme les vases *Fantasma* (1968–1971) et les carafes et verres striés à motifs de marguerites (vers 1970), ont de magnifiques surfaces au grain épais et sont décorées avec une audace caractéristique de l'esprit de liberté qui soufflait à l'époque. McKinney continue de créer de la verrerie pour Riihimäki jusqu'en 1976, date à laquelle l'usine décide d'arrêter sa production de verre soufflé pour se concentrer sur le verre industriel – bouteilles et bocaux. Still McKinney considère le verre comme sa matière de prédilection, car « il est infiniment plus riche en possibilités que tout autre matériau – la pierre, le marbre ou le bronze », mais son extraordinaire talent de créateur s'est également exercé sur un certain nombre d'autres matériaux – métal, émail, plastiques et bois – et dans

d'autres disciplines comme la céramique, le graphisme, les bijoux ou l'éclairage. Ses couverts à salade en teck et rotin de 1954, par exemple, témoignent de son sens remarquable des lignes et du traitement des matériaux, tandis que son service de petit déjeuner *Bonjour!* (vers 1964) pour La Porcelaine de Baudour – avec son couvercle «fourchu» qui permet de mieux contrôler la quantité versée, démontre une approche novatrice des problèmes fonctionnels. McKinney crée aussi de la céramique pour Cerabel-Porcelaine, Heinrich Porzellan et Rosenthal, de la verrerie pour Val Saint-Lambert, des articles en plastique pour Sarvis, et des récipients de cuisson pour **Hackman**. En 1972, elle reçoit la médaille Pro Finlandia pour l'originalité de ses créations qui «viennent en direct du cœur» et qui symbolisent également cette approche élégante, mais simple, du design propre à la Finlande.

Ci-dessous: Service à petit déjeuner thermo-résistant *Bonjour!* pour La Porcelaine de Baudour, vers 1964

Chaises *Pirkka* en bouleau et pin teintés noir pour Laukaan Puu, 1955

Ci-contre : *Domus*, chaise empilable pour Keravan Puuteollisuus, 1946

ilmari tapiovaara

1914, Tampere – 1999, Helsinki, Finlande

Tout au long de sa carrière, Ilmari Tapiovaara s'est consacré au design et à la recherche d'une chaise « idéale » à usages multiples. De 1935 à 1936, il travaille au bureau londonien d'**Artek**, société de design fondée par **Alvar** et **Aino Aalto**. Ensuite, il étudie le design industriel et d'intérieur à l'École de design industriel d'Helsinki, dont il sort diplômé en 1937. Il effectue alors un stage à Paris, chez Le Corbusier (1887–1965), avant de devenir directeur artistique chez Asko (fabricant de meubles à Lahti) de 1937 à 1940. En 1946, il dessine sa célèbre chaise *Domus* en contreplaqué moulé pour le Domus Academica, un foyer d'étudiants d'Helsinki. Cette chaise démontable est fabriquée par sa propre société, appelée Keravan Puuteollisuus. Vers 1950, avec son épouse Annikki (1910–1972), qui est architecte, Tapiovaara monte une agence de design à Helsinki. Il travaille ensuite en indépendant et s'intéresse aux diverses solutions de sièges « universels ». Fonctionnaliste et pionnier du meuble démontable, il est également un fervent propagateur du meuble en kit à monter soi-même… Gardant un œil sur le marché de l'exportation, alors en forte expansion, il se consacre vers la fin les années 1940 et le début des années 1950 à la mise au point de chaises peu coûteuses bien contruites pouvant être exportées dans des colis plats, et en 1948, il en propose un spécimen au « concours international du mobilier à petit prix » lancé par le musée d'Art moderne de New York. *Lukki I*, sa chaise empilable en tubes métalliques et contreplaqué, créée par la suite (1952) pour Lukkiseppo, apparaît pour la première fois dans la salle d'exposition d'Olivetti à Helsinki. On y découvre un cordon en plastique enroulé autour des accoudoirs, qui non seulement offre un grand confort à l'utilisateur, mais sert aussi de protection quand les chaises sont empilées. En 1959, Tapiovaara crée son élégante chaise *Wilhelmiina* pour Wilhelm Schauman.Là aussi, l'assise et la partie arrière sont conçues pour faciliter l'empilage. Ces belles réalisations

Ci-dessus : Ilmari Tapiovaara montrant *Wilhelmiina*, sa chaise empilable, pour Wilhelm Schauman, vers 1959

Ci-dessus à droite : *Domus*, chaise empilable pour Keravan Puuteollisuus, 1946 – éditée ensuite par Wilhelm Schauman, cette chaise a été commercialisée sous le nom de *Stax* en Grande-Bretagne et de *Finchair* aux États-Unis

Ci-contre : *Wilhelmiina,* chaise empilable, pour Wilhelm Schauman, vers 1959

vaudront à Tapiovaara six médailles d'or, aux IXe (1951), Xe (1954), XIe (1957) et XIIe (1960) Triennales de Milan, ainsi qu'en 1950, une médaille d'excellence du Design à Chicago. Tapiovaara dessine des meubles pour Knoll International, Thonet, et Asko. Il réalise aussi des aménagements intérieurs et s'aventure dans la verrerie, la vaisselle en inox (**Hackman**), l'équipement stéréo, les tapis, les textiles, le papier peint et les jouets. De 1950 à 1952, il dirige un département d'études à l'Université des arts et du design d'Helsinki et de 1952 à 1953, il est professeur associé à l'Institut technologique de l'Illinois à Chicago. Pendant ce séjour américain, il travaille aussi dans le bureau d'études de Ludwig Mies van der Rohe (1886–1969). En 1971, il reçoit la médaille du design du Gouvernement finlandais, puis, en 1986, le prix de la Fondation de la culture finlandaise. Tapiovaara, l'un des premiers créateurs finlandais à travailler autant à l'étranger, note : « Être designer, c'est presque comme être médecin : une fois la compétence professionnelle acquise, vous pouvez exercer où bon vous semble. Si ce que vous faites est bon, c'est bon partout. » Après s'être directement inspiré des plus grands noms du mouvement moderne, il développe aujourd'hui un langage qui lui est propre, et qui, tout en restant enraciné dans le fonctionnalisme, confère à ses œuvres un caractère personnel et intemporel.

paavo tynell

1890, Helsinki – 1973, Tuusula, Finlande

Ci-dessus : Plusieurs luminaires design de Paavo Tynell exposés à la Finland House à Manhattan, New York, début des années 1950

Ci-contre : Flocon de neige, *Modèle n° 10137*, lustre en bronze de la série *Fantasia* pour Taito, vers 1946

Paavo Tynell étudie le travail du métal à l'Université des arts et du design d'Helsinki, puis y enseigne (1917–1923) le travail du fer, de l'étain et du cuivre et contribue à diffuser les techniques artisanales. En 1918, il fonde sa propre société, la Taito Oy, et produit des objets en métal, dont les énormes portes en bronze du Parlement finlandais. Sous la direction de Tynell, dans les années 1920 et 1930, la société engage nombre de jeunes créateurs tels qu'**Alvar Aalto**, **Gunnel Nyman** et **Kaj Franck**, qui deviendront des figures de proue du design finlandais. Dans les années 1940, Taito Oy dessine des éclairages, fabriqués par Tynell, dont une lampe en laiton et cuir (1941) avec un abat-jour en forme de coquille Saint-Jacques, ainsi qu'un lustre extraordinaire (vers 1946) avec une cascade d'éléments semblables à des flocons de neige suspendus à de fragiles arcs en fil de fer. S'inspirant des anciens chandeliers en cristal et des *himmeli* – ces mobiles en paille confectionnés pour Noël en Finlande –, le magnifique lustre de Tynell est conçu pour projeter des ombres intéressantes et produire une lumière vacillante évoquant la bougie ou les lampes à gaz. En 1948, Taito Oy commence à exporter ses éclairages aux États-Unis où ils sont distribués par la Chambre de commerce finlandaise. Par nécessité, Taito Oy fusionne avec Idman Osakeyhtiö en 1950. Dès lors, les créations de Tynell se font moins fantaisistes et davantage tournées vers la production industrielle. Pendant cette période, il conçoit plusieurs lampes manufacturées sous le label Taito, dont beaucoup avec des abat-jour perforés et d'étonnantes formes sculpturales. Si les éclairages Tynell restent remarquables pour leur simplicité, leur construction comporte souvent des combinaisons peu communes de laiton et de verre, ce qui leur confère un aspect à la fois foisonnant et élégant. Ses lampes sont souvent fabriquées à la main et par conséquent, pour chaque modèle, la production se limite à quelques exemplaires. Tynell a reçu de nombreux prix, dont la médaille d'or Ornamo en 1961.

En haut à gauche: Lampe de table *Modèle n° 5321* en laiton et cuir pour Taito, 1938–1939

En haut à droite: Lampe de bureau *Modèle n° 9227* de Paavo Tynell pour Idman Oy, années 1950

Paavo Tynell et son épouse Helena, designer verrière, chez eux avec leurs enfants, années 1950 – et l'un des lampadaires «chapeau chinois» *Modèle n° 9602*

Ci-contre: Deux lampadaires *Modèle n° 9602* en laiton et rotin avec abat-jour en osier pour Taito, années 1950

Ci-dessus : Chandelier *Modèle n° 9029/5* en laiton et verre doublé pour Taito Oy, années 1950

Croquis du chandelier, années 1940

Ci-contre : Grand lustre conçu spécialement pour le cinéma Heinola et réalisé par Taito Oy, années 1940

En haut : *Modèle n° 1965A*, lustre en bronze pour Taito, années 1940

Paavo Tynell a créé les lustres qui éclairent le bar chic à la Maison de la Finlande de New York, vers 1946 – dont l'intérieur a été conçu par Aarne Ervi

Ci-contre : Chandelier *Boule de neige* en laiton, laiton peint, fil de laiton et opaline de Paavo Tynell pour Taito Oy, 1950 – on suppose que seulement quatre exemplaires de ce modèle ont été produits

Chaise longue et ottoman *Aurora* pour Fritz Hansen, 1968 – republiée plus tard par Trio Line

jørn utzon

1918, Copenhague – 2008, Copenhague, Danemark

L'architecte et designer industriel danois Jørn Utzon est surtout connu pour l'un des bâtiments les plus célèbres au monde, le fameux Opéra de Sydney (1957–1973), aux formes dynamiques très novatrices, mais à l'histoire turbulente. Après avoir étudié avec **Kay Fisker** et Steen Eiler Rasmussen (1898–1990) à l'Académie royale danoise des beaux-arts de 1937 à 1942, il travaille pendant trois ans dans l'atelier du grand fonctionnaliste suédois **Erik Gunnar Asplund**. Pourtant, ce sont surtout les œuvres architecturales d'**Alvar Aalto** et de Frank Lloyd Wright (1867–1959) – les deux figures tutélaires du modernisme organique – qui ont la plus grande influence sur son travail. Après avoir ouvert sa propre agence de design à Zurich et Ålsgarde en 1947, Utzon va remporter plusieurs concours d'architecture, dont le célèbre premier prix pour l'Opéra et la salle de concert de Sydney en 1956. Le bâtiment qui en résulte, avec ses magnifiques salles voûtées en forme de voiles, lui vaut une renommée internationale, même si, dès le début, le projet est voué à la polémique. La construction des coquilles en béton préfabriquées du toit, inspirées des structures cellulaires que l'on trouve dans la nature et qu'Utzon décrit comme « une architecture additionnelle », pose un certain nombre de problèmes. Il finit par trouver une solution avec un ingénieux recours à la géométrie sphérique, mais il est contraint de démissionner du projet en 1966 (le bâtiment et les intérieurs seront achevés par un groupe d'architectes australiens). Outre son activité d'architecte, Utzon s'intéresse dans les années 1960 et 1970 au design de lampes (pour la Nordisk Solar), à la verrerie et au mobilier. Sa collection *Dock Flottant* (1967), pour le fabricant de meubles danois **Fritz Hansen**, répond aussi à son concept d'architecture additionnelle. Composée de plusieurs tables et chaises de tailles différentes (parmi lesquelles un étrange siège du genre canapé-lit), la gamme *Dock Flottant* repose pour sa conception sur un système

innovateur d'éléments arqués en aluminium extrudé, anodisé, de section triangulaire, s'articulant à 45 degrés. Son *Siège 801* (1969), qui peut être accolé à d'autres pour former une unité plus longue ou un canapé, s'inspire aussi de ses conceptions architecturales et reflète sa fascination pour les constructions inventives poussant jusqu'à « la limite du possible ». Au-delà de son amour de la nature, Utzon puise aussi son inspiration dans les bâtiments d'autres siècles et d'autres cultures, comme la culture chinoise, islamique et maya. Tout au long de sa carrière, il a reçu de nombreuses récompenses, dont la médaille Eckersberg (1957), la médaille de l'Institut allemand des architectes (1965), le prix du mobilier danois (1970), et une médaille d'or de l'Institut royal des architectes britanniques (1978).

Ci-dessus :
Siège modulaire avec table assortie *Dock Flottant* pour Fritz Hansen, 1968

Ci-dessous :
Canapé *Dock Flottant* pour Fritz Hansen, 1968

Mobilier pour enfant exécuté par I. Christiansen, et conçu pour grandir avec l'enfant, 1949

kristian vedel

1923 – 2003, Humlebæk, Danemark

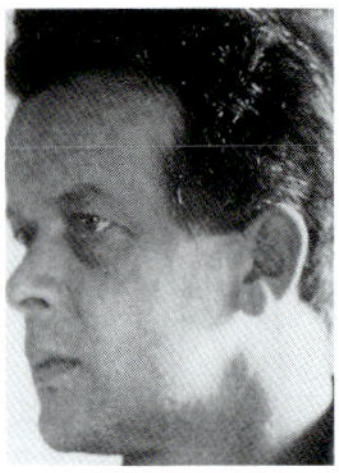

Le créateur de meubles Kristian Vedel fait son apprentissage d'ébéniste et devient compagnon charpentier en 1942. Il se forme avec **Kaare Klint** au département mobilier de la l'Académie royale danoise des beaux-arts de 1944 à 1945, et obtient son diplôme de l'École des arts et métiers en 1946. De 1946 à 1949, il est l'assistant du tandem – mari et femme – Tove et Edvard Kindt-Larsen, architectes et créateurs de meubles (1906–1994 et 1901–1982). Il travaille ensuite pour Palle Suenson (1904–1987) de 1949 à 1955, et exerce comme professeur aux arts et métiers de Copenhague de 1953 à 1956. Fortement influencé par les principes de Klint – discrétion, simplicité et fonction –, Vedel crée à cette époque, une chaise d'enfant novatrice. Il lui donne la forme d'une coquille incurvée en contreplaqué, équipée de fentes à divers niveaux, ce qui permet d'ajuster la hauteur du siège. Deux de ces chaises peuvent aussi être réunies pour composer un ensemble intégré chaise-table. Cette trouvaille fort pratique, fabriquée par Torben Ørskov, trouve son origine dans une idée à laquelle Vedel tient beaucoup. « Pour un artiste industriel », explique-t-il, « le point de départ doit toujours être que c'est lui, de sa propre perspective, et aussi objectivement que possible, qui prend une décision sur ce qu'il perçoit être les besoins de la société et de ses semblables. Il doit personnellement prendre position sur les possibilités et les responsabilités en jeu. » En 1955, il ouvre son propre atelier de design et l'année suivante, il produit une gamme d'ustensiles de cuisine multifonctionnels en mélaminé : bocaux à conserves, saladiers, gobelets, couverts à salade et coquetiers, tous remarquables par la simplicité de leur forme. Cinq ans plus tard, il crée *Modus,* son célèbre système de meubles, avec ses fauteuils bas à haut dossier, ses chaises sans accoudoirs, la table à café assortie recouverte de verre et la table de salle à manger au plateau massif. Fabriquée par Søren Willadsen à partir de 1963, la gamme *Modus* se distingue

par l'utilisation de lanières en cuir qui sont tressées pour former l'assise et le dossier, sur un encadrement en bois de rose. En 1962, Vedel reçoit le prix Lunning pour ses créations utilitaires en plastique, qui « font la preuve qu'il a su intégrer des matériaux autres que ceux traditionnellement utilisés par les créateurs de meubles ». Entre 1966 et 1968, il est président de l'IDD (l'Association danoise des designers industriels), et de 1969 à 1972, il organise et dirige le département du design industriel de l'université de Nairobi au Kenya, s'efforçant de répondre « aux besoins de la population dans son ensemble ». À son retour au Danemark en 1972, Vedel et son épouse, Ane, ouvrent un atelier de design à Thyholm et entreprennent d'explorer les différentes utilisations de la laine. Figure majeure du meuble danois à la fin des années 1950 et 1960, Vedel a reçu de nombreuses distinctions, y compris des médailles d'or et d'argent aux XIe (1957) et XIIe (1960) Triennales de Milan.

Ci-dessus : Table et chaises de salle à manger *Modus* pour Søren Willadsen, 1963

Ci-dessous : Chaise d'enfant ajustable pour Torben Ørskov & Co., 1957

Chaise de salle à manger en teck, pour FDB, 1951

Ci-contre : Chaise *Corona Modèle n° EJ 605*, pour Erik Jørgensen, 1961

poul volther

1923, Århus – 2001, Danemark

L'architecte et créateur de meubles danois Poul Volther a travaillé comme compagnon charpentier avant d'étudier à l'École des arts et métiers de Copenhague. Après l'obtention de son diplôme en 1949, il ouvre son propre atelier d'architecture et de design, qu'il dirige jusqu'en 1985. Au cours de sa carrière, Volther conçoit de nombreux meubles, dont une élégante chaise de salle à manger en teck (1951) pour la FDB (l'Association des coopératives danoises) que l'on peut considérer comme une remodélisation de la chaise traditionnelle à dossier en échelle. Une décennie plus tard, il utilise les mêmes éléments flottants pour sa célèbre chaise *Corona* (1961), qui n'est pas sans rappeler les vieilles photographies d'éclipses solaires. Construites avec du contreplaqué moulé, tapissé de mousse de polyuréthane traitée à froid, ces garnitures de siège elliptiques peuvent également servir d'accoudoirs. Le cadre de la chaise auquel elles sont attachées est d'abord produit en chêne massif, puis en 1962, en acier chromé. De même que les meubles recouverts de tissus d'**Arne Jacobsen** et **Verner Panton**, la chaise *Corona*, fabriquée à l'origine par Erik Jørgensen et produite aujourd'hui par Fredericia, représente une constante de l'avant-garde danoise, qui consiste à prendre ses distances avec les réinterprétations de meubles existants et préfère un langage plus formel et plus « synthétique ». Mais si ces créations futuristes incarnent l'esprit optimiste de l'époque, elles restent pourtant éloignées de l'éthique de la culture Pop, celle de l'éphémère et du jetable : il fallait des produits de haute qualité, destinés à résister à l'épreuve du temps. En plus de ses activités d'architecte et de designer, Volther enseigne aux arts et métiers (jusqu'en 1953), puis à l'École polytechnique de Copenhague (1955–1980). C'était aussi un membre éminent de la Société des architectes depuis 1955. Comme d'autres créateurs scandinaves, Volther a su combiner art traditionnel et technologie moderne afin de produire des meubles non seulement durables et confortables, mais aussi agréables à l'œil.

Tables gigognes en bois de rose, pour A.J. Iversen, 1953

ole wanscher

1903, Frederiksberg – 1985, Charlottenlund, Danemark

L'historien et créateur de mobilier danois Ole Wanscher étudie avec **Kaare Klint** à l'Académie royale danoise des beaux-arts. Fils d'un historien d'art, il va manifester toute sa vie un vif intérêt pour l'histoire du mobilier. Il fait plusieurs voyages en Europe et en Égypte pour étudier les types de meubles locaux et nourrir ses recherches, qui vont fournir la toile de fond de ses différentes publications dont *Les Types de meubles* (1932), *Esquisse d'une histoire du mobilier* (1941), *Le Mobilier anglais entre 1680 et 1800* (1944) et *Histoire de l'art du meuble* (1946–1956). Wanscher, l'un des fondateurs des expositions annuelles organisées par la puissante Guilde des ébénistes de Copenhague, dessine des meubles élégants et classiques pour de nombreux fabricants, comme P. Jeppesen, Rud. Rasmussen, France & Son ou A.J. Iversen. Comme son maître Kaare Klint, Wanscher était profondément persuadé que les designers devaient étudier l'histoire de tous les meubles dont la fonction et la forme s'étaient affirmées au fil des années. Son œuvre est particulièrement influencée par le mobilier anglais du XVIIIe siècle, et par les antécédents chinois, égyptiens et grecs. Ainsi, la forme pliable de son siège en acajou et cuir, le *Tabouret égyptien* (1960), s'inspire-t-elle d'un modèle antique de la collection du Musée de la Ville de Berlin. Son mobilier se signale aussi par la grande qualité de sa construction et de son fini, qui témoigne de l'extraordinaire virtuosité danoise en la matière. En 1955, Wanscher succède à Klint comme professeur de design du meuble à l'Académie royale danoise des beaux-arts (1955–1973), où il continue de promouvoir l'étude du mobilier d'époque. En 1960, il reçoit une médaille d'or à la Triennale de Milan et le grand prix de l'exposition annuelle des ébénistes de Copenhague. Il participe également à de nombreuses autres expositions, dont « Design in Scandinavia » (États-Unis, 1954–1957) et « Neue Form aus Dänemark » (Allemagne, 1956–1959). Le mobilier qu'il signe est certes ouvragé,

Siège en chêne et rotin pour Rud. Rasmussen, 1951

Ci-dessous : *Tabouret égyptien* pour A.J. Iversen, 1960

avec beaucoup de finesse, dans des matériaux de luxe comme le bois de rose et le cuir, mais il n'est pas pour autant réservé aux plus fortunés. En fait, Wanscher est l'un des premiers designers danois à avoir conçu ses produits pour la fabrication industrielle. Leurs détails exquis témoignent de sa parfaite maîtrise des techniques, et leurs formes élégantes et intemporelles reflètent ses talents d'érudit et de connaisseur.

Intérieur de la maison de Hans Wegner à Tinglevvej, conçu en 1962

Ci-contre : Chaise *Le paon modèle n° 550* pour Johannes Hansen, 1947

hans wegner

1914, Tønder – 2007, Copenhague, Danemark

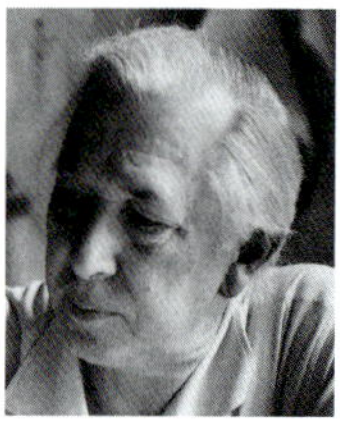

Comptant parmi les grands designers danois de l'histoire, Hans Wegner, fils d'un maître-bottier, grandit dans l'amour du savoir-faire et des belles matières. Très tôt, il développe de profondes affinités avec le bois, ce qui le conduit à entrer en apprentissage chez H. F. Stahlberg. Devenu ébéniste qualifié, Wegner continue de travailler dans cet atelier pendant trois ans en attendant son service militaire. Il étudie ensuite la menuiserie à l'École polytechnique de Copenhague, où certains de ses cours l'obligent à aller mesurer des meubles au musée des Arts décoratifs (aujourd'hui Musée danois du design) de Copenhague. Cette expérience, ainsi que les expositions annuelles organisées par la Guilde des ébénistes de Copenhague, influencent tant le jeune homme qu'il décide de se lancer dans la création de meubles. En 1936, il commence donc une formation avec **Orla Mølgaard-Nielsen** à l'École des arts et métiers. Deux ans plus tard, il entre dans l'atelier de Erik Møller and Flemming Lassen à Århus, et en 1940, il fait partie de l'équipe constituée par Møller et **Arne Jacobsen** pour dessiner la future mairie d'Århus. Pour ce projet, Wegner conçoit des meubles simples, mais ouvragés, bien représentatifs de son approche du design au début de sa carrière, à savoir « débarrasser les vieux sièges de leurs garnitures pour les faire apparaître dans leur structure brute ». De 1943 à 1946, il travaille dans son propre atelier d'Århus en compagnie de **Børge Mogensen**, et crée une collection de meubles de qualité à prix modeste (1945–1946) sous la direction de Frederik Nielsen, pour l'Union des coopératives danoises, conçus pour les petits appartements d'après-guerre. Il travaille ensuite en association avec l'architecte Palle Suenson (1904–1987) à Copenhague de 1946 à 1948, avant de s'établir à son compte dans la même ville. À partir de 1940, il collabore aussi avec Johannes Hansen, ébéniste et président de la Guilde des ébénistes, et dessine de nombreux sièges pour sa fabrique de meubles, en particulier la célèbre *Chaise ronde* (1949),

En haut : *Modèle n° CH24 Y-Stolen* (Chaise en Y) pour Carl Hansen & Søn, 1950

Ci-contre : *Chaise ronde Modèle n° 501* pour Johannes Hansen, 1949

En haut à droite : *Chaise chinoise* pour Fritz Hansen, 1943

Ci-dessous à gauche : CBS Television a acheté douze *Chaises rondes* pour le célèbre débat télévisé de 1960 entre John F. Kennedy et Richard Nixon

Ci-dessous à droite : Dessin pour la *Chaise ronde*, 1949

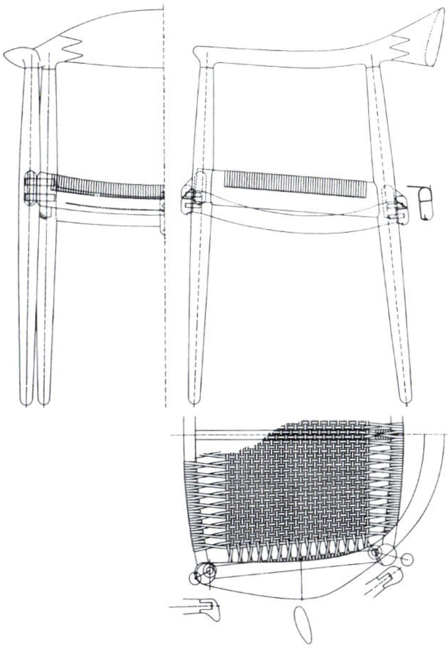

Intérieur de la maison de Hans Wegner à Tinglevvej, conçu en 1962

plus connue sous le nom de *La chaise* ou *La chaise classique*. À partir des années 1950, Werner s'impose comme l'une des figures majeures du design scandinave. Sa stature internationale est bien établie, et on apprécie son beau mobilier équilibré et superbement ouvragé, fait en général de bois massif. Fabriqués par Johannes Hansen, **Fritz Hansen**, Andreas Tuck, Getama, A. P. Stolen, Carl Hansen & Søn et PP Møbler, les meubles de Wegner veulent être, comme il l'expliquera plus tard, « aussi simples et naturels que possible, pour montrer ce que nous étions capables de créer avec nos mains, pour tenter de redonner vie au bois, de lui insuffler esprit et vitalité, de rendre les choses si naturelles qu'elles ne pouvaient avoir été faites que par nous ». Son approche organique, typiquement scandinave, comme le montrent sa *Chaise chinoise* (1943), son *Paon* (1947), sa *Chaise* (1950) et son *Valet* (1953), met l'accent sur l'importance des relations physiques, psychologiques et émotionnelles entre l'homme et son cadre de vie. En simplifiant, en épurant la forme et la construction, Wegner parvient à créer des réinterprétations intemporelles et suprêmement belles de meubles classiques, où s'expriment le respect de la matière et l'intégrité de la structure. Au cours de sa longue carrière, Wegner a reçu de nombreuses distinctions, dont le premier prix Lunning, en 1951. Designer de talent et prodigieux artiste, Wegner a rendu le design danois célèbre dans le monde entier.

Chaise pliante *Modèle n° PP512* pour PP Møbler, 1949

Ci-dessous : Fauteuils *Modèle n° 27* pour Carl Hansen & Søn, 1949

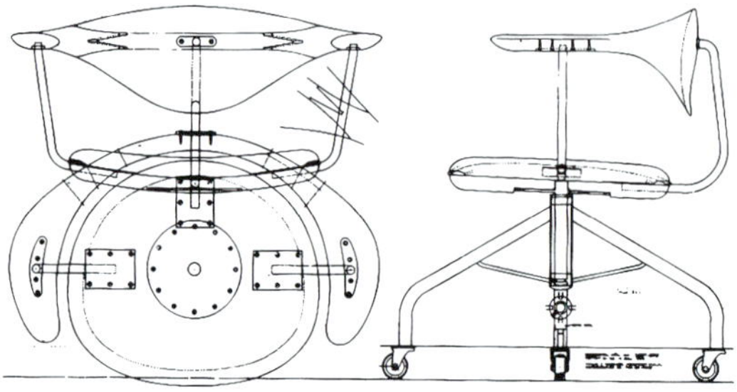

Ci-dessus à gauche : Dessin de travail pour la *Kontordrejestol* (Chaise de bureau pivotante), vers 1955

Ci-dessus à droite : *Kontordrejestol* (Chaise de bureau pivotante) pour PP Møbler, 1955

Ci-dessous : Fauteuils *Drisse* pour Getama disposés dans un showroom, vers 1955

Ci-contre : *Modèle n° GE225, Flaglinestolen* (Cordage de pavillon) pour Getama, 1950

Chaise *Valet Modèle n° PP250* pour PP Møbler, 1953

Ci-contre : *Modèle n° EJ100 Pøllestolen* (Siège bœuf) et repose-pieds assorti, pour Erik Jørgensen, 1960

Ci-dessous : *3-benet skalstol* (Chaise coquille à trois pieds) pour Johannes Hansen, 1963

Assiettes *Gullviva* et *Liljekonvalje* (Primevère et Muguet) pour Gustavsberg, 1897

Ci-contre : Vase *Iris* pour Gustavsberg, 1897

gunnar wennerberg

1863, Skara, Suède – 1914, Paris, France

Le peintre céramiste, verrier et designer de textiles Gunnar Wennerberg étudie la peinture à Paris sous la direction de François Bonnat (1811–1894) et Henri Gervex (1852–1929), à partir de 1886, tout en suivant une formation à la manufacture de porcelaine de Sèvres. À son retour en Suède, en 1895, il est nommé directeur artistique de l'usine de céramique **Gustavsberg**. Au cours des treize années qu'il y passe, il introduit un nouveau style inspiré de la nature. Peintre de fleurs doué, il exécute un grand nombre de dessins exquis à motifs floraux de style Art nouveau. Ses assiettes *Gullviva* (Primevère) et *Liljekonvalje* (Muguet), minutieusement peintes à la main dans des tons pastel, représentent de manière stylisée des fleurs sauvages typiques de la Suède. Ses dessins, présentés en 1897 à Stockholm dans le cadre de l'exposition des arts et de l'industrie, révèlent non seulement l'influence grandissante de l'Art nouveau, mais aussi un respect de la nature très suédois : si les fleurs de Wennerberg sont stylisées, elles n'ont rien du côté échevelé, presque torturé, qui caractérise les mêmes motifs dans l'Art nouveau français ou le Jugendstil allemand. Wennerberg réalise aussi plusieurs œuvres où il utilise le relief, comme le vase *Iris* de 1897. Entre 1898 et 1909, il crée également pour l'usine **Kosta** des camées de verre, un peu à la manière d'un Émile Gallé (1846–1904), même si ses motifs floraux sont traités de façon beaucoup plus naturaliste. Entre 1902 et 1908, Wennerberg enseigne la peinture à l'Université des beaux-arts, des métiers d'art et du design, et à partir de 1908, il dessine des modèles de porcelaines pour la manufacture de Sèvres et des tissus pour la Handarbetets Vänner. En 1909, il retourne vivre à Paris, où il meurt en 1914. Figure de proue des designers suédois du début du siècle, Wennerberg et son interprétation simplifiée et poétique de l'Art nouveau ont eu un rôle considérable en Scandinavie.

Couverts *Lotus* pour Rosenthal, 1964

Ci-contre : Assiettes de la Nativité pour Rosenthal, fabriquées à partir de 1971 – un nouveau plat à motif inédit sera édité chaque année jusqu'en 1983

bjørn wiinblad

1918, Copenhague – 2006, Lyngby, Danemark

Si le designer danois Bjørn Wiinblad s'est exercé à différentes disciplines, comme le textile, la verrerie, l'argenterie ou le graphisme, il est surtout connu pour ses céramiques merveilleusement décoratives, aux motifs à la fois stylisés et poétiques. Formé à l'École polytechnique de Copenhague, Wiinblad étudie ensuite l'illustration, en 1940–1943, à l'Académie royale danoise des beaux-arts. Puis il travaille comme céramiste sous la direction de Lars Syberg à Taastrup (1943–1946), avant d'être engagé comme designer par **Jacob Bang** à la faïencerie de Nymølle (1946–1956). En 1952, il ouvre son propre atelier à Kongens Lyngby où, dans la première année, il collabore avec Gutte Eriksen (1918–2008). À partir de 1957, Wiinblad dessine pour Rosenthal, la célèbre manufacture de porcelaine allemande, de nombreuses céramiques qui se caractérisent par une exubérance fantasque, dans le style médiéval. Certaines de ses pièces traduisent l'espièglerie typiquement scandinave que l'on retrouve dans l'artisanat, tandis que d'autres (souvent à sujet religieux) renouent avec la beauté, la solennité et le mysticisme de l'art byzantin. Son style hybride, mélange d'ancien et de moderne, est devenu le symbole de cette renaissance qui a touché l'art nordique dans les années 1960. Wiinblad a aussi reçu de nombreuses commandes de décoration de restaurants et d'hôtels. Il a travaillé comme décorateur de théâtre au Dallas Theater Center et au Théâtre de mime, et dans les jardins de Tivoli à Copenhague.

Série en verre *Tapio* pour Iittala, 1954 – la bulle d'air dans le pied des verres a été réalisée avec un bâton humide

Ci-contre : Vases à double tête, pour Iittala, 1955–1956

tapio wirkkala

1915, Hanko – 1985, Helsinki, Finlande

Tapio Wirkkala est l'une des figures du design finlandais dont l'œuvre manifeste une forte identité nationale, dans sa façon d'appréhender les matériaux traditionnels, les savoir-faire ancestraux et les formes de la nature. Designer polyvalent, il est aussi à l'aise avec le verre qu'avec la céramique, le métal, les meubles, l'éclairage, les bijoux, le graphisme, l'emballage et le design industriel. Il dessine avec la même *maestria* les objets les plus humbles et de coûteuses pièces uniques, et brouille les frontières entre art, métier d'art et design. Avec sa barbe en broussaille et son éternelle pipe, l'homme a un côté terrien, et il affirme volontiers qu'il faut « quitter la planche à dessin, aller voir comment un produit se fabrique et connaître les gens qui vont vous aider à le faire afin d'être en prise directe avec le travail à accomplir ». Par delà sa virtuosité technique, Wirkkala à une profonde intelligence des matériaux qu'il emploie. « Tous les matériaux ont tacitement leurs propres lois », explique-t-il. « On l'oublie bien trop souvent. Il ne faut jamais faire violence à la matière, et le designer se doit d'être en parfaite harmonie avec elle. » En explorant avec sa sensibilité le potentiel du métal, du bois, du verre, de la céramique ou du plastique, Wirkkala obtient des œuvres novatrices et poétiques qui expriment avec élégance les qualités intrinsèques de chaque matériau. Homme-orchestre du design, il parvient à créer un langage expressif de formes organiques étonnamment moderne mais empreint de beauté intemporelle. Car il peaufine inlassablement ses dessins, allant jusqu'à faire une centaine d'esquisses avant d'exécuter une pièce. Profondément inspiré par la nature, lié spirituellement à son environnement, Wirkkala reprend des formes qui appartiennent à l'essence même du monde naturel – aussi bien les oiseaux et les feuilles que les dessins du givre. Il s'intéresse aussi à la civilisation laponne (Sami), dont il ne manque pas de s'inspirer : par exemple, il prend la forme millénaire de la kurska laponne (une sorte de bol en bois) comme point de départ d'un grand nombre

Ci-dessus : Verres *Ultima Thule* pour Iittala, 1968

Vase *Pinus 2784* pour Iittala, 1973

Ci-contre : *Vase Kantarelli* (Chanterelle) pour Iittala, 1946 – créé à l'origine pour un concours organisé par les verreries Iittala, ce vase sera ensuite présenté à la IXe Triennale de Milan (1951)

de ses gobelets en céramique. Attentif au dialogue « entre l'œil, la main et la pensée », il crée des objets apparemment pétris d'oppositions : traditionnels et novateurs, rationnels et romantiques, organiques et géométriques, artistiques et fonctionnels, visuels et tactiles, nationaux et internationaux. Il transpose souvent les sensibilités artisanales d'antan dans le design d'objets modernes destinés à la production de masse, qu'il s'agisse d'une modeste série de verres moulés ou d'un couteau de chasse à manche en plastique. Après avoir appris la sculpture à l'Université des arts et du design d'Helsinki de 1933 à 1936, il travaille comme sculpteur et designer graphique. En 1947, il partage avec **Kaj Franck** le premier prix d'un concours de verrerie organisé par **Iittala** et, par la suite, il travaillera régulièrement pour cette marque, en indépendant, jusqu'à sa mort en 1985. Ses vases *Kantarelli*, en verre soufflé, dont la forme s'inspire de celle des chanterelles, sont bien représentatifs de la fluide abstraction organique qui caractérise

Vase *Sac en papier*, *Modèle n° 3851* pour Rosenthal, 1977

Ci-dessous :
Vases *Pollo* pour Rosenthal, 1970

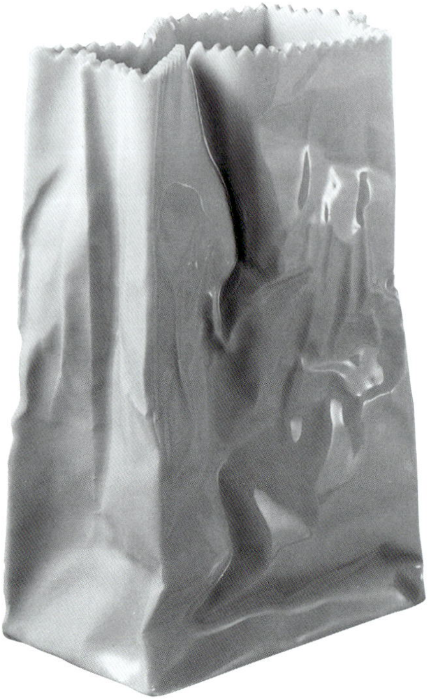

Service à thé *Century* pour Rosenthal, 1979

le design scandinave d'après-guerre. Cette série de vases, produite entre 1947 et 1960, lui apporte une consécration internationale. Wirkkala est aussi largement reconnu pour sa vaisselle et ses meubles en forme de feuilles, en bois laminé, qui, bien que manifestement fabriqués par un procédé industriel, possèdent une extraordinaire beauté naturelle. Les strates de bois, de couleurs variées, sont superposées par ses soins, puis coupées et façonnées pour faire apparaître ces rayures inoubliables. En usant de la même technique, il produit également une exceptionnelle série de sculptures en contreplaqué qui dévoilent sa maîtrise des formes abstraites et expressives. Ses créations sont présentées aux IXe (1951) et X[e] (1954) Triennales de Milan, où elles raflent six grands prix. Au cours de sa carrière, il a remporté de nombreux autres prix, dont le prix Lunning 1951, l'Obélisque d'or de Domus Italia, en 1963, et la Médaille du Prince Eugène, en 1980. De 1951 à 1954, Wirkkala est directeur artistique de la Taideteollinen Korkeakoulu d'Helsinki, puis travaille brièvement, de 1955 à 1956, dans l'atelier de Raymond Loewy (1893–1986) à New York. Tout en produisant massivement pour les verreries Iittala, à qui il donne pléthore de créations inoubliables, comme sa série *Ultima Thule* (1968) qui va mettre le verre givré à la mode dans les années 1970, Wirkkala crée aussi des verres colorés pour Venini, des céramiques pour Rosenthal, de la coutellerie pour **Hackman**, du mobilier pour Asko et des lampes pour Airam. Il dessine aussi un certain nombre de beaux bijoux, exécutés à la main par des orfèvres mexicains, des emballages (dont la célèbre bouteille de vodka Finlandia) des appareils ménagers, des ampoules et même une lunette de WC. En 2000 et 2001, une grande rétrospective itinérante qui a ravi et fasciné le public par l'incroyable ingéniosité du design et expression artistique a entraîné un réexamen en profondeur de l'œuvre de Wirkkala. Même s'il a noté un jour que « personne, jamais, n'invente de formes nouvelles ; seule compte la façon dont la

ligne et la forme sont utilisées », son incontestable talent à composer des formes lui a permis de créer des objets d'une extraordinaire originalité, empreints d'intelligence, de simplicité gestuelle, de charme tactile et de beauté enchanteresse. Plus que tout autre designer, Wirkkala incarne, dans son œuvre immense, l'éthos humaniste qui a façonné le design scandinave et qui continue de le définir.

Ci-dessus : Table *Modèle n° 9016* en padouk, érable et noisetier laminés pour Asko, 1958

Ci-contre : Chaise *Nikke 9019* en contreplaqué laminé pour Asko, 1958

Plateau en bouleau laminé, exécuté par Martti Linqvist, 1951

MADE IN FINLAND

Ampoules opalescentes et leurs boîtes, pour Airam, 1959

Ci-dessous à gauche : Ampoule de la série *K2*, produite par Iittala & Idman, 1960

Ci-dessous à droite : Ampoule de la série *K2*, produite par Idman, 1960

Ci-contre : *Modèle n° 66–057*, ampoule produite par Iittala pour Stockmann, 1961

Kosta, verrerie, fondée en 1742

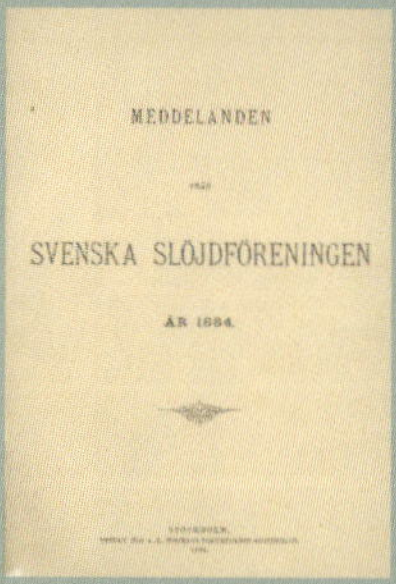

Svenska Slöjdföreningen (Société suédoise des arts et du design industriel), Manifeste, 1897

Bing & Grødahl, manufacture de porcelaine, fondée en 1853

Royal Copenhagen, manufacture de porcelaine, fondée en 1775

Gustavsberg, usine de céramique, fondée en 1825

Avant 1800 – années 1850

1649
Les forges Fiskars sont créées à Fiskars, Finlande

1689
Husqvarna fonde une usine d'armes à Husqvarna, Suède

1742
Les verreries **Kosta** s'installent à Kosta, Suède

1754
L'Académie royale danoise des beaux-arts est fondée à Copenhague

1762
Les verreries Hadeland sont créées à Jevnaker, Norvège

1775
L'usine royale de porcelaine, **Royal Copenhagen**, est fondée à Copenhague, Danemark

1790
Hackman s'établit à Viipuri, Finlande

1793
Les verreries Notsjö s'installent à Urjala (plus tard Nuutajärvi), Finlande

1809
Traité de Fredrikshamn: la Suède cède la Finlande à la Russie ; la Finlande devient grand-duché du Tsar

1812
La capitale finnoise déménage de Turku à Helsinki

1814
Traité de Kiel : le Danemark cède la Norvège à la Suède

1825
Création de l'usine de céramique **Gustavsberg**, à Gustavsberg, Suède
Implantation des verreries Holmegaard à Holmegaard, Danemark

1835
Elias Lönnrot publie la première version du *Kalevala* (Patrie des Héros), l'épopée nationale finnoise
L'auteur danois Hans Christian Andersen publie sa première version des quatre *Eventyr og Historier* (Contes et histoires fantastiques) ; 152 autres suivront, jusqu'en 1873

1836
Le Suédois-Américain John Ericsson dépose son brevet pour hélice

1843
Ouverture des jardins de Tivoli à Copenhague, Danemark
L'Althing, premier parlement démocratique du monde, fondé en 930, est rétabli à Reykjavik, Islande

1845
Création de la **Svenska Slöjdföreningen**, première association mondiale pour la promotion des arts appliqués à l'industrie

1849
Au Danemark, abolition de l'autocratie royale : le pays devient une monarchie constitutionnelle

1853
L'usine de porcelaines **Bing & Grøndahl** s'établit à Copenhague, Danemark

Arabia, usine de céramique, fondée en 1873

Gerhard Munthe
Chaise pour le Holmenkollen Hotel, 1896

Orrefors, verrerie fondée en 1898

Porsgrund, manufacture de céramique, fondée en 1886

Gerhard Munthe, service *Bleu anémone*, 1892

Ateliers Iris, créés en 1897

Années 1860 – années 1890

1865
Nokia, l'usine de pâte à papier, s'installe sur la rivière Emäkoski, Finlande

1866
Le chimiste suédois Alfred Nobel invente la dynamite

1871
Figure de proue de la British Arts & Crafts (Arts et artisanat britanniques), William Morris visite l'Islande pour la première fois

1872
Fritz Hansen s'établit à Copenhague, Danemark

1873
Arabia, l'usine de céramique, s'installe à Helsinki, Finlande, grâce à Rörstrand, la maison mère suédoise

William Morris revient pour une deuxième visite en Islande, qu'il nomme sa « Terre Sainte »

1874
Louis Poulsen & Co ouvre ses portes à Copenhague, Danemark

Edvard Grieg compose *Peer Gynt,* suite qui sera exécutée pour la première fois en 1875

1876
La joaillerie David-Andersen s'installe à Christiania (futur Oslo)

L.M. Ericsson s'implante à Stockholm, Suède

1879
L'auteur norvégien Henrik Ibsen écrit sa pièce controversée : *La Maison de poupée*

1881
L'usine de verrerie Iittala s'établit à Iittala, Finlande

1886
Les céramiques **Porsgrund** ouvrent à Porsgrund, Norvège

1888
L'auteur suédois August Strindberg écrit *Mlle Julie,* sa pièce à scandale

1892
Gerhard Munthe crée, pour Porsgrund, le service *Bleu Anémone*

1893
L'artiste norvégien Edvard Munch peint *Le Cri*

1896
Gerhard Munthe dessine son *Eventyrværelset* (Salle des Contes de fées), y compris la chaise originale, pour l'Holmenkollen Tourist Hotel

1897
Les ateliers **Iris** s'installent à Porvoo, Finlande

1898
L'inventeur Valdemar Poulsen dépose son brevet pour l'enregistrement des sons magnétiques

Les verreries **Orrefors** s'installent à Småland, Suède

1899
Le compositeur finnois Jean Sibelius compose sa symphonie *Finlandia,* qu'il est forcé de publier sous le nom de *Opus 26, n° 7*

Carl Larsson publie *Ett Hemm* (Notre maison) pour « réformer le goût et la vie de famille »

Ellen Key publie son pamphlet *Skönhet åt alla* (La Beauté pour tous) pour faire évoluer le design suédois

Georg Jensen
dans son atelier de fonderie, 1904

Riihimäki,
verrerie, fondée en 1910

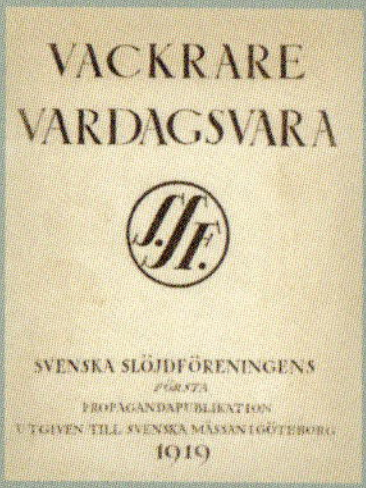

Gregor Paulsson,
Vackrare Vardags-vara, 1919

Frida Hansen,
création textile, 1900

Gustaf Gaudernack,
coupe *Libellule*, 1909

Années 1900 – années 1910

1900
Pour ses créations textiles, **Frida Hansen** reçoit une médaille d'or à l'Exposition universelle et internationale de Paris

Le pavillon finnois, de style karélien, signé Saarinen, Gesellius et Lindgren, est montré à l'Exposition universelle et internationale de Paris

Ellen Key publie son célèbre ouvrage *Barnets århundrade* (Le Siècle de l'enfant)

1901
Premiers prix Nobel attribués à « ceux qui au cours de l'année précédente auront su faire progresser l'humanité »

1902
Saarinen, Gesellius et Lindgren conçoivent le Musée national finnois d'Helsinki

1904
Georg Jensen ouvre son orfèvrerie à Copenhague, Danemark

Le Danemark accorde à l'Islande une indépendance partielle ; l'indépendance totale sera finalement accordée en 1918

Eliel Saarinen conçoit la gare de Helsinki, dont les travaux seront terminés en 1919

1905
Le traité de Karlstad dissout l'union entre Suède et Norvège. Cette dernière retrouve son indépendance et rétablit sa monarchie

1906
Les Finnoises sont les premières femmes d'Europe à acquérir le droit de vote ; les Norvégiennes pourront voter en 1913, les Danoises et les Islandaises en 1915, les Suédoises en 1921

1909
Gustav Gaudernack crée, pour David-Andersen, la coupe *Libellule*

1910
Les verreries **Riihimäki** s'établissent à Riihimäki, Finlande

1912
Stockholm (Suède) accueille les Jeux olympiques d'été

1914
Lancement de la première motocyclette Husqvarna

Le Danemark, l'Islande, la Norvège et la Suède demeurent neutres dans la Guerre mondiale

La Finlande ne participe pas au combat

1915
Une grande partie des vieux bâtiments en bois de Reykjavik est dévastée par le feu

La Svenska Slöjdföreningen met sur pied une agence pour encourager la collaboration entre artistes et industrie

1916
Simon Gate développe, chez Orrefors, sa technique *Graal*

1917
Après la révolution russe, la Finlande déclare son autonomie dans tous les domaines, excepté en politique étrangère et en défense

Wilhelm Kåge crée, pour Gustavsberg, son service *Liljeblå* (Lys bleu)

La première « Hemutställning » (Exposition pour la maison) se tient à la

Gustaf Dalén,
cuisinière *Aga*, 1922

Simon Gate,
Coupe de Paris (Parispokalen), 1925

Aino Aalto, articles en verre *Bölgeblick*, 1932

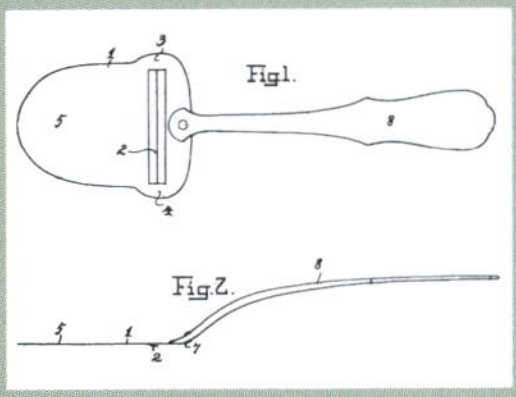

Thor Bjørklund,
tranche-fromage *Spar*, 1925

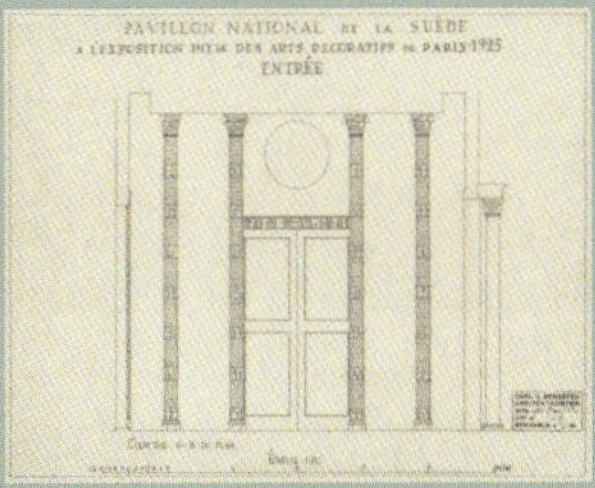

Pavillon de la Suède
à l'Exposition internationale des arts de Paris, 1925

Années 1920 – années 1930

galerie Liljevalchs de Stockholm

1918
La Finlande reçoit son indépendance du gouvernement russe bolchevique
La guerre civile fait rage entre les «gardes rouges» et les «gardes blancs» finnois; victoire des Blancs
L'Islande accède à l'indépendance et fait désormais partie de l'Union de la Couronne danoise

1919
Gudjón Samúelsson est nommé premier architecte national d'Islande. Il occupera cette position jusqu'en 1950
Electrolux est fondé à Stockholm, Suède
Publication du célèbre *Vackrare Vardagsvara* (De beaux objets pour tous les jours) de **Gregor Paulsson**

1920
Hjalmar Branting forme le premier gouvernement social-démocrate de Suède qui durera du 10 mars au 27 octobre
Le Danemark, la Norvège et la Suède sont parmi les membres fondateurs de la Ligue des Nations, dès ses débuts, en janvier; la Finlande s'y associera avant la fin de l'année

1922
Gustaf Dalén crée la première cuisinière *Aga*, toujours en production depuis 1929

1925
Simon Gates conçoit, pour les verreries Orrefors, le *Parispokalen (Coupe de Paris)*, destiné au pavillon suédois de l'Exposition internationale des arts décoratifs et industriels modernes, à Paris
Thor Bjørklund crée, pour Thor Bjørklund & Sønner, la trancheuse de fromage *Spar*
Bang & Olufsen ouvrent leur usine à Quistrup, près de Struer, Danemark
Le critique britannique Morton Shand invente l'expression «Grâce suédoise»

1927
Volvo s'installe à Göteborg, Suède

1930
Søren Hansen crée la chaise *DAN* pour Fritz Hansen
La Svenska Slöjdföreningen organise la «Stockholmsutställningen» (Exposition de Stockholm), qui annonce l'émergence du modernisme scandinave
Jean Heiberg conçoit le téléphone *DHB 1001* pour la fusion entre la Norsk Elektrisk et L.M. Ericsson

1932
Mort de l'industriel suédois Ivar Kreuger; l'effondrement de son empire financier entraîne une profonde dépression économique; les sociaux-démocrates remportent les élections forcées et resteront au pouvoir jusqu'en 1976
Premier atelier Lego fondé à Billund, Danemark
Steen Eiler Rasmussen publie *Britisk Brugskunst* (Art du quotidien britannique) et organise, au musée des Arts industriels à Copenhague, une exposition éponyme; son impact sur le design danois est immense
Pour *Bölgeblick,* son service en verre compressé (produit à partir de 1934) **Aino Aalto** remporte le deuxième prix du concours Karhula-Iittala

Kaare Klint,
siège *Safari*, 1933

Jacob Jacobsen,
lampe *L-1*, 1937

Le Klint, entreprise fondée en 1943

Bruno Mathsson,
fauteuil *Eva*, 1936

Alvar Aalto,
vase *Savoy*, 1936

Années 1930 – années 1940

1933
Wilhelm Kåge crée, pour Gustavsberg, le service de table *Praktika*
Kaare Klint dessine la *Safari Chair* et la chaise longue *Deck Chair* pour Rud. Rasmussen

1934
Thorbjørn Lie-Jørgensen crée son pichet en argent et bois d'ébène pour David-Andersen
Alva et Gunnar Myrdal publient leur livre *Kris i befolkningsfrågan* (La Crise liée à la croissance de la population) ; en conséquence, les sociaux-démocrates mettent en place une politique « de transformations sociales » qui influencera la société suédoise tout au long du XXe siècle

1935
Artek Oy s'implante à Helsinki pour la fabrication et la vente au détail des meubles conçus par Aino et Alvar Aalto

1936
Pour **Karl Mathsson**, Bruno Mathsson conçoit la chaise connue plus tard sous le nom de *Eva*
Alvar Aalto crée pour Karhula son vase *Savoy*

1937
Edvin Öhrström développe chez Orrefors la technique *Ariel*
Gudjón Samúelsson reçoit commande de la Hallgrimskirkja (église) de Reykjavik ; le bâtiment sera terminé en 1986
La Saab est fondée à Linköping, Suède
Jacob Jacobsen crée la lampe *L-1* pour Luxo

1939
La Finlande est attaquée par l'Union soviétique ; sur le continent, début de la Seconde Guerre mondiale
Wilhelm Kåge crée pour Gustavsberg son service *Grå ränder* (Rayures grises)
Alvar Aalto conçoit le pavillon de la Finlande pour l'Exposition de New York
Officiellement sous l'autorité du Danemark (occupé par les Allemands) L'Islande est envahie par les forces britanniques et américaines

1940
Les forces allemandes occupent le Danemark et la Norvège ; le roi de Norvège fuit en Angleterre, le roi du Danemark reste à Copenhague
Armistice de la guerre finno-soviétique ; la Finlande cède du territoire à l'Union soviétique
Tout au long de la guerre, la Suède reste fidèle à sa neutralité, mais accepte des concessions en faveur des Allemands

1941
Après l'entrée en guerre de l'Italie et de la Roumanie contre l'Union soviétique, la Finlande entre en guerre à son tour

1943
La société **Le Klint** s'établit à Odense, Danemark
Sixten Sason dessine l'aspirateur *Modèle 248* pour Electrolux
IKEA ouvre ses portes à Älmhult, Suède
L'auteur islandais Halldór Laxness publie le premier volume de sa trilogie *Íslandsklukkan* (La Cloche d'Islande), qu'il achèvera en 1946

Hans Wegner,
chaise *chinoise*, 1944

Peter Hvidt et **Orla Mølgaard-Nielsen**,
chaise *AX*, 1947

Marimekko,
entreprise fondée en 1951

Finn Juhl,
fauteuil *N° NV-44*, 1944

Tapio Wirkkala,
vase *Kantarelli*, 1947

Kaj Franck,
service de table *Teema*, 1977–1980 – basé sur la gamme *Kilta* de 1952

Années 1940 – années 1950

1944
L'Union soviétique attaque la Finlande ; trois mois plus tard, un armistice est signé entre la Finlande et les alliés

L'Islande se proclame République autonome ; après la fin de l'occupation allemande, en 1945, le Danemark reconnaît l'autonomie islandaise

Hans Wegner crée sa *Chaise chinoise* pour Fritz Hansen

Finn Juhl crée son fauteuil *Modèle n° NV-44* pour Niels Vodder

1945
En mai, fin de l'occupation allemande au Danemark et en Norvège

L'auteur suédois Astrid Lindgren publie *Pippi Långstrump* (Fifi Brindacier), le livre suédois le plus lu du siècle

1946
La Norvège devient le 12ᵉ État et le Danemark le 15ᵉ, à ratifier la charte des Nations unies ; l'Islande et la Suède adhèrent plus tard

Ilmari Tapiovaara dessine la chaise *Domus* pour Keravan Puuteollisuus/ Wilhelm Schauman

Henning Koppel conçoit ses *bijoux biomorphiques Modèle n° 89* pour Georg Jensen

1947
La *Saab 92*, première petite voiture suédoise aux lignes aérodynamiques, signée Sixten Sason, apparaît sur le marché

Tapio Wirkkala crée les vases *Kantarelli* (Chanterelle) pour Iittala

Peter Hvidt et **Orla Mølgaard-Nielsen** conçoivent la chaise *AX* pour Fritz Hansen

1948
Hasselblad lance son appareil photo *1600F*, conçu à New York par Sixten Sason

1949
Création de l'OTAN, organisation de défense occidentale ; le Danemark, l'Islande et la Norvège sont parmi les 12 nations-membres fondatrices

Arne Korsmo crée l'argenterie *Korsmo*, que Jacob Tostrup produira à partir de 1953

Hans Wegner conçoit, pour Johannes Hansen, sa *Chaise ronde* (appelée plus tard *La chaise* ou *La chaise classique*)

1950
Sigvard Bernadotte & Acton Bjørn Industridesign, Merkantil Grafik, premier cabinet d'expertise danois en matière de design industriel, fondé à Copenhague ; conçoit, pour Rosti, le saladier en mélamine *Margrethe*

1951
Marimekko s'établit à Helsinki, Finlande

Tétra Pak s'installe à Lund, Suède

1952
Oslo (Norvège) accueille les Jeux olympiques d'hiver; Helsinki (Finlande) accueille les Jeux olympiques d'été

Le Lunningpriset, bourse de voyage remise en l'honneur de Frederik Lunning, propriétaire de la Georg Jensen Inc. à New York, est attribuée pour la première fois ; pendant 20 ans, elle sera versée chaque année au moins à deux créateurs scandinaves exceptionnels (en tout, 13 Danois, 10 Finnois, 7 Norvégiens et 14 Suédois en ont bénéficié)

Arne Jacobsen,
chaise *Série 7*, 1955

Poul Henningsen,
suspension *PH Artichaut*, 1957

Jens Quistgaard,
seau à glace en teck *Congo*, 1960

Ingeborg Lundin,
vase *Pomme (Äpple)*, 1955

Nils Landberg,
verre *Tulipe (Tulpan)*, 1957

Verner Panton,
fauteuil *Cone*, 1958

Années 1950 – années 1960

Kaj Franck crée, pour Arabia, le service de table *Kilta* (photo montrant la gamme de table *Teema*, 1977–1980, à partir du dessin de *Kilta*)

Le Danemark, l'Islande, la Norvège et la Suède forment le Nordiska rådet (Conseil nordique) pour promouvoir la coopération entre États nordiques ; la Finlande s'y associera en 1955

1953

Konrad Galaaen crée, pour Porsgrund, le service de table *Spire*

1955

La Finlande entre aux Nations unies

Helsingborg accueille la célèbre « H 55 », foire d'architecture et de design intérieur

Ingeborg Lundin crée le vase *Äpple* (Pomme) pour Orrefors

Arne Jacobsen crée, pour Fritz Hansen, la chaise *Modèle nº 3107 – Série 7*

1956

L.M. Ericsson lance son *Ericofon*, conçu par Hugo Blomberg, Ralph Lysell et Gösta Thames en 1954

Volvo lance sa *P120*, classique connue sous le nom d'*Amazone*

1957

Arne Jacobsen crée les fauteuils *Cygne* et *Œuf* dans le cadre de son projet pour le terminal de la SAS et le Royal Hotel à Copenhague

Vuokko Eskolin-Nurmesniemi crée la chemise *Jokapoika* (Chaque garçon) pour Marimekko

Antti Nurmesniemi dessine la cafetière en émail pour Wärtsilä

Ulla Procopé conçoit, pour Arabia, ses cocottes et son service *Liekki* (Flamme)

Nils Landberg crée, pour Orrefors, son verre *Tulpan* (Tulipe)

Poul Henningsen crée sa lampe *PH Artichoke (Artichaut)* pour Louis Poulsen

1958

Verner Panton crée son fauteuil *Cone* pour Plus-Linje

Lego brevète et commercialise son système d'assemblage des briques « mâle et femelle »

1959

Pour Volvo, Nils Bohlin invente la première ceinture de sécurité auto en trois points

1960

Fondation de la bijouterie Lapponia à Helsinki

Jens Quistgaard crée, pour Dansk International Designs, un seau à glace en teck

Stelton s'installe à Hellerup, Danemark

1961

Tias Eckhoff crée, pour Norsk Stålpress, les couverts *Maya*

Poul Volther crée la chaise *Corona*, pour Erik Jørgensen

Tapio Wirkkala crée, pour Hackman, le couteau *Puukko*

1962

Verner Panton termine enfin sa chaise *Panton*, conçue en 1957 ; elle sera produite par Vitra en 1967

Eero Aarnio conçoit, pour Asko, son fauteuil *Globe*

Eero Aarnio,
fauteuil *Globe*, 1962

Verner Panton, installation *Phantasy Landscape* pour l'exposition « Visiona II », 1970

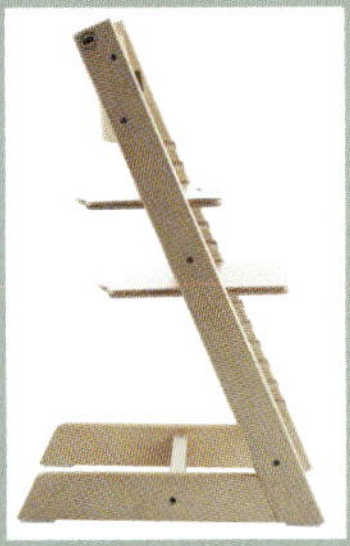

Peter Opsvik,
chaise haute *Tripp Trapp*, 1972

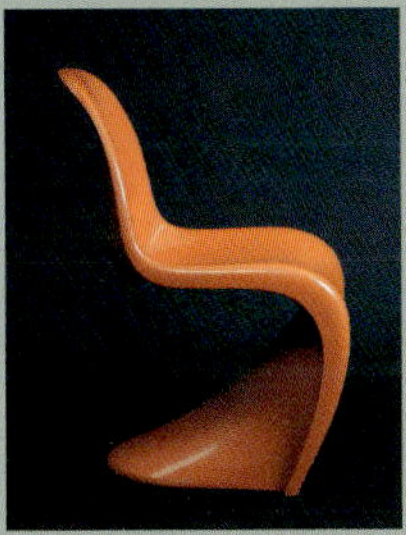

Verner Panton,
chaise *Panton*, 1962

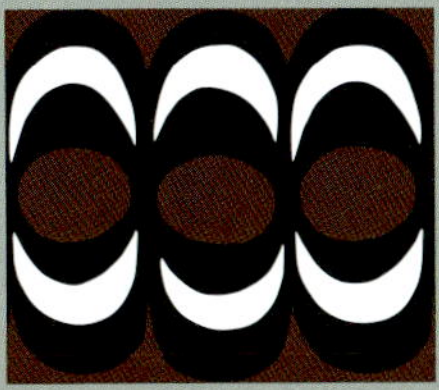

Maja Isola,
création textile *Kaivo*, 1964

Arne Jacobsen,
ligne *Cylinda*, 1967

Yrjö Kukkapuro,
chaise *Carrousel* (*Karuselli*), 1965

Années 1960 – années 1970

1963
Volvo, premier constructeur de voiture à offrir, dans tous ses modèles, des ceintures comme équipement standard

1964
Timo Sarpaneva crée les vases « givrés » *Finlandia* pour Iittala

Maija Isola crée ses textiles *Kaivo* pour Marimekko

1965
Poul Kjærholm crée la chaise longue *Modèle n° PK24 Hammock* pour E. Kold Christensen

Yrjö Kukkapuro conçoit, pour Haimi, la chaise *Karuselli* (Carrousel)

1967
Stelton commercialise la ligne de récipients *Cylinda* signée **Arne Jacobsen**

Lancement, par Fiskars, des ciseaux *Classic O-Series,* signés Olof Bäckström

Gunnar Magnússon crée, pour Kristján Siggeirsson, son fauteuil *Apollo*

1968
1968 est l'année de « toutes les révoltes », les manifestations d'étudiants et les mouvements d'anarchiste, aux USA et en Europe, atteignent les pays nordiques. Les protestataires étudiants s'opposent à la police et des jeunes sont animés de sentiments de remises en question

Tapio Wirkkala crée, pour Iittala, la ligne de verres *Ultima Thule*

La A&E, cabinet de design industriel, s'établit à Stockholm, Suède

Johan Huldt et Jan Dranger fondent la Innovator Design à Stockholm, Suède

1969
Birger Kaipiainen crée *Paratiisi* (Paradis), un service de table pour Arabia

1970
Verner Panton conçoit, pour Visiona II, à Cologne, l'installation « Phantasy Landscape » (Paysage imaginaire)

Kompan lance *M100/ Classic,* jeux et accessoires pour aires de jeux

1971
10-Gruppen lance sa première collection de textile à Paris

Christiania, à Copenhague, se déclare commune libre, et le reste jusqu'à ce jour

1972
Knud Holscher crée sa *d-line,* accessoires pour portes et meubles

Heikki Orvola crée, pour Nuutajärvi, la ligne de verres *Aurora*

Peter Opsvik conçoit le siège évolutif *Tripp Trapp* pour Stokke

Jacob Jensen crée, pour Bang & Olufsen, le tourne-disque *Beogram 4000*

1973
Le Danemark entre dans l'Union Européenne (à l'époque : Communauté économique européenne)

La Norvège signe un accord de libre-échange avec l'Union européenne ; signature des accords d'Helsinki, à la Conférence sur la sécurité et la coopération en Europe

1975
La Norvège devient un des grands exportateurs du pétrole extrait de la mer du Nord

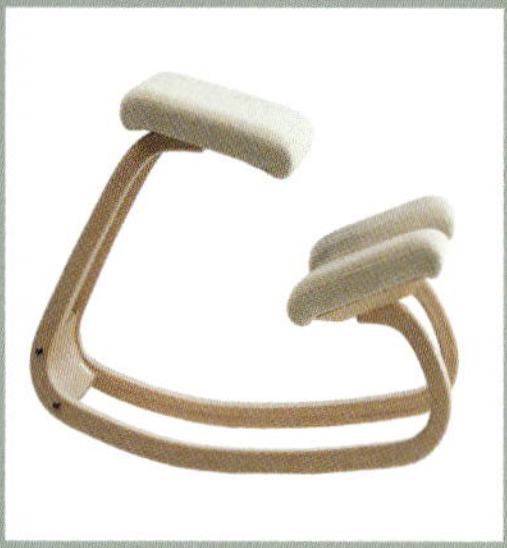

Peter Opsvik,
siège variable *Balans*, 1979

Grethe Meyer,
gamme *Terrine à feu*, 1976

Yrjö Kukkapuro,
siège de bureau *Fysio*, 1978

Erik Magnussen,
Carafe isotherme, 1976

Timo Sarpaneva,
vase *Claritas*, 1984

Années 1970 – années 1990

1976
Premier gouvernement suédois entièrement non socialiste, élu depuis 44 ans

Erik Magnussen crée, pour Stelton, sa carafe isotherme *Thermal Carafe*

La Svenska Slöjdföreningen, fondée en 1845, prend le nom de Svensk Form ; en 1983, elle inaugure son prix annuel : la « Utmärkt Svensk Form » (L'Excellence de la forme suédoise)

Grethe Meyer crée, pour la Royal Copenhagen, des porcelaines allant au four *Firepot* (Terrine à feu)

1978
Sigurd Persson dessine une gamme de casseroles en acier inoxydable pour Kooperativa Förbundet

Sièges de bureau de *Fysio,* de **Yrjö Kukkapuro** présentés par Avarte

1979
Stokke lance le siège *Balans Variable,* signé **Peter Opsvik**

Le groupe Ergonomi Design est créé à Stockholm, Suède

1980
Ergonomi Design Gruppen conçoit les couverts *Eat/Drink* (Manger/Boire) pour RFSU Rehab

1981
Jonas Bohlin crée la chaise *Béton,* produite par Källemo

1982
Nokia lance le tout premier téléphone portable, le téléphone de voiture *Mobira Senator Talkman*

Après six ans d'absence, les sociaux-démocrates reviennent aux affaires, et y sont depuis (sauf pour la période 1989–1992)

1984
Timo Sarpaneva dessine les vases *Claritas* pour Iittala

Ulf Hanses crée, pour Playsam, la voiture jouet *Streamliner*

1985
Ole Palsby dessine, pour Alfi, sa carafe isotherme *Classique n° 1*

1986
Le Premier ministre Olof Palme est assassiné à Stockholm

1988
Stefan Lindfors crée la lampe de table *Scaragoo,* plus tard produite par Ingo Maurer

1990
La galerie Asplund ouvre ses portes à Stockholm, Suède

NordForm90 expose à Malmö l'architecture, le design industriel et les métiers de chacun des cinq pays nordiques

Mats Theselius crée, pour Källemo, la bibliothèque *National Geographic Magazine*

1992
InterDesign remporte une médaille pour sa bouteille de lait restituable, créée pour Arla

Pia Wallén invente ses pantoufles en feutre pour Cappellini/Asplund

1994
Ilkka Suppanen crée sa chaise *Nomade*

Lillehammer (Norvège) accueille les Jeux olympiques d'hiver

Lors d'un référendum, les Norvégiens rejettent leur adhésion à l'Union européenne

Louise Campbell,
chaise *Prince*, 2001

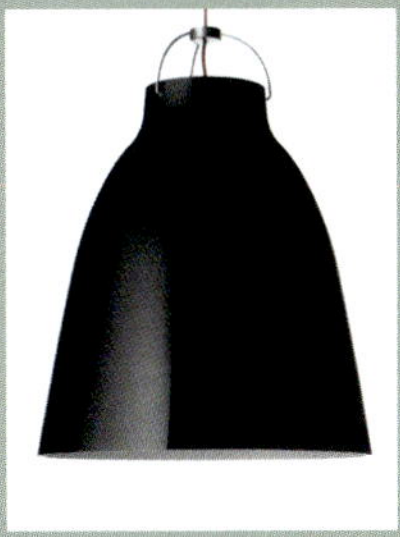

Cecilie Manz,
Caravaggio, 2005

Ingegerd Råman,
Viktigt, 2016

Matthias Bengtsson,
siège *Tranche*, 1999

HAY,
tapis *Pinocchio*, 2002

Cecilie Manz,
haut-parleur *A1 Beosound*,
2016

Années 1990 – années 2020

1995
La Suède et la Finlande rejoignent l'Union européenne

1996
Timo Salli crée, pour Cappellini, le siège *Tramp*

Copenhague (Danemark) est nommée Capitale européenne de la culture de l'année

1997
Harri Koskinen crée la *Block Lamp*, à poser, plus tard produite par Design House

Hrafnkell Birgisson conçoit sa capsule d'hébergement *Sleep & Go*

1998
Björn Dahlström crée les ustensiles de cuisine *Tools* pour Hackman

Stockholm (Suède) est nommée Capitale culturelle européenne de l'année

1999
Le groupe de design Norway Says est fondé à Oslo

Harri Koskinen crée les photophores *Relations* pour Iittala

Matthias Bengtsson crée son premier siège *Tranche*

2000
Helsinki (Finlande), Reykjavik (Islande) et Bergen (Norvège) font partie des neuf Capitales culturelles européennes de l'année

« Design en Islande » : exposition au musée Norvège d'art de Reykjavik

Le groupe Norway Says expose à la Foire du meuble de Milan et au « Designers Block » à Londres

2001
Le siège *Prince* de **Louise Campbell** gagne un concours pour un siège destiné à Son Altesse Royale le prince héritier Frederik de Danemark

2002
La société d'ameublement **HAY** est fondée par Mette et Rolf Hay à Copenhague ; la même année, elle lance le tapis *Pinocchio*

2005
Cecilie Manz crée sa suspension *Caravaggio* pour Lightyears, en tête des ventes de la société

2006
Création de la société de meubles et de luminaires Muuto près de Copenhague

2008
Mattias Stahlborn crée pour Muuto l'ampoule *E27* pour suspension qui marquera les esprits

2010
Claesson Koivisto Rune crée le système de rangement *Kilt* pour Asplund

2016
Ingegerd Råman crée la collection d'accessoires *Viktigt* pour IKEA

Cecilie Manz crée le haut-parleur portable innovant *A1 Beosound* pour Bang & Olufsen

2019
KiBiSi imagine la gamme en porcelaine *Hav* pour Royal Copenhagen

2022
Simon Legald crée la gamme de tabourets 100 % plastique recyclé *Bit* pour Normann Copenhagen

index

bibliographie

Aars, Ferdinand *Norwegian Arts and Crafts, Industrial Design,* Dreyers Forlag, Oslo vers 1963

Aav, Marianne/ Stritzler-Levine, Nina *Finnish Modern Design; Utopian Ideals and Everyday Realities 1930–1997,* The Bard Graduate Center for Studies in the Decorative Arts & Yale University Press, New Haven/Londres 1998

Abrecht, Birgit *Arkitektúr á Íslandi, Mál og Menning,* Reykjavik 2000

Bang, Jens *Bang & Olufsen, From Vision to Legend,* Vidsyn, Copenhague 2000

Bröhan, Torsten/Berg, Thomas *Design Classics 1880–1930,* TASCHEN Verlag, 2001

Christiansen, Povl/ Stephensen, Hakon *40 – Håndværket viser vejen (The Craftsmen Show the Way),* Uffe Petersen Schmidt, Copenhague 1966

Colombo, Florencia/ Kokkonen, Ville (eds.) *Iittala*, Phaidon Press, Londres 2021

Daun, Åke *Swedish Mentality,* Pennsylvania State University Press, Pennsylvanie 1996

Drucker, Janet *Georg Jensen, A Tradition of Splendid Silver,* Schiffer, Atglen 1997

Fiell, Charlotte and Peter *Design of the 20th Century,* TASCHEN Verlag, Cologne 1999

Fiell, Charlotte and Peter *Modern Scandinavian Design,* Laurence King, Londres 2017

Hald, Arthur/Skawonius, Sven Erik *Contemporary Swedish Design,* Nordisk Rotogravyr, Stockholm 1951

Hard af Segerstad, Ulf *Scandinavian Design,* Lyle Stuart, New York 1961

Hard af Segerstad, Ulf *Modern Scandinavian Furniture,* Bedminster Press, Totowa, New Jersey 1963

Harlang, C./Helmer-Petersen, K./ Kjærholm, K. (eds.) *Poul Kjærholm,* Arkitektens Forlag, Copenhague 1999

Harrison Beer, Eileene *Scandinavian Design, Objects of a Life Style,* Farrar Straus Giroux/The American-Scandinavian Foundation, New York 1975

Helgeson, Susanne/ Nyberg, Kent *Svenska Former,* Stockholm 2000

Hiort, Esbjørn *Finn Juhl – Furniture, Architecture, Applied Art,* The Danish Architectural Press, Copenhague 1990

Holte, Elisabeth *Living in Norway,* Flammarion, Paris 1993

Huldt, Ake H./Bendikts, Eva (eds.) *Design in Sweden Today,* Swedish Institute in collaboration with Svenska Slojdforeningen (Swedish Society of Industrial Design), Stockholm 1948

Ikea *Democratic Design,* IKEA of Sweden, Ålmhult 1995

Jalk, Grete (ed.) *Forty Years of Danish Furniture Design,* The Copenhagen Cabinet-makers' Guild Exhibitions 1927–1966, Teknologisk Instituts Forlag, Copenhague 1987

Jørstian, Tina/Munk Nielsen, Poul, Erik *Light Years Ahead, The Story of the PH Lamp,* Louis Poulsen, Copenhague 1994

Karlsson, Gunnar *A Brief History of Iceland,* Mál og Menning, Reykjavik 2000

Kent, Neil *The Soul of the North – A Social, Architectural and Cultural History of the Nordic Countries 1700–1940,* Reaktion Books, Londres 2000

Korvenmaa, Pekka/ Koivisto, Kaisa *Glass from Finland: In the Bischofberger Collection,* Skira Editore, Milan 2015

Marimekko *Phenomenon Marimekko,* Helsinki 1986

Møller, Henrik Sten (ed.) *Danish Design,* Det Danske Selskab, Copenhague 1974

Møller, Henrik Sten *Motion and Beauty, The Book of Nanna Ditzel,* Rhodos, Copenhague 1998

Nordstrom, Byron J. *Scandinavia Since 1500,* University of Minnesota Press, Minneapolis 2000

Oda, Noritsugu *Danish Chairs,* Korinsha Press, Kyoto 1996

Opie, Jennifer *Scandinavian Ceramics & Glass in the Twentieth Century,* Victoria & Albert Museum, Londres 1989

Pallaasmaa, Juhani *Hvitträsk – The Home as a Work of Art,* Otava Publishing Company, Helsinki 2000

Polster, Bernd *Design Directory Scandinavia,* Pavilion, Londres 1999

Remlov, Arne (ed.) *Design in Scandinavia: An Exhibition of Objects for the Home,* Kirstes Boktrykkeri, Oslo 1954

Schildt, Göran *Alvar Aalto, The Decisive Years,* Rizzoli, New York 1986

Sieck, Frederik *Contemporary Danish Furniture Design – A Short Illustrated Review,* Nyt Nordisk Forlag Arnold Busck, Danemark 1990

Thau, Carsten/Vindum, Kjeld *Arne Jacobsen,* The Danish Architectural Press, Copenhague 2001

Turner, Barry (ed.) *Scandinavia Profiled,* St. Martin's Press, New York 2000

Weston, Richard *Alvar Aalto,* Phaidon, Londres 1995

Wollin, Nils G. *Modern Swedish Decorative Art,* The Architectural Press, Londres 1931

Zahle, Erik (ed.) *Scandinavian Domestic Design,* Methuen, Londres 1963

Catalogues d'exposition

Amos Anderson Art Museum *Oiva Toikka, Glass from Nuutajärvi,* Helsinki 1996

Bard Graduate Center for Studies in the Decorative Arts *Utopia & Reality – Modernity in Sweden 1900–1960,* Yale University Press, New Haven/Londres 2002

Cooper-Hewitt Museum *Scandinavian Modern Design 1880–1980,* New York 1982

Cosmit *Alvar Aalto,* Milan 1998

Danish Design Center *Arne Jacobsen,* Architect & Designer, Copenhague 1999

Danish Design Center *Hans J Wegner on Design,* Copenhague 1994

Danish Society of Arts & Crafts and Industrial Design *The Arts of Denmark, Viking to Modern,* America 1960/61

The Design Council *Svenska Form, A Conference about Swedish Design,* Londres 1981

Design Forum Finland *Finnish Design 125,* Helsinki 2000

Det Danske Kunstindustrimuseet *Børge Mogensen – Møbler, Lis Ahlmann – Tekstiler,* Copenhague 1974

Det Danske Kunstindustrimuseet *Dansk Design 1910–1945, Art Déco & Funktionalisme,* Copenhague 1997

Det Danske Kunstindustrimuseet *Marie Gudme Leth,* Copenhague 1995

Det Danske Kunstindustrimuseet *Mesterværker 100 års dansk møbelsnedkeri,* Copenhague 2000

Det Danske Kunstindustrimuseet *Små Størrelser, Børns Møbler,* Copenhague 1999

Haslam & Whiteway *Alvar Aalto, Furniture 1929–1939,* Londres 1987

Iittala Glass Museum *Alvar and Aino Aalto as Glass Designers,* Iittala 1996

Kaupungin Taidemuseo *Antti Nurmesniemi,* Helsinki 1992

Kjarvalsstadir *Design in Iceland,* Reykjavik 2000

Musée des Arts Decoratifs *Tapio Wirkkala,* Paris 1983

Museum of Art & Design *Annika Rimala 1960–2000,* Helsinki 2000

Museum of Art & Design *Kaj Franck – Muotoilija, Formgivare, Designer,* Helsinki 1992

Museum of Art & Design *Tapio Wirkkala – Eye, Hand and Thought,* Helsinki 2000

Museum of Finnish Architecture *The Language of Wood: Wood in Finnish Sculpture, Design and Architecture,* Helsinki 1987

Nationalmuseum Stockholm *A Swedish Legacy, Decorative Arts 1700–1960,* Scala Books, Stockholm/Londres 1998

Nationalmuseum Stockholm *The Lunning Prize,* Stockholm 1986

Nuutajärvi Glass Museum *Kaj Franck, Theme & Variations,* Heinolan Town Museum Publications, Lahti 1997

Renwick Gallery of the National Collection of Fine Arts *Georg Jensen Silversmithy – 77 Artists – 77 Years,* Smithsonian Institution Press, Washington 1980

Röhss Museum of Arts & Crafts *1900-tal,* Göteborg 1987

Röhss Museum of Arts & Crafts *From Ellen Key to Ikea,* Göteborg 1991

Stedelijk Museum *The Nordic Transparency,* Amsterdam 1999

Suomen Lasimuseo *Make Glass Not War,* Riihimaki 1991

Suomen Lasimuseo *Tapio Wirkkala,* Venini, Riihimaki 1988

Tada Architectural Studio *Finn Juhl Memorial Exhibition,* Osaka 1990

The Swedish Institute *Design in Sweden,* Uddevalla 1985

Vitra Design Museum *Verner Panton, The Collected Works,* Weil am Rhein 2000

Journaux (différents numéros)

Design from Denmark World Pictures, Copenhague

Design from Scandinavia World Pictures, Copenhague

FORM, Magazine for Nordic Architecture and Design

Kontur (No. 3) Svenska Slojdforeningen (Swedish Society of Industrial Design), *Ake H. Huldt,* Stockholm 1953

Mobilia (No. 131/132) *Georg Jensen 1866–1966,* Copenhague 1966

Scandinavian Design Council *Scandinavian Design 1990 – Towards 2000,* Malmö 1990

remerciements

Nous exprimons ici notre immense gratitude à tous ceux qui nous ont aidé à mener à bien ce projet, et plus spécialement à Sacha Davison pour son excellent graphisme et son incroyable patience, Thomas Berg pour son enthousiasme et ses conseils éditoriaux pratiques, notre assistante de recherche Eszter Karpati pour son dévouement inconditionnel au projet, Paul Chave pour ses superbes photographies, Jane Hastrup, pour la traduction danoise, John-Henri Holmberg, pour la traduction suédoise et, bien sûr, Susanne Husemann, Kathrin Murr, Sonja Altmeppen, Ute Wachendorf et Anne Gerlinger et les autres membres de « l'équipe TASCHEN ». Nous tenons aussi à adresser des remerciements particuliers à de nombreuses institutions, sociétés et personnes qui nous ont aidé à trouver illustrations et informations, parmi lesquelles :

Alvar Aalto Foundation – Marjaana Launonen | Alvar Aalto Museo – Katariina Pakoma | Kim Ahm (photographe) | Annmaris Auctions | Arabia – Maikki Kattilakoski | Artcurial | Artek – Tytti Forsgård | Asplund – Thomas Asplund | Avarte Oy – Marita Almiala | Kay Bojesen Aps | Torsten Bröhan | Bruno Mathsson International – Mr Thelander | Bukowskis | Carl Hansen & Søn – Jørgen Gerner Hansen | Carl Larsson-gården – Marianne Nilsson | Christie's Images – Charlotte Grant | Danish Design Center – Jette Knudsen | Dansk Møbelkunst – Ole Hoestbo | Designmuseo (Museum of Art & Design), Helsinki | Designor Oy – Maikki Kattilakoski & Päivi Jantunen | Designmuseum Danemark | Det Danske Kunstindustrimuseet – Aase Sylow | Digitaltmuseum SE | Ergonomi Design Gruppen – Maria Benktzon | Tor Alex Erichsen | Erik Jørgensen / Fredericia – Kirsten Lørup | Eva Denmark A/S – Jacob Mohr Hansen | Finlands Arkitekturmuseum – Timo Keinänen | Figgjo | Fredericia – Mette Lund | Fritz Hansen – Maianne Gulløv | Georg Jensen Museum – Michael von Essen | Hackman | Hadeland Glassverk – Odd-Arne Mikkelsen | IKEA of Sweden AB – Linda Wikstrom & Eivor Paulsson | Iittala Glass Museum – Tiina Tervaniemi | Jackson Design | John Jesse Decorative Arts | Källemo – Ago Kubar & Karin Lundh | Kosta Boda | Kunstindustrimuseet, Oslo – Wenche Thiis-Evensen | Lapponia Jewelry – Alf Larsson | Le Klint – Kim Jensen | Ursula & Rainer Losch | Louis Poulsen – Vibeke Munk Jensen | Søren Matz | Midmod Design | Modernity | Musée des Beaux-Arts de Montreal – Linda-Anne D'Anjou | Museum of Finnish Architecture | Nasjonalmuseet fo Kunst, Arkitektur og Design, Oslo | Nationalmuseum Stockholm – Elisabeth Hoier | Noritsuga Oda | Norsk Stålpress – Finn Henriksen | Orrefors/Kosta Boda – Karin Lindahl | Ole Palsby Ltd. – Ole Palsby | Daniel Ostroff | Fridrik Orn (photographe) | Marianne Panton | Phillips, de Pury & Luxembourg – Alexander Payne | Marimekko – Riika Finni | Porsgrund – Annette Misje | Porsgrunn Bymuseum – Aasmund Beier | Reykjavik Art Museum – Pétur Ármannsson | Simo Rista (photographe) | Rörstrand – Mr Linde | Royal Scandinavia – Lisbeth Sørensen | Rud. Rasmussens Snedkerier | Søbogaard | Stelton – Nina Sylvest | Stiftelsen Kunstindustrimuseet | Stokke – Lars Olausen | Svenskt Tenn – Annika Hauaf | Taideteollisuusmuseo, Helsinki – Merja Vilhunen | Victoria & Albert Museum – Nick Wise | Vuokko Oy – Vuokko Eskolin-Nurmesniemi | Paavotynell.org | Wright Auctions – Richard Wright & Todd Simeone | Michael Young & Katrin Petursdottir

p. 506 : Marjatta Metsovaara, tapis rya *Coquillage* pour Finnrya, 1965

Ci-dessous : Illustration du fauteuil *Bulle* d'Eero Aarnio pour Asko, 1968

crédits photographiques

Aga Rayburn: 116, 117 | **Alamy Stock Foto / Nick Harrison**: 78–79 | **Alvar Aalto Museum/Photo Collection**: 67 (h. ; photo : Maija Holma), 68 (photo : Gustav Welin), 69 (photo : Martti Kapanen), 75 (photo : Maija Holma) | **Arabia**: 88 (h.), 88 (b.), 89, 90, 91 (g.), 97 (h. ; photo : Studio Henry de Sarian Pariisi), 131, 253 (h.) | **Arne Jacobsen**: 214 (h. g.) | **Artcurial**: 2 | **Artek**: 94, 95 (Courtesy of Artek, Finlande ; photo : Alatalo), 97 (b. g.), 97 (b. d.) | **Asko Oy Archives**: 81 (b.) | **Asplund**: 98 | **Avarte Oy**: 287 | **Barry Friedman Gallery**: 70 | **Bonhams**: 81 (h.), 384 (b. g.) | **Archiv Torsten Bröhan**: 20, 124, 127, 175 (b.), 277 | **Bruno Mathsson International**: 336 (h.), 337, 338, 339 (h.), 339 (b.) | **Bukowskis**: 43, 57, 61, 138 (b.), 139, 147, 194, 196 (d.), 208, 350 (h.), 351, 453 (h. d.), 454 (h.), 508 | **Butterfields**: 463 | **Carl Hansen & Søn**: 469 (h. g.) | **Carl Larsson-gården,** Sundborn : 292, 297 (b.) | **Christie's Images**: 26, 50, 83 (h.), 115, 123, 175 (h.), 211, 219, 220, 240 (b.), 244 (h.), 257 (h.), 261 (h.), 263, 281, 303, 309, 311, 335 (b.), 355, 383, 384 (h. g.), 384 (h. d.), 385 (b.), 387, 390, 391, 400, 406, 436 (h. g.), 461 (h.), 461 (b.), 471 (b.), 475 (b.), 487 (b.) | **Collection H. A. Dietze and H. Bergmann,** Cologne : 419 | **Danish Design Center**: 466, 470 | **Dansk Møbelkunst**: 142 (g.), 170 (h. g.), 260, 262, 342, 343 (b.), 380, 384 (b. d.), 429, 464, 467, 468, 471 (h.), 472 (h. d.) | **Designmuseum Danmark**: 259 (b. ; photo : Pernille Klemp) | **Det Danske Kunstindustrimuseum,** Copenhagen : 86, 87, 100, 101, 102, 103, 104, 105, 106, 109, 112, 113 (h. g.), 125, 166, 170 (photo : Ole Woldbye), 174, 191 (photo : Ole Woldbye), 264, 265, 283, 284, 285, 300, 301, 322, 327 (photo : Ole Woldbye), 398, 399 (h.), 407 (h.), 414, 415, 420 (g.) | **Digitaltmuseum**: 56 | **Ezra Stoller © Esto.** All rights reserved : 77 | **Nanna Ditzel**: 121 (h.), 122 (d.) | **Fiell Design and Image Archive**: photo : Paul Chave : 11, 12, 19, 21, 27, 29, 35, 38, 42, 46, 49, 54, 62, 67 (b.), 73 (h. g. ; Fischer Fine Art), 82, 110, 118, 163 (b.), 189, 196 (g.), 197 (d.), 213 (b. ; Collection of Ross & Miska Lovegrove), 215 (Collection of Sacha Davison), 218, 229, 257 (b.), 258 (b.), 321, 329 (b.), 356, 399 (b.), 404, 475 (h. ; Collection of Ross & Miska Lovegrove), 482 (b.) | photo : Fridrik Örn Hjaltested Photography : 40, 41, 325, 431 | photo : Jerry Sarapochiello : 488 (Collection of Sam Kaufman), 489 (h. ; Collection of Sam Kaufman), 489 (b. g. ; Collection of Sam Kaufman), 489 (b. d. ; Collection of Daniel Ostroff) | photo : Nicholas Toyne : 190 | **Finlans Arkiekturmuseum**: 422, 424 (b.), 425 (h.), 425 (b.) | **Fischer Fine Art**: 96 (h.), 334 | **Fredericia Furniture A/S**: 121 (b.) | **Fritz Hansen**: 140, 141, 142 (d.), 143, 167, 182, 192 (g.), 192 (d.), 209, 210 (h.), 254, 255, 256, 259 (h.), 345, 442, 458, 459 (h.), 459 (b.), 469 (h. d.) | **Galerie THE-LOSCHs**, Bonn : 375, 377 | **Galerie Thomas Berg**: 169 | **Georg Jensen Museum**: 120, 217, 222, 223 (h.), 223 (b.), 224 (Coll. Japan), 225 (Coll. Japan), 226 (Coll. Japan), 227, 270 (b.), 272, 273, 326, 348, 349, 379 (b.), 407 (b.), 408, 409 (h.) , 409 (b.) | **Getama**: 472 (b.) | **Gustavsberg**: 251 | **Hackman**: 160, 161 (h. g.), 161 (h. d.), 161 (centre d.), 161 (b. g.) | **Hadeland**: 162, 163 (h.), 232, 233 (h. d.), 233 (b.) | **Haslam & Whiteway**: 73 (b.) | **Holmegaard**: 176, 177 (h.), 177 (b.), 178 (h.) 178 (b..), 179, 314 (h.), 315 (h.), 315 (b.) | **Iittala Museum**: 37, 66, 128, 130, 185 (h.), 185 (b.), 186, 187 (h.), 187 (b.), 195, 197 (g.), 197 (b. ; photo : Timo Kauppila), 357, 359, 360 (g.), 360 (d.), 361, 364, 365, 405 (h.), 432, 436 (h. d.), 436 (b.), 437, 480 (photo : Markku Alatalo), 481, 482 (h. ; photo : Markku Alatalo), 512 | **House of Finn Juhl**: 239, 242 (b.) | **IKEA of Sweden**: 198, 199 (h.), 200 (h.), 200 (b.), 201, 202 (h. g.), 202 (h. d.), 202 (b.), 203 (h. g.), 203 (h. d.), 203 (b.) | **Jackson Design**: 59, 213 (h.), 266 (h.), 456 | **John Jesse Decorative Arts**: 9 | **Källemo**: 85 (h. g.), 98 | **Karl Andersson & Söner**: 343 (h.) | **Kay Bojesen**: 1 | **Kim Ahm Photography**: 212 | **Kosta Boda**: 278, 279, 280 (h.), 306 | **Kunstindustrimuseet,** Oslo : 44, 45, 119, 150, 151 (h.), 151 (b.), 152, 153, 164, 165, 233 (h. g.), 274, 275, 276 (b.), 346, 347 (h.), 347 (b.), 395 (h.) | **Le Klint**: 298, 299 (h.), 299 (b.) | **Louis Poulsen**: 14, 171, 182 (photos : Udo Kowalski), 214 (h. d.), 308, 310, 312, 313 | **Gunnar Magnússon**: 39, 324 (photo : Vigfus Birgisson) | **Marimekko**: 206, 207 (h.), 207 (b.), 330, 331, 332, 333 (g.), 333 (d.) | **MIDMOD DESIGN**: 446 (h.) | **Modernity**: 16, 172 | **The Montreal Museum of Fine Arts**: 7 (Liliane & David M. Stewart Collection, photo : Schecter Lee), 36 (Liliane & David M. Stewart Collection, photo : Denis Farley, Montreal), 47 (Liliane & David M. Stewart Collection, photo : Giles Rivest, Montreal), 63 (Liliane & David M. Stewart Collection, photo : Richard P. Goodbody, New York), 89 (Liliane & David M. Stewart Collection, photo : Schecter Lee), 93 (Liliane & David M. Stewart Collection, photo : Richard P. Goodbody, New York), 96 (b. ; Liliane & David M. Stewart Collection, photo : Richard P. Goodbody, New York), 129 (Liliane & David M. Stewart Collection, photo : Denis Farley, Montreal), 250 (Liliane & David M. Stewart Collection, photo : Giles Rivest, Montreal), 252 (h. ; Liliane & David M. Stewart Collection, photo : Schecter Lee), 252 (b. ; gift of Andrea & Charles Bronfman, photo : Giles Rivest, Montreal), 253 (b. ; Liliane & David M. Stewart Collection, photo : Schecter Lee), 269 (h. ; Liliane & David M. Stewart Collection, photo : Richard P. Goodbody, New York), 269 (centre; Liliane & David M. Stewart Collection, photo : Richard P. Goodbody, New York), 269 (b. ; Liliane & David M. Stewart Collection, gift of Lynn Brows [by exchange] photo : Richard P. Goodbody, New York), 271 (Liliane & David M. Stewart Collection, photo : Schecter Lee), 280 (b. ; Liliane & David M. Stewart Collection, photo : Giles Rivest, Montreal), 281 (photo : Giles Rivest, Montreal), 304 (Anonymous gift, photo : Giles Rivest, Montreal), 305 (Liliane & David M. Stewart Collection, gift of Geoffrey N. Bradfield, photo : Richard P. Goodbody, New York), 307 (Liliane & David M. Stewart Collection, photo : Giles Rivest, Montreal), 401 (Liliane & David M. Stewart Collection, gift of Geoffrey N. Bradfield, photo : Denis Farley, Montreal), 413 (purchase Horsley & Annie Townsend Bequest, photo : Brian Meret), 433 (Liliane & David M. Stewart Collection, gift of Geoffrey N. Bradfield, photo : Richard P. Goodbody, New York), 438 (Liliane & David M. Stewart Collection, gift of Geoffrey N. Bradfield, photo : Giles Rivest, Montreal), 451 (Liliane & David M. Stewart Collection, photo : Richard P. Goodbody, New York) | **Museum of Art & Design,** Helsinki : 30 (photo : Rauno

Träskelin), 76 (b. d.; photo: MuseoKuva – courtesy of The Bard Graduate Center for Studies in the Decorative Arts, New York), 91 (d.; photo: MuseoKuva – courtesy of The Bard Graduate Center for Studies in the Decorative Arts, New York), 144 (photo: MuseoKuva – courtesy of The Bard Graduate Center for Studies in the Decorative Arts, New York), 145 (photo: Rauno Träskelin), 161 (b. d.), 180 (photo: MuseoKuva – courtesy of The Bard Graduate Center for Studies in the Decorative Arts, New York), 181 (photo: Jean Barbieri), 184 (photo: Rauno Träskelin), 204, 205 (h.; photo: Ulla Paakkunainen), 205 (b.; photo: Ulla Paakkunainen), 234 (photo: Rauno Träskelin), 235 (photo: MuseoKuva – courtesy of The Bard Graduate Center for Studies in the Decorative Arts, New York), 247 (photo: MuseoKuva – courtesy of The Bard Graduate Center for Studies in the Decorative Arts, New York), 353 (photo: MuseoKuva – courtesy of The Bard Graduate Center for Studies in the Decorative Arts, New York), 358, 362 (photo: MuseoKuva – courtesy of The Bard Graduate Center for Studies in the Decorative Arts, New York), 363 (photo: Bruce White – courtesy of The Bard Graduate Center for Studies in the Decorative Arts, New York), 396 (photo: MuseoKuva – courtesy of The Bard Graduate Center for Studies in the Decorative Arts, New York), 423 (photo: Rauno Träskelin), 424 (h.; photo: Jean Barbier), 427 (photo: Niclas Warius), 434 (photo: MuseoKuva – courtesy of The Bard Graduate Center for Studies in the Decorative Arts, New York), 444 (h.; photo: MuseoKuva – courtesy of The Bard Graduate Center for Studies in the Decorative Arts, New York), 445 (h.), 445 (h.), 445 (b.), 447 (photo: Jean Barbier), 449 (photo: MuseoKuva – courtesy of The Bard Graduate Center for Studies in the Decorative Arts, New York), 455 (h. g.; photo: MuseoKuva – courtesy of The Bard Graduate Center for Studies in the Decorative Arts, New York), 483, 487 (b.; photo: Bruce White – courtesy of The Bard Graduate Center for Studies in the Decorative Arts, New York), | **Museum of Finnish Architecture:** 71 (h.; photo: Gustaf Welin), 71 (b.; photo: Gustaf Welin), 76 (photo: Gustaf Welin) | **Nasjonalmuseet for kunst, arkitektur og design:** 48 (The Design Collections, photo: Frode Larsen), 51 (The Design Collections, photo: Andreas Harvik) | **Nationalmuseum,** Stockholm: 60, 85 (h. d.), 92, 99, 148, 155, 158 (photo: Hans Thorwid), 159 (h.; photo: Hans Thorwid), 159 (b.; photo: Hans Thorwid), 188 (photo: Hans Thorwid), 228, 231, 248, 289, 291, 295, 296 (h.), 296 (b.), 302, 328 (photo: Hans Thorwid), 410, 412, 476, 477 | **Antti Nurmesniemi Archive:** 73 | **Collection of Noritsuga Oda:** 10 (photo: Yoshio Hayashi), 18 (photo: Yoshio Hayashi), 122 (g.; photo: Yoshio Hayashi), 193 (photo: Yoshio Hayashi), 221 (h.), 236, 237 (b.), 238 (b.), 240 (h.), 241, 244 (b.), 372, 462, 465 (h.), 465 (b.) | **Orrefors:** 53, 146, 147, 149, 288, 370, 374, 376, 402 (photo: Bengt Wanselius), 403 | **Ole Palsby:** 378, 379 (h.) | **Paavo Tynell:** 450 (h.), 453 (b.), 454, 457 | **Panton Archiv,** Basel: 64/65, 381, 382, 386, 388 (b.), 389 | **Philadelphia Museum of Art:** 76 (b. g.) | **Phillips:** 317, 451, 455 | **Porsgrunnsmuseene:** 392, 393, 394 (h.), 395 (b.) | **Rauno Träskelin:** 74 | **Rörstrand:** 411 | **Rosenthal AG:** 435, 478, 479, 484 (h.), 484 (b.), 485 | **Royal Copenhagen Museum:** 108, 268 | **Royal Scandinavia:** 340, 341, 416, 417, 418, 420 (d.), 421 | **Rud. Rasmussen:** 267 | **Stelton:** 216, 320, 323, 440, 441 (h.), 441 (b.) | **Stendig Archive:** 83 (b. g.) | **Stiftelsen Kunst-industrimuseet,** The Design Collections: 13 (photo: Anne Hansteen), 15 (photo: Børre Høstland), 32 (photo: Annar Bjørgli), 33 (photo: Frode Larsen), 34 (photo: Frode Larsen) | **Stokke:** 366, 367 | **Svenskt Tenn:** 55, 58, 132, 133, 134, 135 (h.), 137 (h.), 137 (b.), 138 (h.) | **Taschen Archiv:** 293 (photos: Barbara & René Stoeltie), 294 | **Victoria & Albert Museum:** 107 | **Vin-Mag Archive:** 202 (d.) | **Wright:** 6, 8, 22, 23, 25, 28, 83 (b. d.), 214 (b.), 242 (h.), 243, 258 (h.), 316 (h.), 318 (h.), 319, 385 (b.), 388 (h.), 473, 474 | **Yrjö Kukkapuro:** 286 (h.)

d. = à droite; g. = à gauche; h. = en haut; h. g. = en haut à gauche; h. d. = en haut à droite; b. = en bas; b. g. = en bas à gauche; b. d. = en bas à droite

colophon

UN LIVRE TASCHEN, UN ARBRE PLANTÉ !
TASCHEN affiche un bilan carbone neutre. Chaque année, nous compensons nos émissions de CO_2 avec l'Instituto Terra, un programme de reforestation de l'État du Minas Gerais, au Brésil, fondé par Lélia et Sebastião Salgado. Pour plus d'informations sur ce partenariat environnemental, rendez-vous sur : www.taschen.com/zerocarbon
Inspiration : illimitée. Empreinte carbone : nulle.

Si vous souhaitez être informé des prochaines parutions TASCHEN, abonnez-vous à notre magazine gratuit sur www.taschen.com/magazine, suivez-nous sur Instagram et Facebook, ou contactez-nous par e-mail à l'adresse contact@taschen.com pour toute question concernant notre programme de publication.

Hohenzollernring 53, D–50672 Köln
www.taschen.com

Printed in Bosnia-Herzegovina
ISBN 978-3-8365-9841-5

p. 1 : Kaj Bojesen, *Singe,* 1951

p. 2 : Paavo Tynell, chandelier *Flocon de neige Modèle n° 9041* aux 40 « flocons » spécialement créés pour la Maison de la Finlande à New York, 1948

Verner Panton, chaise *Panton*, 1959–1960, fabriquée par Vitra

Pages de garde : Saara Hopea, verres *Modèle n° 1718* pour Nuutajärvi, vers 1951